サルトルのプリズム

澤田 直
Sawada Nao

二十世紀フランス文学・思想論

La littérature française du XXème siècle
au prisme de Sartre

法政大学出版局

はじめに

二十世紀のフランスでは、文学と哲学思想とが密接な関係で展開した。哲学的な小説が書かれ、文学的な思想書が書かれただけではない。作家が哲学に熱中し、哲学者が文学に耽溺し、両者は実際の生活でも盛んに交際し、相互に影響を与えたのだった。もちろん、それ以前にもそのような事態がまったくなかったわけでないことは、十九世紀のドイツ・ロマン主義の例からも明らかだが、ほぼ一世紀にわたって、濃密な相互浸透の関係が続いたことは歴史上きわめて稀と言える。プラトンが理想の国家から詩人を追放して以来、真理を探究する哲学と虚構を本質とする文学は、犬猿の仲とまでは言わずとも、お互いの領域を守り、敬して遠ざけ合う関係を保ってきたからだ。とはいえ、フランスの場合はもともと、モンテーニュ、パスカル、ヴォルテール、ルソーなどを思い起こせばわかるように、文学と思想は単純に否定しあう関係では決してなかったから、文学と哲学が交流する文化的素地があったと言ってもよいだろう。さらに伝統的に中等教育の最終学年に哲学学級が置かれ、バカロレア（大学入学資格試験）の必須科目と位置づけられた哲学は、十九世紀終わりから一九六〇年代までに教育を受けた中産階級以上の者にとって、ギリシャ・ラテン文化や自国の十七世紀以来の古典文学とともに教養の一部をなしていたことも背景にあるだろう。

二十世紀小説の金字塔『失われた時を求めて』がもともとは研究のようなものとして構想されていたことはきわめて兆候的ではなかろうか。一九〇八年ごろ、プルーストは『サント＝ブーヴに反論する』と題する作品を、「研究 etude」の形で執筆するか、それとも物語の形で提示するべきか、思い悩んでいた[1]。これが結局は畢生の大作の出発点となるのだが、この大聖堂のような作品が二十世紀のさまざまな潮流の作家や思想家にきわめて大きなインパクトを与えたとすれば、それ自体が文学と思想のハイブリッドな作品だったからであろう。

あるいは、NRF（『新フランス評論』）のもう一人の巨人、ポール・ヴァレリーのことを考えてもよい。ヴァレリーはまぎれもない大詩人であるが、その詩作が、余技と呼ぶことのできない思索に裏打ちされていた事実をどのように考えればよいのだろうか。発表の目的もなく生涯綴りつづけたカイエ（ノート）を読むとき、ヴァレリーにとっても文学と思想は截然と分けることができないものであったことがよくわかる。『テスト氏』や『ユーパリノス』のように、それ自体が批評性を体現した作品を彼に書かせるにいたった切迫感の背景には、それまでの近代的な自我ないしは理性と、それに呼応する合理的な世界という形而上学が立ちゆかなくなりつつあることへの本能的な直感があったのではないか。

むろん、その萌芽はすでに十九世紀に見られたという指摘も可能ではあるだろう。バルザックやスタンダールの小説ではしばしば、物語の本筋からはずれた考察が作者によってなされたりしていたことはよく知られる事実であるし、プルーストが批判したサント＝ブーヴにしてからが、文学者の生い立ちや環境へと話が進むとき、筆致が自ずとロマネスクな要素を含むことになる点にもジャンルの混交は見られる。他方、ベルクソンの哲学が体系を斥け、概念よりも直観に立脚したものであったことを思い起こせば、哲学の方でも文学へと接近しつつあったことが見てとれる。外からではなく、内から捉えることによってのみ事物の真理は理解できると主張したベルクソンの著作の多くが試論《エッセイ》と題されていることも示唆的である。(2)

それにしても、二十世紀のフランスで文学と哲学の接近が急速に進行したのはなぜなのだろうか。それには複数の理由があるだろうが、なによりも第一次世界大戦という膨大な数の死者を生み出した未曾有の戦争の影響が大きかったように思われる。それ以前のフランスの講壇哲学は文学にさほど大きな興味を示さなかった。むろん、哲学はそれまでも死の問題に目を背けてきたわけではない。いや、それどころか、伝統的に哲学は死を学ぶことと同一視されてきたのだった。しかし、いつ訪れるかわからない抽象的な観念としての死ではなく、明日にでも我が身に起こる死が、戦争によって眼前に現れたとき、机上の理論は人びとを満足させることができなくなった。そんなときに新風のように現れたのが、ドイツからやってきた実存哲学や現象学だった。世界を個人の経験のただ中で探り、経験の構造そのものを哲学の根幹に置く新たな方法に若い世代はすぐさま魅了された。

同様に、文学においても大きな地殻変動は起こっていた。近代に確立した個人ないしは自我観に対する漠然とした懐疑である。西洋市民社会の構造を支えるのは、生まれてから死ぬまで進歩したとしても、本質的には変わることのない「私」の存在である。デカルトが「私は考える、だから、私はある」とした確実な存在、それは単なる幻想にすぎないのではないか。このような確固たる自我の解体は、プルーストによって見事に表現され、世界の見え方を一変させる。さらに、フロイトによる無意識の発見がそれに拍車をかけ、シュルレアリスムによって方法化されることになるが、ここで重要なのは、自我の解体が、その裏面である理性の失墜と軌を一にしていることだ。だからこそ、たとえばヴァレリーにおいても、詩作と思索は不可分な様相を呈するのである。

以上のような文学と哲学の接近の理由と射程をメルロ＝ポンティは、シモーヌ・ド・ボーヴォワールの小説『招かれた女』を論じた「小説と形而上学」で適確に説明している。偉大な小説家の作品はいつでも二、三の哲学的観念によって突き動かされてきた。たとえば、スタンダールの「自我」や「自由」、バルザックの神秘、プルーストの時間などがそうである。しかし、作家はそれらを論証の形式で提示してはこなかった。一方、哲学はそれを論証してきたわけだが、それはあたかも生の経験からは超越したものであるかのようにでしかなかった。だが、実存思想ないしは現象学によってすべては変わった。哲学もまた、世界をその経験の深部において表現することを目指したからである、とメルロは説明する。「それ以来、文学の使命と哲学の使命はもはや分けられないものとなった。世界の経験を語らしめ、意識がいかに世界へと逃れるかを示すことが問題になったとき、表現の完璧な透明性に至ったなどと言って自己満足することはもはやできなくなる。哲学的表現は、文学的表現と同じような両義性を引き受けることになるのだ[3]」。こうして、第二次世界大戦後のフランス文学は、それまでにもまして思想化し、フランス哲学は文学化し、そのような共生は一九八〇年ごろまでさまざまな成果をもたらし、多様な才能が開花したのである。

本書では、このような文学と哲学の遭遇の顕著な例として、ジャン＝ポール・サルトルを取り上げ、二十世紀のフランス文化という地のうえに、ある図柄を描いてみたい。言い換えれば、サルトルを一種のプリズムとして、ある時代の精神の見取り図を示そうと考えている。一九〇五年に生まれ、八〇年に亡くなったサルトルが、二十世紀の四分の三を生きた、世紀を代表する知識人であることは周知の事実だし、小説家、劇作家であると同時に、哲学者、思想家としても同時代の文化に大きく寄与したことを否定する者もあるまい。ただ、その死後、日本では不当にその人物と作品がないがしろにされたきらいがある。だが、サルトルの仕事の意義と位置づけを再検証することなしには、二十世紀フランスの多くの作家や哲学者の仕事を十全に理解することはできない。私はつねづねそのように考えてきた。どのような作家も哲学者も、先立つ世代、後に来る世代、そして同世代との関係で、自己形成し、自分自身になるのだから。

本書の出発点には、いわゆる思想史とも文学史とも少し違うスタンスから、二十世紀フランスの文学と思想にアプローチしたいという気持ちがある。戦後に世界を席巻したフランスの文学批評の特徴の一つは、作家を生身の人間と書く主体とに分けて、両者を無関係であるとすることで、エクリチュールから夾雑物を除くことにあった。このような姿勢はプルーストに始まり、ブランショによって明確に理論化され、市民権を得た。だが、ほんとうに生身の人間はエクリチュールの空間から完全に閉め出せるのだろうか。無意識のように、影のようについてまわる身体性こそが、プルーストの作品に比類なき浮き彫りと手触りをもたらしているのではないか。もちろん、いわゆるギュスターヴ・ランソン流の「作家の生と作品」へと素朴に立ち戻ろうとするわけではない。だが、本書で、作家や思想家たちの物質的交流に、通常の文学研究以上のスペースを割いたのは、些細に見える人間関係の機微が作品に作者の意図を超えて微粒子を加え、それがあたかも隠し味のごとくに作品に風味をもたらすのかもしれない、と考えるからだ。文化的背景や、作家や思想家同士の交流や葛藤に通常よりは立ち入った形で触れたのはそのためである。

実際、二十世紀末からのフランス文学の重要な潮流がオートフィクションであり、自己のエクリチュールであるのは、単なる反動とは思えない。この傾向は特に文学において顕著だと言えるが、晩年のデリダの例を見ればわかるように、哲学思想もそれとは無縁ではない。そして、サルトル自身がまさに、このような具体的な生への飽くなき関心に突き動かされて、ジュネ論やフローベール論をはじめ多くの評伝を書いたことに強く背中を押されて、このような手法をとることにした。とはいえ、本書に明確な方法論や理論的基盤があるわけではない。ディルタイによる精神史やある種の文化史、あるいは近年のアントワーヌ・コンパニョンの仕事に大きな関心と敬意を抱いているが、それらのもつ緻密さがおそらく本書には欠けている。ほぼ無手勝流と言ったほうがよいほど、学界の作法からも逸脱しているおそれもある。

本書の構成について簡単に説明しておこう。

第一部では、二十世紀フランスにおける文学と哲学に位置する作家や思想家をサルトルとの関係で取り上げる。固有名詞としては、プルースト、レヴィナス、九鬼周造、アレクサンドル・コイレ、ハイデガー、ブルトン、バタイユ、レヴィ＝ストロース、ポール・ニザン、ロラン・バルト、ドゥルーズ＝ガタリ、ブランショ、デリダ、フランシス・ポンジュなどである。網羅的にはほど遠く、きわめてアト・ランダムであり、取り上げるべき人びとがかなり抜け落ちている。とりわけ、ヴァレリー、ジッド、カミュは主題化すべきだったが、わずかに言及したに留まっている。

第二部では、文学と哲学の接点に浮上する問題構成を取り上げ、それをサルトルがどのように考察したかを検討した。テーマとしては、イメージと写真、草稿研究、同性愛とセクシュアリティ、文体、自伝の問題などである。こちらはむしろ個別研究となっている。近年のサルトル研究は日本だけでなく、世界的に見ても、哲学系と文学系に別れ、どちらかに立地したうえで個別の作品や主題を論じることが多いが、サルトル自身の関心が哲学と文学を横断的に移動するものだったとすれば、それを論じるにあたってもやはり両者の接点に定位すべきではないかと考える。そのポジショニングは必ずしも居心地のよいものではないが、その位置に視点を置くことによって初めて見えてくるものもあるだろう。

このように、全体を通して文学と哲学が分有するいくつかの稜線を浮かび上がらせることを目指している。生きること、死ぬこと、書くこと、読むこと、語ること、考えること、共にあること、などである。それらのいわば実存的な問いに、二十世紀のフランス文学と哲学がそれぞれ、そしてまた共にどのように取り組んできたのか、その一端なりとでも素描できればと考える。二十一世紀に入って、文学と哲学はふたたび袂を分かってしまったようにも思えるが、その理由についてはまた別の機会に考えることにしたい。

註

（1） 書簡では essai という言葉を用いている。『カルネ』では「哲学研究」と書いていることは興味深い。Marcel Proust, *Carnets*, édition établie et présentée par Florence Callu et Antoine Compagnon, Gallimard, 2002, p. 50.

（2）『意識に直接与えられたものについての試論』『物質と記憶──身体と精神の関係についての試論』『笑い──喜劇的なものが指し示すものについての試論』という前期の主著を貫くエッセイの意味は考察に値するだろう。

（3） Maurice Merleau-Ponty, *Sens et non-sens*, Nagel, 1948, p. 45-49.

サルトルのプリズム――二十世紀フランス文学・思想論／目次

略号表・参考文献

本書で頻繁に引用するサルトルおよび他の著述家の著作の出典に関しては以下の略号を用いることとし、邦訳のある場合は原典のページ数に続いて、邦訳書のページ数を記す。ただし、邦訳は多くの場合は引用者によるもの、また文脈にあわせて変更を加えたものであることを記し、訳者の方々のご理解をいただくとともに、お礼を申し上げる。

ジャン＝ポール・サルトル著作

B : *Baudelaire*, Gallimard, 1947 ; rééd., coll. « Idées », 1980.『ボードレール』佐藤朔訳、人文書院、一九五六年

CDG : *Les Carnets de la drôle de guerre*, in *Les Mots et autres écrits autobiographiques*, Gallimard, « Bibliothèque de la Pléiade », 2010.『奇妙な戦争──戦中日記 Novembre 1939 - Mars 1940』海老坂武・石崎晴己・西永良成訳、人文書院、一九八五年

CL : *Les Chemins de la liberté*, Gallimard, 1945, 1947, in *Œuvres romanesques*, 1981.『自由への道』全六巻、海老坂武・澤田直訳、岩波文庫、二〇〇九─一一年

CM : *Cahiers pour une morale*, Gallimard, 1981.『倫理学ノート』（未邦訳）

CRD : *Critique de la raison dialectique*, tome I, Gallimard, 1960, nouvelle édition 1985.『弁証法的理性批判』I、竹内芳郎・矢内原伊作訳、人文書院、一九六二年。『弁証法的理性批判』II、平井啓之・森本和夫訳、

人文書院、一九六五年。『弁証法的理性批判』Ⅲ、平井啓之・足立和浩訳、人文書院、一九七三年

EJ : *Ecrits de jeunesse*, texte établi par Michel Contat et Michel Rybalka, Gallimard, 1990.『青年期作品集』（未邦訳）

EN : *L'Etre et le Néant*, Gallimard, 1943, rééd., coll. «tel», 2010.『存在と無』全三巻、松浪信三郎訳、ちくま学芸文庫、二〇〇七、二〇〇八年

IF I : *L'Idiot de la famille*, I, Gallimard, 1971 ; nouvelle édition revue et complétée, 1988.『家の馬鹿息子1』平井啓之他訳、人文書院、一九八二年。『家の馬鹿息子2』平井啓之他訳、人文書院、一九八九年

IF II : *L'Idiot de la famille*, II, Gallimard, 1971 ; nouvelle édition revue et complétée, 1988.『家の馬鹿息子3』平井啓之他訳、人文書院、二〇〇六年。『家の馬鹿息子4』鈴木道彦・海老坂武監訳、人文書院、二〇一五年

IF III : *L'Idiot de la famille*, III, Gallimard, 1972 ; nouvelle édition revue et complétée, 1988.

I : *L'imagination*, Alcan, 1936, rééd., PUF, coll. «Quadrige», 6e édition, 2010.「想像力」『哲学論文集』人文書院、一九六八年

IM : *L'imaginaire*, Gallimard, coll. «Folio essais», 2005 [1940].『イマジネール』澤田直・水野浩二訳、講談社学術文庫、二〇二〇年

LC I : *Lettres au Castor et à quelques autres*, tome 1, Gallimard, 1983.『女たちへの手紙　サルトル書簡集Ⅰ　1926年～1939年』朝吹三吉他訳、人文書院、一九八五年『ボーヴォワールへの手紙　サルトル書簡集Ⅱ』二宮フサ他訳、人文書院、一九八八年

M : *Les Mots* in *Les Mots et autres écrits autobiographiques*, édition publiée sous la direction de Jean-François Louette, Gallimard, «Bibliothèque de la Pléiade», 2010, Gallimard, 1964.『言葉』澤田直訳、人文書院、二〇〇六年

MAEA : *Les Mots et autres écrits autobiographiques*, édition publiée sous la direction de Jean-François Louette, Gallimard, « La bibliothèque de la Pléiade », 2010.

N : *La Nausée,* Gallimard, 1938, in *Œuvres romanesques*, 1981. 『嘔吐』鈴木道彦訳、人文書院、二〇一〇年

OR : *Œuvres romanesques*, Gallimard, « Bibliothèque de la Pléiade », 1987. 『壁』中村真一郎訳、人文書院、一九五二年

QL : *Qu'est-ce que la littérature?*, Gallimard, 1948, rééd., coll. « Folio essais », 2000. 『文学とは何か』加藤周一・白井健三郎・海老坂武訳、人文書院、新版、一九九八年

QS : *Qu'est-ce que la subjectivité?,* édition établie et préfacée par Michel Kail et Raoul Kirchmayr, Les Prairies ordinaires, coll. « Essais », 2013. 『主体性とは何か』澤田直・水野浩二訳、白水社、二〇一五年

SG : *Saint Genet, comédien et martyr,* Gallimard, 1952. 『聖ジュネ』上・下、白井浩司・平井啓之訳、新潮文庫、一九七一年

Sit. I : *Situations, I*, Gallimard, 1947, rééd., 1992. 『シチュアシオンⅠ』生田耕作他訳、人文書院、一九六五年

Sit. II : *Situations, II*, Gallimard, 1948. 『シチュアシオンⅡ』加藤周一他訳、人文書院、一九六四年

Sit. III : *Situations, III*, Gallimard, 1949. 『シチュアシオンⅢ』佐藤朔他訳、人文書院、一九六四年

Sit. IV : *Situations, IV,* Gallimard, 1964. 『シチュアシオンⅣ』佐藤朔他訳、人文書院、一九六四年

Sit. V : *Situations, V,* Gallimard, 1964. 「ひとつの中国からもう一つの中国へ」多田道太郎訳、『植民地の問題』所収、人文書院、二〇〇〇年

Sit. VI : *Situations, VI*, Gallimard, 1964. 『シチュアシオンⅥ』白井健三郎他訳、人文書院、一九六六年

Sit. VIII : *Situations, VIII*, Gallimard, 1972. 『シチュアシオンⅧ』鈴木道彦訳他、人文書院、一九七四年

Sit. IX : *Situations, IX*, Gallimard, 1972. 『シチュアシオンⅨ』鈴木道彦他訳、人文書院、一九七四年

Sit. X : *Situations, X*, Gallimard, 1976. 『シチュアシオンX』鈴木道彦・海老坂武訳、人文書院、一九七五年
TE : *La transcendence de l'Ego, Esquisse d'une description phénoménologique*, Introduction, note et appendices par Sylvie Le Bon, Vrin, 1992. 『自我の超越・情動論素描』竹内芳郎訳、改訳新版、人文書院、二〇〇〇年
VE : *Vérité et existence*, texte établi et annoté par Arlette Elkaïm-Sartre, Gallimard, 1989. 『真理と実存』澤田直訳、二〇〇一年

サルトルに関する著作

DS : François Noudelmann & Gilles Philippe (éds.), *Dictionnaire Sartre*, Honoré Champion, 2004.
ES : Michel Contat et Michel Rybalka, *Les Écrits de Sartre*, Gallimard, 1970.
ESS : Michel Sicard, *Essai sur Sartre*, Galilée, 1989.
FS : *Sartre*, Texte intégral du film réalisé par A. Astruc et M. Contat, Gallimard, 1977.
S : Annie Cohen-Solal, *Sartre 1905–1980*, Gallimard, 1985. アニー・コーエン=ソラル『サルトル伝 1905–1980』上・下巻、石崎晴己訳、藤原書店、二〇一五年

シモーヌ・ド・ボーヴォワール著作

CA : *La cérémonie des adieux*, Gallimard, 1981. 『別れの儀式』人文書院、一九八三年
FA : *La Force de l'âge*, Gallimard, 1960, *Mémoires*, t. I, Gallimard, « Bibliothèque de la Pléiade », 2018. 『女ざかり』上・下、朝吹登水子・二宮フサ訳、紀伊國屋書店、一九六三年
FC : *La Force des choses*, Gallimard, 1963, *Mémoires*, t. I, t. II, Gallimard, « Bibliothèque de la Pléiade », 2018. 『或る戦後』上・下、朝吹登美子・二宮フサ訳、紀伊國屋書店、一九六五年

MJ : *Mémoire d'une jeune fille rangée*, Gallimard, 1958. *Mémoires*, t. I, Gallimard, «Bibliothèque de la Pléiade», 2018. 『娘時代』朝吹登水子訳、紀伊國屋書店

モーリス・ブランショ著作

CI : *La Communauté inavouable*, Minuit, 1983. 『明かしえぬ共同体』西谷修訳、ちくま学芸文庫、一九九七年

EP : *Écrits politiques 1953–1993*, Gallimard, 2008. 『ブランショ政治論集 1958–1993』安原伸一朗・西山雄二・郷原佳以訳、月曜社、二〇〇五年

ロラン・バルト著作

CVE : *Comment vivre ensemble*, cours et séminaires au Collège de France (1976–1977), Seuil/IMEC, 2002. 『いかにしてともに生きるか——コレージュ・ド・フランス講義 1976–1977年度（ロラン・バルト講義集成）』野崎歓訳、筑摩書房、二〇〇六年

RB OC III : *Œuvres Complètes*, tome 3, Seuil, 1994. 『明るい部屋——写真についての覚書』花輪光訳、みすず書房、一九九七年。『ロラン・バルト著作集9　1975–1977　ロマネスクの誘惑』中地義和訳、みすず書房、二〇〇六年。『ロラン・バルト著作集10　新たな生の方へ』石川美子訳、みすず書房、二〇〇三年

ジョルジュ・バタイユ著作

GB OC V : *L'expérience intérieure*, *Œuvres complètes*, tome V, Gallimard, 1973. 『内的体験』出口裕弘訳、平凡社ライブラリー、一九九八年

GB OC VI : *Œuvres complètes*, tome VI, Gallimard, 1973.

GB OC IX : *La littérature et le mal*, *Œuvres complètes*, tome IX, Gallimard, 1979. 『文学と悪』山本功訳、ちくま学芸文庫、一九六八年

GB OC XI : *Œuvres complètes*, tome XI, Gallimard, 1988.

GB OC XII : *Œuvres complètes*, tome XII, Gallimard, 1988.

ドゥルーズ＝ガタリ著作

AŒ : *L'Anti-Œdipe, Capitalisme et schizophrénie*. 1, Minuit, 1972. ジル・ドゥルーズ＝フェリックス・ガタリ『アンチ・オイディプス——資本主義と分裂症』（全二冊）宇野邦一訳、河出文庫、二〇〇六年

ジャック・デリダ著作

PM : *Papier Machine*, Galilée, 2001. 『パピエ・マシン』下、中山元訳、ちくま学芸文庫、二〇〇五年

PSY : *Psyché : Inventions de l'autre*, Galilée, 1987. 『プシュケー——他なるものの発明I』藤本一勇訳、岩波書店、二〇一四年

SI : *Signéponge*, Seuil, 1975. 『シニェポンジュ』梶田裕訳、法政大学出版局、二〇〇八年

フェリックス・ガタリ著作

PT : Félix Guattari, *Psychanalyse et transversalité. Essais d'analyse institutionnelle*, Maspero, 1974 ; réédition La Découverte, coll. «［Re］découverte», 2003. フェリックス・ガタリ『精神分析と横断性——制度分析の試み』杉村昌昭・毬藻充訳、法政大学出版局、一九九四年

マルティン・ハイデガー著作

SZ : *Sein und Zeit*, Auflage. Niemeyer, Tübingen 2006［1927］.『存在と時間』細谷貞雄訳、ちくま学芸文庫、一九九四年

クロード・レヴィ＝ストロース著作

TT : *Tristes tropiques*, Plon, 1955, in *Œuvres*, édition établie par Vincent Debaene, Frédéric Keck, Marie Mausé et Martin Rueff, Gallimard, «Bibliothèque de la Pléiade», 2008.『悲しき熱帯Ⅰ』川田順造訳、中公クラシックス、二〇〇一年

PS : *Pensée sauvage*, Plon, 1962, in *Œuvres*, édition établie par Vincent Debaene, Frédéric Keck, Marie Mausé et Martin Rueff, Gallimard, «Bibliothèque de la Pléiade», 2008.『野生の思考』大久保夫訳、みすず書房、一九七六年

SEP : *Les Structures élémentaires de la parenté*, Mouton & Co, 1967, 6e tirage, 1981.『親族の基本構造』福井和美訳、青弓社、二〇〇〇年

エマニュエル・レヴィナス著作

NP : «L'autre dans Proust», *Noms propres*, Fata Morgana, 1976, rééd., 2014.『固有名』合田正人訳、みすず書房、一九九四年

ジャン＝リュック・ナンシー著作

RP : *Le regard du portrait*, Galilée, 2000.『肖像の眼差し』岡田温司・長友文史訳、人文書院、二〇〇四年

第Ⅰ部　同時代を生きること

第1章　世代の問題を出発点として

近代性が不断の革新と不可分であるかぎり、そこではつねに流派の交替やさまざまなイズムの変遷が問題となる。そして、それと連動するかのように、しばしば世代論や系譜学的なアプローチが前面に押し出されて論じられることになる。しかし、世代とはほんとうのところ何なのだろうか。同時代に生まれた複数の個人が、その人間形成期に社会・政治状況や文化から共通の影響を受けるという世代論的な発想は身近なものであり、私たちは気軽に「六八年世代」とか「団塊の世代」などと言うが、文学や思想・芸術運動において世代はそもそもどのような意味をもっているのだろうか。

この問題を真正面から論じたものとして、サルトルの『文学とは何か』がある。(1)

『文学とは何か』に見られる世代論

「自らの時代のために書く」というサルトルの言葉はしばしば、同世代のために書くという意味で理解されてきた。[2] サルトル自身、『文学とは何か』の第四章「一九四七年における作家の状況」で当時の現代文学の見取り図として三つの世代を区分しながら、具体的な読者に向けて書くことの重要性を説いていたからである。

だが、世代論の分析に入る前に、まずは『文学とは何か』が、文学を作者と読者との関係という側面から論じた書であることを思い出す必要があるだろう。というのも、第四章で展開される三世代の作家のあり方は、第三章「誰のために書くのか」において問題にされていた、読者（より精確に言えば読者層public）と作者との関係の分析を踏まえているからだ。サルトルの主張によれば、作家は原則としてはあらゆる人間に向けて書くが、実際にはある種の人びとだけによって読まれるのであり、このような理想的な読者と現実の読者との乖離から、抽象的な普遍性の観念が生まれる。つまり、作者は「いま自由にすることのできる一握りの読者が未来永劫に反復される」（QL 158／一四六）と仮定してしまうものである。なぜこのような考えが生まれてきたのだろうか。サルトルはそれを、十七、十八、十九世紀における作家と読者との関係の詳細な分析によって解明しようと試みる。

十七世紀において読者層とは、宮廷と聖職者と司法官と富裕なブルジョワジーの小集団であり、上流階級の一員であると同時に専門家でもあるような人びとだった。したがって読者は作家と完全に同一ではないとしても、潜在的な作家たちであり、作家は多かれ少なかれ既成のイデオロギー内部で創作することができた。十八世紀になっても作家の社会的条件そのものにあまり変化はないが、ブルジョワジーが本を読みはじめるため、読者の範囲は広がる。ただ下層階級は潜在的読者に入っていなかった。「十八世紀の作家の本質的な性格は、客観的にも主観的にも、自分自身が属するブルジョワ階級からの離脱である」（QL

108／一〇四）。大貴族からの庇護を受けるが、その一方で他の読者層もいるため、作家たちは自分の身内であるブルジョワジーとの連帯性を感じない。それと連動するように、文学が独立性をもちはじめ、作家は集団の常識を反映せずに新たな観念を創造しはじめる。かくして、作家は出身階級とは無関係に普遍的人間性の高みから読者に語りかけることになる。十九世紀になると、作家と読者との間にそれまでにない葛藤対立が起こるだけでなく、無償の義務教育の結果、プロレタリアートが潜在的な読者層に次第に入ってくるため、事態がさらに複雑化する。最良の作家たちは、ブルジョワジーが求めるような通俗的観念論や心理主義、決定論や功利主義を反映した作品を書くことを断固拒絶し、それが十九世紀後半の文学の方向性を決定する。第二共和政が成立する一八四八年から第一次世界大戦の始まる一九一四年まで、読者がすさまじい勢いで画一化した結果、作家はあらゆる読者に反対して書くようになった（QL 124／一一七）というのが、サルトルの描く見取り図である。

このような分析の当否を問うのがここでの主旨ではないが、第四章「一九四七年における作家の状況」の世代論が以上の分析を踏まえてであることは確認しておく必要がある。

さて、一九四七年当時のフランスの作家たちのなかで第一世代と見なされるのは、一九一四年の大戦以前に活動を始めた作家たち、具体名で言えばジッド、モーリヤック、プルースト、アンドレ・モーロワ、デュアメル、ジュール・ロマン、クローデル、ジロドゥー、マルセル・アルランなどである。(3) 彼らの生き方と作品によって、文学とブルジョワ読者との和解が実現しはじめたとサルトルは考える。一方、経済的な側面から見ると、彼らの多くは文筆以外に主な収入源をもち、ジッドとモーリヤックは大土地所有者、プルーストは金利生活者、モーロワは実業家一族の出身、デュアメルは医者、ジュール・ロマンは大学教授、クローデルとジロドゥーは外交官などであった点に注目した上で、第三共和政下では政治の場合と同様に、文学は「周辺的職業」でしかありえず、それがゆえに、作家と政治家は同じ環境から出ているとする。そして、このような経済的な基盤をもつがゆえに、作家は自分を純粋な消費者と見なすことができない。実際、彼らはなんらかの形で生産と関わる者でもあるのだが、作品においては浪費を呼びかけるという矛盾が見られる。このように、作家が生産者であると同時に破壊者であるという状況は、それまでの時代に見られた作者と読者層との乖離が作者のうちに内面化されたものだとサルトルはコメントする（QL 176／一六八）。

第二世代とされるのは一九一八年（つまり第一次大戦終結）以後に成人に達した作家たちである。コクトー、ポール・モラン、ドゥリュ・ラ・ロシェルなどの名前も挙げられるが、中心はなんといってもシュルレアリストたちである（そのほかに、周辺的な作家としてプレヴォー、ピエール・ボスト、シャンソン、アヴリーヌ、ブークレールなどの名も挙げられている）。「前の世代よりも野心的な彼らは徹底的で形而上学的な破壊をあてこんで、寄生的貴族の尊厳よりも千倍も高級な尊厳を自分に授けようとして、この破壊にとりかかる」（QL 188／一七九）とサルトルは述べる。ブルジョワ階級からの脱出どころか、人間の条件そのものから飛び出そうとするのだ。「これら良家の子弟たちは、世襲財産ではなく、世界を濫費しようとする」（Ibid.）。シュルレアリスムは、ブルジョワ読者だけでなく、それ以上に、労働者読者と絶縁する。その一方で、革命的であるという理由で共産党に手を差し出す。しかし、シュルレアリスムとプロレタリアートの絆は間接的で抽象的であり、結局その読者層はブルジョワである（QL 190／一八一）と決めつけられる。

この部分は、シュルレアリスムに対する全面的批判という様相を呈するが、このポジショニングは戦略的なものであって、サルトル自身の個人的な好悪や評価とは必ずしも一致するものではない。サルトルが別の場所ではブルトンをはじめシュルレアリストたちに対する共感と賛辞を呈していること、また、兄にあたるこの世代との桎梏に関しては後の章で見るとおりだ（第4章）。実際、ここで問題とされているのは、具体的な個々の作品ではないし、彼らの文学観ですらほとんどない。そうではなくて、ごく単純に階級社会との関係における文学の生産と消費の関係、それも非常に即物的にどのような階層が生産し、消費しているかということに関わっている。『文学とは何か』におけるサルトルの立ち位置は社会学的とでも呼べるものであり、ブルデュー的な関心の先駆けをなしていると言えるし、後に文学社会研究と呼ばれることになる地平を開いた功績は高く評価されるべきであろう(4)（だが、この点は、サルトルが受容理論に先駆けて、読者の位置の重要性を強調していることとともにしばしば見逃されている）。

第三の世代は、当然のことながら、サルトル自身の世代ということになる。敗戦後ないしは第二次世界大戦直前から書きはじめ、戦争という極限状況を通して新たな文学観を発見した彼らは、自己形成期に受難《パッション》＝情熱としての文学と職業としての文学とのあいだで揺れ動いたのが特徴である（QL 211／二〇〇）。彼らの場合、乖離は十九世紀の文学とは異なり、作家と読者層とのあいだにではなく、「文学神話と歴史現実とのあいだにあった」（QL 212／二〇一）とサルトルは指摘する。「われわれの先輩は無為な人びと（des âmes vacantes）のために書いていた。しかしわれわれが呼びかけようとした読者層にとっては、休暇＝無為の状態（vacances）は終わっていた。読者層は、われわれと同様、戦争と死とを待ちかまえている、作者であるわれわれと同類の人間たちからなっていた」（QL 215／二〇四）。「突然歴史のなかに置き据えられたわれわれは、歴史性の文学（une littérature de l'historicité）をつくるべく追いつめられていたのである」

(Ibid.)。

この部分には奇妙なことに、具体的な名前がほとんど出てこないのだが、それはここでのサルトルの意図が、僚友たちとともに新たな流派や傾向を立ち上げることではないことを示している。ポール・ニザンの名が二度だけ挙がるが、この時点でニザンはすでに死んでいるし、同じように称揚されるサン＝テグジュペリ（一九〇〇―一九四四）もまたすでに亡くなっているのみならず、世代的にはどちらかと言えば第二世代に近い。この点はサルトル自身も十分意識しており、マルローとサン＝テグジュペリに関しては、注9で次のように述べている。「私がもっと前に、マルローについてもサン＝テグジュペリについても語らなかったのは、彼らがわれわれの世代に属しているからである」（QL 304／二九四）。しかし、なぜこの二人が第三世代に属していると言えるのだろうか。彼らはサルトルたちより先に書いていたし、やや年長であるが、マルロー（一九〇一―七六）は最初の作品から文学を戦争のうちで書いていたし、サン＝テグジュペリも同様であり、彼らは消費の文学に代わる建設の文学の先駆者であったからだ。「戦争と建設、ヒロイズムと労働、「なすこと」と「もつこと」と「在ること」、人間の条件」（QL 305／二九四）が今日的なテーマであり、彼らがまさにその先駆けであったがゆえに自分たちの世代に属す、というのがサルトルの論理だ。しかし、そのような主張は恣意性を完全に免れているとは言い難い。

この第三世代に関しては、具体名はしばしば注で記される。上記の二人以外で言えば、カミュ、ケストラー、ルーセなどの名前が挙げられるが、具体的な分析はほとんどない。これも後に単行本刊行の際につけられた注で、「最近出たカミュの『ペスト』は、批判的で建設的な複数のテーマをただひとつの神話の有機的な統一のなかに溶かすこの統合的運動のよい一例だと、私には思われる」（QL 308／三〇〇）と述べられはするが、はなはだ抽象的だ。じつは、第三世代の作家の特徴を説明するのに召還されるのは、むしろ、外国の作家たちである。具体名としては、カフカ、フォークナー、ドス・パソス、ヘミングウェイなどが挙げられながら、歴史における人間の条件という展望のもとに新たな文学の使命が語られる。つまり、作家は、書くという行為によって世界の意味を露わにするという点が強調されるのだ。「われわれが語りうるあらゆる企ては、歴史を作るというただ一つの企てに帰着する。今やわれわれは、行動＝実践《プラクシス》の文学を開始するために、所有＝状態＝習慣《ヘクシス》の文学を放棄しなければならない時にまで導かれたのだ」（QL 237／二二五―二二六）。

以上が、第四部で展開される両大戦間から戦後にかけての文学世代の分析の概略である。サルトル自身が非常に大まかな分類であることを認めているように、これは文学史的な分類などではないし、チャート式の説明でもない。世代の分類の指標となっているのは二つの世界戦争である。当然と言えばこれほど当然な指標もない。実際、平時とは異なり、革命や戦争という大きな出来事はそれを何歳で体験するかによって、その後の人生に大きな痕跡を残すことが容易に想像できるからだ。両大戦が世代論にとって重要な出来事としてしばしば掲げられることは、サルトルより少し年上のバタイユやほぼ同年のレヴィナスらのテクストからも窺うことができる。実際、バタイユは『文学と悪』の序文に次のように書いていた。

> 私の属している世代は擾乱にみちている。／その世代は、シュルレアリスムの擾乱のさなかに、文学に目覚めた。第一次大戦につづく数年のあいだ、あふれるばかりの感情が渦巻いていた。文学は自分の枠のなかで窒息しかかっていた。当時、文学はひとつの革命をはらんでいるように見えた。
>
> （GB OC IX, 171／一三）

エマニュエル・レヴィナスも一九四六年に次のように書いている。

どの世代にも、それを成熟へと導くような例外的事件が存在する。この事件は人びとの生活の基礎たる数々の価値を問いただす。借り物の諸観念の幼稚さをそれまで維持してきたこれらの価値が、ひとつの事件によって揺るがされるのである。この事件は、歴史的な出来事がわれわれの生を蝕んでいるという確信を抱かせるような厚みと嵩をもって介入する。それは別の世代には伝達しえない味わいを有している。／現在、齢四十を数える者たちにとっては、ヒトラー主義がこの事件であった。(5)

したがって、常識的というだけでなく、多くの作家・思想家にとっても戦争と世代の問題は緊密に結びついていたのであり、皮膚感覚で感じる断絶は広く共有されていたと言ってよいだろう。言い添えておけば、世代の問題が、彼らの生計の立て方と関連づけられていることは重要だ。この時期のサルトルはまだマルクス主義には接近していないが、それでも下部構造の問題は、社会学的なアプローチという形で、世代の分析を支えているのである。

だが、サルトルにおける世代の問題がさらに興味深いのは、『文学とは何か』においてのみならず、後の知識人論やティントレット論、最晩年のフローベール論『家の馬鹿息子』においてもそれが重要な役割をなすからである。その意味で、世代という観点は、サルトルが文学や芸術活動を考察する際の基本的な枠組みと言えるのだ。

『家の馬鹿息子』と『言葉』

実質的にサルトル最後の著作となった『家の馬鹿息子』の第三巻（一九七二）においても、世代論的見取り図は重要な役割を果たす。というよりも、『文学とは何か』をなぞるかのように、『家の馬鹿息子』の第三巻でサルトルは若きフローベールが生きた文学的状況について、まさに世代構造において語るのだ。「ポスト・ロマン主義の修業時代――作家の文学的状況」と題された章を、サルトルはギュスターヴ少年がそれまでの文学にどのようなモデルと規範を読み取っていたかという分析に当てる。

まずは簡単に十七世紀が概観されるが、ラシーヌやコルネイユなどの古典は学校教育で学ぶものであり、モデルとはなりえず、ギュスターヴからは敬して遠ざけられる。シェークスピアだけは別格とされるが、それは英国の劇作家がロマン主義というフィルターを通して受容されているからだ。その後、ほぼ『文学とは何か』と同様な足取りで、十八世紀から十九世紀前半ロマン派の特徴までが概観される。すなわち、「祖父」に擬せられる十八世紀の百科全書の作家たち（ヴォルテール、ルソー、ディドロ）と「長兄」に擬せられるユゴー、ラマルチーヌ、ド・ヴィニー、ミュッセなどによって形成された文学的伝統が確認され、それら「既成の文学（la littérature faite）」と、新たな状況下で若きフローベールが「これから作る文学（la littérature à faire）」、「来るべき文学」とが対比分析されるのである。

同じような分析はさらに、未完に終わった『マラルメ論』（一九五〇年代執筆）にも見られる。そこでもまた、十九世紀半ばから後半にかけての時代、二月革命から第二帝政を経て第三共和政にいたる時期における、作家の歴史的状況の分析と、そのなかでのマラルメの位置づけが行われている。多産で天才的であったロマン派の作家・詩人たちと、陰鬱で不感症的な虚無のポスト・ロマン派が絶えず対比されるのである。

以上のような次第であれば、サルトルは多くの論考でことごとくきわめて図式的に世代論を展開しているようにも見えよう。しかし、テクストをもう少し仔細に見ていけば、『家の馬鹿息子』で問題になっているのが世代論そのものでないこともまた明らかである。問題はむしろ、フローベールの理想像となる作家のイメージがどのように形成されたのかを跡づけることにあるのだ。言い換えれば、ギュスターヴ少年が、それまでの文学にどのようなモデルと規範を読み取っていたのかが問題なのであり、その意味でここで分析されているのは客観的な世代論などではなく、ギュスターヴという一八四〇年を生きる青年の眼に、それ以前の文学がどのように映っていたのかということ、つまり〈時代の神話〉なのだ。それはたえず繰り返される「一八四〇年の読者にとって」という表現によって強調される。作家たらんとしていた若きフローベールにとっての最大の問題は、彼が目の前にもっていたモデルなり規範が彼自身が生きる時代の状況とは両立しなかった点にあるとサルトルは結論づける。「彼〔ギュスターヴ〕はルイ＝フィリップ時代の教養で自己形成したが、第二帝政下で作家となるからである」(IF III, 67)。これは『文学とは何か』の第三世代について言われたこととまったく同じではないか。

実際、サルトルが世代論的なアプローチをしているような印象を与えるとしても、これらの世代論はごく表面的な仕掛けにすぎない。というより、サルトルが目指しているのは、時系列に沿って、個々の流派の盛衰を追うことではまったくない。『文学とは何か』におけるサルトル自身の言葉を借りれば、「一時代の見取り図を作ろうと欲したのではなく」、その「時代の気候を明らかにし、その時代の神話を単独に取り出してみせることが狙いなのである」（QL 182／一七三）。あるいは、文学潮流がどのようにひとつの神話をめぐって展開するのか、特に近代という神話をめぐって展開するのかという点にこそサルトルは注目する、と言い換えてもよい。つまり、ある世代がどのような文学神話によって育てられ、自らの作品を書くことになるのか、これがサルトルに執拗につきまとったテーマなのだ。だとすれば、マラルメ論においても、このライトモチーフが回帰するのを見ても驚くことはなかろう。完成原稿としてわれわれに残されているのは、十九世紀後半の作家の歴史的状況の分析と、そのなかでのマラルメの位置づけを分析した第一部のみであるが、『マラルメ論』はもともと三部構成で、第二部はマラルメの家族状況の分析と個人的特異性の分析、第三部は一般性と個人性の綜合としてのマラルメ作品の根拠をなすテーマ群の総合的読解であった。つまり、ここでもひとつの時代を個人がどのように生きたかということ、あるいは文学的神話と歴史的現実との関係の解明が問題なのであった。つまり、自己形成期である修業時代に知らず知らずのうちに内面化された理想の文学像と現実とのギャップこそが作家にとっての推進力となるというのが、サルトルの主導的理念なのである。

　このように見てくると、さらに他の作品にも同じ問題構成を発見できることに気がつく。一般にサルトルの自伝とされている『言葉』。このテクストの意図もまた、文学を宗教あるいは情熱《パッション》＝受難として信じた少年の物語を通して、一時代の神話を語ることに他ならない。生後まもなく父を亡くしたプールー少年が母の実家シュヴァイツァー家に引き取られ、大学教授資格者であり、十九世紀の巨人ヴィクトル・ユゴーの崇拝者であり、家父長的相貌の持ち主である祖父カールの薫陶を受けながら、いかにして文学に目覚めてゆくか、いや、いかに文学という幻想に捕らわれてゆくかが語られる。その意味でも、『言葉』の中ほどで展開される個人がどのように自分の階級のイデオロギーを幼年期に、そして家族という媒介を通して身につけるのかを描く部分は、『文学とは何か』で分析された十九世紀のブルジョワ作家の状況のドラマ化された要約と見ることができるというフィリップ・ルジュンヌの指摘は的を射ている。(6)ブルジョワ作家の不安と矛盾に堪えるべく十九世紀に作り上げられた「詩人」や「栄光」の神話が、孤児であり、自分自身の存在の必然性を追い求めるサルトル少年の不安に応えるということが物語を通して証明されるわけだが、それはそのままフローベール論とも重なりあう。サルトルはみずからの少年時代を振り返り、次のように記す。

第一次ロシア革命と第一次世界大戦の間、マラルメが死んではや十五年が過ぎ、ダニエル・ド・フォンタナンがジッドの『地の糧』を発見していた時代に、十九世紀の人間だった祖父によって私はルイ＝フィリップ時代の観念を植えつけられたのだった。農民が因襲的であるのと同じ原理だ。「親たちは子どもを祖父母に預けて、野良仕事に出かけるのだ」。私はスタート時から八十年ものハンディキャップを負っていた。それを嘆くべきだったろうか。どうだろうか。現代社会は変化が激しく、時に遅れがリードになることもある。

(M 33／五〇)

八十年という数に注目しよう。このくだりを素直に読めば、その年齢にもかかわらず、サルトルはフローベールの同時代人ということになる。これは単なる偶然にすぎないのだろうか。いや、そうではあるまい。虚構に満ちた『言葉』の記述をどこまで事実として認めるかどうかは別として、少なくともサルトルに十九世紀的な幻影がつきまとっていることは事実であるように思われる。

実際、サルトルには先天的後衛性とでも呼べるようなもの、あるいは遅れのようなものがついて回る。前衛であったことは一度もないのだ。時代のトレンドに妙に疎く、一九二九年にソルボンヌで行われたフッサールの歴史に残る講演（「超越論的現象学入門」）に行かなかったし、同時代人の多くが出席していたコジェーヴのかのヘーゲル講義にも参加しなかった。実際、サルトルはかなりの晩熟《おくて》だ。『嘔吐』によってデビューを果たしたとき、ニザンをはじめとする同年代の秀才たちはもうすでに文壇に確固たる地位を築いていた。戦後の作家と見なされるサルトルは両大戦間期の作家でもじゅうぶんありえたのだ。

このようなサルトルのありようを単なる遅れと見るべきか、一種独特のアナクロニスムと評価すべきなのかは、にわかには断じられない。だが、いずれにせよ、ここにこそ作家・思想家サルトルの特徴的な位置づけを見ることができるだろう。文学史や思想史を見ていけば、このような早稲《わせ》や晩稲《おくて》が入り交じって、複雑な世代交代を行っていることがわかる。(7) このことをサルトルは、『家の馬鹿息子』では「履歴現象《ヒステリシス》」という言葉を用いて説明している（IF III, 340-341）。つまり、世代と言っても決して一枚岩の集団ではなく、それぞれの出自なり、都市部在住か地方在住かなど複数の要素に従って、同時代のなかにもさまざまな偏差が生まれると説明するのだ。そのようなニュアンスを確認した上で、世代の問題が歴史にとってどのような意味をもつのかを見てみよう。

世代と歴史性

世代の問題をより包括的に検討するために、サルトルがこの問題を哲学的著作でどのように扱っているのかを参照することは不可欠であろう。こちらも未完に終わり、死後出版された『真理と実存』を手がかりにこの問題を引き続き考察していきたい。このテクストは、『存在と無』で予告されていた「倫理に関する著作」の準備ノートのひとつだが、ここまで見てきた文学と世代問題を照射する興味深いくだりを含んでいる。

「自らの時代のために書く」ということを、人びとは、現在のために書くという意味で理解した。だが、それは違う。希望と恐れと、各人の行為の可能性によって、画定された具体的な未来のために〔＝に向けて〕書くことなのだ。私が動いている真理の領域を画定するのには、この五十年か百年の歴史で十分だ。真理は主観的である。ひとつの時代の真理とは、存在の発見として生きられたその意味やその風土などである。

（VE 33／四二）

これを読む限り、世代の問題が〈同時代性〉ではなく〈未来〉というベクトルとより深く関わっているとサルトルが考えていたことがわかる。というのも、サルトルは続けて、「〔…〕時代がしかじかの運命をもっていたと決めるのは、次の世代だ。なぜなら、彼らにとって時代は死んでしまっているのだから」（VE 33／四三）と記すからである。だが、なぜ、現代ではなく、ごく近い未来、次の世代こそが真の宛先とされるのだろうか。それは、サルトルによれば、ある世代が生身で生きていた真理が、次の世代に伝わるとたんなる事実、ひとつのいわば客観的な法則のごときものになってしまうからだ。実際、ある時代に客観的な意味を与えるのは、その時代ではなく、次の世代なのだ。

私が生きている時代époqueはそれ自身ひとつの客観的意味をもっている。だがこの意味は、自ら生きることによってこの時代が創造するものであると同時に、時代自身から逃れてしまうものでもある。というのも、時代がこの意味を創造するのは、他者たちに対してだからである。とはいえ、その意味作用の問題はその時代にとっては生きたものである。なぜなら、この時代は後にこの意味をもつことになることを知っており、それを前もってつかもうとしているからである。しかし、時代がその意味をつかもうとしている仕方自体が、次の世代の目にとってはその時代に意味を与える際に役立つことになる。たとえば、社会的現象を経済的要因によって解釈しようとするわれわれの努力は、後の世代にとっては、おそらくわれわれの世代の精神的な特徴として現れるだろう。つまり、自らを探求しつつある時代によって暴き出された物質的な真理は、次の世代にとっては精神的な真理になる。

（VE 131／一五四―一五五）

このように、『真理と実存』においては、世代の問題はなによりも真理との関係で論じられることになる。サルトルはハイデガーによる *Geschichte* と *Historie* の区別を援用しつつ、それをずらしながら、二つの異なる歴史性として立てる。すなわち、主体がそのなかで生き、自らを歴史化しながら歴史を了解するという歴史性（historialité）と、他者によって客観化され、対象化された史実としての歴史性（historicité）である。(8) その意味で、ここでも問題になっているのは、サルトル思想を初期から晩年まで貫通するテーマ、「実存と認識の通約不可能性」のアポリアだと言えよう（「ひとが歴史を作るのだが、書かれるとそれは別のものになってしまう」）。ヘーゲルの歴史観においては、歴史の行為の主体と歴史を語る主体は最終的に一致するが、歴史が絶対的な一者に収斂しないのであれば、語る主体と生きる主体の乖離の問題はつねにつきまとうことになる。観点を変えて見れば、ある世代の主体的な自己歴史化は、次の世代によって対象化されることではじめて史実的な厚みをもって顕在化するのである。

だとすれば、世代の意識というのは決して主体としての「われわれ」には顕現しないものなのだろうか。必ずしもそうではない。急激な変化のとき、新たな潮流と古くからの流れとがぶつかりあう潮目のような場所で、現在から、それでいて事後的に、それが見えることがあるのではないか。サルトルは『戦中日記』で、フランスでのハイデガー受容と自分自身にとってのハイデガー発見をからめて、世代の問題を共同体としての読者層との関わりで記述しているが、そこに「われわれ」がはからずも顔をのぞかせていることは興味深い。

> だから、コルバンが『形而上学とは何か』を訳したのは[9]、私が他の者に混じって、この翻訳を待ち望む読者層として、自分自身を自由に構成したからなのである。そしてその点において、私は、私の状況、私の世代、私の時代を引き受けているわけである。〔…〕なによりも彼〔ハイデッガー〕は、ちょうどよい時にやってきたのだ。だれかが〈歴史〉と私の運命を理解する道具を与えてくれることを願っていた、と前に述べたが、まさにこうした欲求をもったわれわれは大勢いた。しかも、まさにそのときに、この欲求をもっていたのである。ハイデガーの訳が〔フッサールの訳よりも〕先に出るという選択を示唆したのは、われわれだったわけである。／別の言葉で言えば、私の時代、私の状況、私の自由が、私のハイデガーとの出会いを決定したのである。そこにあるのは偶然でも決定論でもなく、歴史的暗合（convenance historique）である。（CDG 469-470／二一九）

このように、世代の問題はまさに、一方で読者共同体の問題と、もう一方で時代の神話とリンクする。おそらく、ここでハイデガー自身が『存在と時間』において歴史や共同存在の問題と絡めて世代の問題に触れていたことを思い起こしてみると、問題はさらに際立つだろう。ディルタイの世代論を参照しつつ、ハイデガーは述べていた。

> 共同運命は、さまざまな個別的運命から合成されるものではない。このことは、相互存在が、いくつかの主観の集合的出現という意味のものではないのと同様である。個々人の運命は、同一の世界の内での相互存在において、そして特定の可能性への覚悟性において、はじめからすでに導かれていたのである。その共同運命にそなわる威力は、相互の伝達と戦いとのなかで、はじめて発揮される。おのれの〈世代〉のなかでの、かつおのれの〈世代〉と共にする現存在の運命的な共同経歴こそ、現存在の十全な本来的経歴をなすのである。
> （SZ 385／下三二七）

だが、ここではハイデガーの世代論の問題はひとまず措き、自己形成期にある作家にとっての文学像、〈神話としての文学〉の問題に戻ろう。『真理と実存』で用いられた歴史性というタームを用いれば、それぞれの作家が主体的に歴史のなかで行った文学行為は、時代が経過することで史実性へと沈殿し、時代の客観的な表出という外観を呈することになる。それが、各時代に特有な文学のイメージであり、神話である。しかし、そのような神話のなかで自己形成を行い、そのようなイメージに囚われた修業時代の作家はそれが自らの時代の現実と乖離していることに気づかざるをえず、自らの時代において、自己を歴史化しつつ作品を書くことになる。したがって、『家の馬鹿息子』の第三巻で、歴史の問題が、世代問題とリンクされて論じられることは当然のなりゆきと言える。そこでは歴史に関する記述が数多く見られるが、先ほど見た「ポスト・ロマン主義の修業時代作家の文学的状況」の最終節「神経症と預言性」と題された節では、歴史性（historicité）に関する重要な記述が見られる。サルトルはここで、ある時代の客観的歴史性からの解放を読者層は作家たちに託すとして（IF III, 428）、次のように記す。「読者と作者は完全に共犯関係にあるのだが、それは、両者がともに同じ気遣いをもっているためだ。つまり、どちらも、人間社会の歴史性（historicité）を破壊しながら、歴史を忘却したい、そして忘却させたいのである。この同意の基盤にあるのは、両者が自分の冒険（aventure）を歴史的に生きたという点である」（IF III, 429）。

しかし、歴史に終焉はなく、つねに新たな世代が新たな歴史性を堆積させていくことになるかぎり、ある世代の全体化運動はそのつど次世代の全体化運動によって脱全体化される。そのために、歴史とは不断の世代交代のようにも見えてしまうが、注でサルトルはこの誤解を解こうとする。

これは少々単純化しすぎだ。世代の問題をかくも複雑にしているのは、じつのところは、世代という概念が、机上の空論であるためである。せいぜい可能なのは、二十年ぐらいのスパンで父親世代と息子世代を対立させることぐらいなのである。しかし、日々生まれる兄貴分たちがいるし、弟分や従兄弟たちもいて、結局のところ、毎日毎年ある種の連続性――つまりわずかな発展――が、不連続のうちにできあがる。こうして、脱全体化そのものが、全体化によって再び捉えられる。この連続と不連続の弁証法は歴史家たちのよく知るところのものだが、歴史哲学を行う哲学者はそれを知らないのだ。[10]

（IF III, 436）

かくして、世代論という表層の下には、世代横断的な諸要素が堆肥のように横たわっており、それを肥やしとして近代文学の神話が形成されたというのがサルトルの指摘するところなのである。フーコーがサルトルの『弁証法的理性批判』を評して「二十世紀を考えるために十九世紀の人間がしている壮大で悲壮な努力[11]」と述べたが、これは一面の真実をついている。サルトル自身もまた、単純にすぐ前の世代に対抗して作品を書いたのではなく、自分のうちにある十九世紀的な土壌を出発点として、作家となったのだ。ルイ＝フィリップ時代の教養で自己形成したフローベールが第二帝政下で作家になったように、十九世紀的な教養で自己形成したサルトルは第二次世界大戦直前に作家となったのである。

『言葉』によってサルトルは文学に対する別れを告げたと言われるが、すでに『文学とは何か』のなかでも、文学のある種の終焉、あるいは〈ある種の文学〉の終焉が語られていた。自らの属す第三世代を消費の文学ではなく生産の文学であると特徴づけた後、サルトルは以下のように書き記す。

現れつつある生産の文学は、その対立物である消費の文学を人に忘れさせてしまうことにはならないであろう。生産の文学は消費の文学にまさると主張すべきではないし、もかしたらそれに匹敵するところまでも決していけないかもしれない。生産の文学がわれわれをして極限に到達させ、書くという芸術の本質を実現させるものだと主張するつもりは誰にもない。もしかしたら、まもなく、それは姿を消しさえするかもしれないのだ。

（QL 238／二二六）

サルトルは次の世代がふたたびプラクシスの文学を捨て、ヘクシスの文学に戻るかもしれないし、またそれが交互に繰り返されるかもしれないと指摘した後、それでもやはり消費の文学ではなく、贈与の文学を打ち立て、作品を通して読者に呼びかけることを強く提唱する。ただ、それだけでは十分ではなく、誰が読者なのかという問題につねに意識的である必要があることを強調する。

作家の状況はいまだかつてこれほど逆説的であったことはなかった。それは最も矛盾した特徴からなっているかのように見える。利点としては、輝かしい外観、洋々たる可能性、羨望すべき暮らしぶりがある。弱点としてはただひとつ、文学がまさに死にかけているということがある。文学に才能が不足しているわけでも、善意が不足しているわけでもない。だが現代社会では、文学はもはやなすべき何ものももっていないのである。プラクシスの重要さをわれわれが発見し、全体的文学とはいかなるものでありうるかをわれわれが一瞥したまさにこのときにおいて、われわれの読者は瓦解し、消え失せているのだ。われわれはもはや、文字通り、誰のために書くかを知らないのである。（QL 239–240／二二七―二二八）

このあとサルトルは新たな読者層、潜在的読者について触れ、文学とマスメディアの関係について述べる。戦後すぐに書かれたこのテクストは現代の状況を予見したものと読めなくもない[12]。インターネットの発達によって、書き手と読み手との関係が少なくとも数の上からは飛躍的に変化したと言える。誰でもが潜在的には多くの読者をもつ作者になりうることは、携帯小説の隆盛が現実に示している通りだ。サルトル的観点から言えば、時代はふたたび、潜在的作者と読者層の集合がほぼ重なりあうような状況を呈しているのだ。しかしその一方で、自らの自己形成期に旧来の文学観によって育ってきた野心的な作者たちは、フローベール論で指摘されたような神話と現実のギャップを生きているのではないだろうか。そして、サルトルの考えによれば、このような神話と現実の乖離、矛盾こそが新たな文学を生み出すものなのである。だとすれば、私たちは文学の終焉どころか、新たな文学の誕生に立ち会っているのかもしれない。前衛と後衛ということに意味があるとすれば、前衛の根がつねに後衛のうちにあり、後衛からこそ前衛が生まれるという逆説、周回遅れが新たな始まりとなる可能性があるということではなかろうか。

以上のことを踏まえて、次章から、サルトルと前の世代や同世代との関係を検討することで、二十世紀のフランス文学と思想の諸相を炙り出していきたい。

註

（1）世代を重要な社会的要素として考えたオーギュスト・コントやディルタイ以降、マンハイムやオルテガなど数ある世代論とサルトルの世代論を比較する余裕はここではない。それらの詳細な検証は別の機会に譲りたい。

（2）サルトルには『文学とは何か』に先がけて書かれた「自らの時代のために書く（Ecrire pour son époque）」という短いテクスト（一九四六）がある。これは国内外で大きな反響を呼んだが、最終的には単行本には収録されなかった（後にESに補遺として収録された）。

（3）これらの作家に関してサルトルは「フランソワ・モーリヤック氏の自由」「ジャン・ジロドゥー氏とアリスト

テレス哲学」「生きているジッド」など多少とも重要な評論を書いている。

（4）ブルデュー門下の二人の俊英、パスカル・カサノヴァ（『世界文学空間』）やジゼル・サピロ（『作家たちの戦争』）などの仕事はまさにこの延長線上にある。

（5）Emmanuel Levinas, « Tout est-il vanité? » dans *Cahiers de l'Alliance Israélite Universelle*, n° 9, juillet, 1946, p. 1-2. レヴィナス「すべては空しいか」『レヴィナス・コレクション』合田正人編・訳、ちくま学芸文庫、一九九九年、二〇六頁。

（6）Philippe Lejeune, *Le Pacte autobiographique*, Seuil, 1975, p. 218. フィリップ・ルジュンヌ『自伝契約』花輪光監訳、水声社、一九九三年、三一五頁。

（7）エマニュエル・レヴィナスはサルトル以上に晩熟の人と言うべきかもしれない。『フッサール現象学の直観理論』（一九三〇）によってフランスにいち早く現象学を紹介し、サルトルのフッサール発見のきっかけを作ったレヴィナスが思想家として注目されるには、実存主義どころか構造主義の退潮を待たねばならなかった。

（8）historialité と historicité のこのような区別は『真理と実存』以前にはなされておらず、historicité しか使われていなかったが、すでに見たように、『文学とは何か』では肯定的な意味あいで historicité が用いられている。ただしこれらの用語は、この後に述べるコルバン訳『形而上学とは何か』に所収されていた『存在と時間』を祖述したものであり、サルトルは一九三八年の時点でこれらの言葉に親しんでいたはずである。

（9）Martin Heidegger, *Qu'est-ce que la métaphysique?*, trad. par Henri Corbin, Gallimard, 1938. 『形而上学とは何か』はフランスで最初に単行本として出版されたハイデガーのテクストである。コルバンはハイデガーをフランスに紹介するにあたって、いわばアンソロジーを編んだ。構成は以下の通り、第一部『形而上学とは何か』、第二部「根拠の本質」、第三部『存在と時間』抜粋（四六～五三節、七二～七六節）、第四部『カントと形而上学の問題』抜粋（四二～四五節）、第五部「ヘルダーリンと詩の本質」。評判になり、同年七月にすでに五刷に達している。いかにこの本に人気があったかがわかる。

（10）この連続と不連続の弁証法をサルトルは『弁証法的理性批判』第一巻で解明することを約束しているが、第二巻は放棄され、この解明は果たされなかった。

（11） Michel Foucault, « L'homme est-il mort? », *Dits et écrits*, Gallimard, 1994, tome I, p. 541-542. ミシェル・フーコー「人間は死んだのか」根本美作子訳、『ミシェル・フーコー思考集成II』筑摩書房、一九九九年、三六六―三七二頁。

（12） 十九世紀に絶頂に達して以来、文学の象徴的価値が次第に失われていく状況を見事に分析した著作として以下は必読であろう。William Marx, *L'adieu à la littérature. Histoire d'une dévalorisation XVIIIe–XXe siècles*, Minuit, 2005. ウィリアム・マルクス『文学との訣別――近代文学はいかにして死んだのか』塚本昌則訳、水声社、二〇一九年。

第2章　他者の現象学

プルーストを読むサルトルとレヴィナス

マルセル・プルーストは、ドゥルーズをはじめ多くの哲学者や思想家によって考察の対象とされてきた特権的な作家である。そのなかで、サルトルはふつうプルーストの批判者だとみなされている。アンガージュマン文学を語るに際して、プルーストをブルジョワ作家として厳しく弾劾したからだ。よく知られる例は、一九四五年に『現代』誌を創刊した際の「創刊の辞」である。

プルーストはブルジョワであることを選択した。彼は、ブルジョワのプロパガンダの共犯者となった。というのも、彼の作品は人間本性という神話を広めることに貢献したからだ。われわれは、プルーストの主知主義的心理学をもはや信じないし、そのような心理学は有害なものだと思う。（Sit. II, 20／一五）

『失われた時を求めて』の著者は歴史的条件や階級の対立などから目を背け、人間の普遍性を素朴に信じる、分析的精神に忠実なブルジョワ文学の代表者とされているのだ。だが、この批判は、多分に戦略的なものであり、『文学とは何か』におけるシュルレアリスム攻撃の場合と同様、かなり割り引いて考える必要がある。それに、この時期のプルースト批判はサルトルの専売特許ではない。ブルトンも極めて控えめな形とはいえ、『シュルレアリスム宣言』において、プルーストを過剰な「分析欲」のために未知のものの魅力を損なっている作家としてバレスとともに挙げているし、セリーヌも『夜の果てへの旅』において、プルーストのことを上流社会に溺れた「亡霊みたいな奴」と酷評している。[1] じつを言えば、サルトルのプルースト批判はそもそも、戦前のサルトル自身のブルジョワ的態度に対する自己批判的な部分も含んでおり、この発言を額面どおりに受け取ることはとうていできないのである。[2]

若き日のプルーストへの傾倒

プルーストとの関係をより正確に理解するために、サルトルが実存主義の旗手として思想界と文壇に君臨する前に書いたテクスト、一九四三年発表の哲学書『存在と無』を見てみよう。その序論では、天才の例としてプルーストの名前が挙げられる。

現勢態の背後に、可能態《ピュイサンス》=力能や素質《ヘクシス》や徳があるわけではない。たとえば、天才――プルーストは「天才をもっていた」とか、彼は天才「であった」という意味で――という言葉の意味は、ある種の作品を創り出す特異な力能《ピュイサンス》、それも創り出すことによって枯渇してしまうような力能のことではない。プルーストの天才とは、切り離されて捉えられた作品でも、創造する主体的な力でもない。それは、彼の人格のさまざまな現れの総体

として捉えられた作品のことなのだ。（EN 12／上二〇）

大作家でさえあれば、誰でもよいところで、なぜバルザックやスタンダール（サルトルの最愛の作家）ではなく、プルーストの名を挙げるのか。その理由は、当時のプルーストの名声のみに求められるべきではなかろう。サルトルは青年時代にプルーストを愛読していたし、第一作『嘔吐』が『失われた時を求めて』の強い影響の下に書かれていることに関しては多くの研究書もある。(3) 小説の最後で、主人公が作品を書くことを決意するという『嘔吐』の構成は、『失われた時を求めて』を想起させずにはおれないし、その他にも多くの類似点がある。しかし、これらの点についてはすでに多くの研究が存在するから、これ以上は述べない。ここでは、専門家以外にはあまり知られていない、若き日のテクストを紹介しておこう。『青年期作品集』に収録された、「カルネ・ミディ（Carnet Midy）」と呼ばれる手帖である。これはサルトルが一九二四年ごろ、つまり二十歳を目前に付けていた備忘録のようなものであるが、ここにはプルーストへの手放しの賛辞が見られる。

私はプルーストを偉大な作家として愛するのみならず、強壮剤、刺激物としても愛するのだ。私は彼の誤りに対して寛容だし、それを愛しもする。動詞が抜けている文章や稚拙さに出会うと、作品の大いなる美しさを愛するときと同様に、それを愛する。あたかも人が愛する者の後れ毛や黒子《ほくろ》を愛するように。私にとって、プルーストを読むことはつねに、イニシエーションであった。（EJ 480）

「カルネ・ミディ」には、その他にも、ポール・モランの「マルセル・プルーストへのオード」が書き写されていたり、『ゲルマントの方』からの抜き書きが五ヶ所ほどあったり、とプルーストへの傾倒ぶりが明らかに見てとれる。

サルトルがプルーストを読みはじめたのは、本人の回想によれば一九二〇年ごろで、ポール・ニザンをはじめとする級友たちによって現代文学に眼を開かれた時期である。「そのころ、ぼくらは真面目なものを読みはじめたんだ。たとえばグリュベールはプルーストを読んでいて、ぼくは高校二年のときにプルーストの作品を知って、すっかり魅了された」とサルトルはボーヴォワールに話している（CA 167／一六五）。そうだとすれば、それは『ゲルマントの方』『ソドムとゴモラ』の出版のころということになる。「カルネ・ミディ」には、『ソドムとゴモラ』Ⅲと『囚われの女』の名が挙げられているので、この手帖の執筆が編者のミシェル・シカールが指摘する二四年だとすれば、二三年に刊行された『囚われの女』刊行直後、二五年刊行の『逃げ去る女』の前に、このメモは書かれたと推定される。いずれにせよ、『失われた時を求めて』の最終巻『見出された時』が刊行された一九二七年は、サルトルが高等師範学校を修了するときであった。つまり、サルトルはリアルタイムでプルーストを読んだのである。むろんすでにその名声はゆるぎないものではあった。とはいえ、サルトルは古典としてのプルーストに接したわけではないし、『失われた時を求めて』も、現在のわれわれがイメージするような、構築された大伽藍としてサルトルに現れたわけではない。このことは頭の片隅に留めておくべきことであろう。もうひとつ、サルトルにとってのプルーストがなによりも、恋愛におけるパッションを見事に描いた作家であったことは、次の引用からも見てとれよう。

プルーストは恋愛に関して悲観的な考えをもっている(スワン/オデット、サン=ルー/ラシェル、シャルリュス/モレル、モレル/チョッキ仕立て女、プルースト/ゲルマント公爵夫人、プルースト/アルベルチーヌ)。プルーストにとって、恋愛とは滑稽で残酷な情念であり、精神の構造を狂わすものだ。彼の偉大で驚くべき才能は、登場人物たちを発展させていくところにある。シャルリュスは、『花咲く乙女たちのかげに』で「女たらし」と紹介されてから、『囚われの女』まで発展していくのだが、それはまことに見事である。

(EJ 480–481)

さらには、サルトルが二七年に書いた高等教育修了論文「心的生におけるイメージ、役割と本性」[4]でも興味深い仕方でプルーストが引用されている。有名なサンザシのエピソードを引きながらサルトルは、プルーストが花の感覚的魅惑を克明に分析するのみならず、分析だけでは不十分であり、「本質的なことは表現されないままである」ことを強調している点に注目する。そして、美的知覚を引きつける事物は、われわれに対して両義的に現れることをプルーストのテクストが示しており(「われわれは精神を集中して事物の秘密を暴こうと試みる」)、それこそが、芸術家が行うことだと賞賛するのだ[5]。

しかしながら三〇年代になると、このような手放しの称賛は影を潜め、サルトルの態度に大きな変化が見られる。アメリカ文学やカフカを発見したサルトルにとって、プルーストは小説を書く上での仮想敵となり、この態度がその後、晩年まで一貫して続くことになるからである。ただし、三七年の『自我の超越』では、まださほど辛辣ではないし、四四年のポンジュ論でも、画家に関するくだりでエルスチールへの言及が見られる（Sit. I, 263／二四五）など、サルトルのプルーストへの愛着の名残りは見られる。その点は追々見ていくとして、サルトルのコーパス全体に見え隠れするプルーストの影についてアト・ランダムに挙げてみよう。

たとえば、『自由への道』の主人公マチウの愛人の名がマルセル（女性）であることにさほど意味はないとしても、マチウが密かに共感を寄せる兄嫁の名前がオデットであることは単なる偶然だろうか。また、サルトルのヴェネツィアへの心酔ぶりはプルーストとまったく無縁なのだろうか。ヴェネツィアというサルトルらしからぬ場所の意味は問われるに値することであろう[6]。あるいは、サルトルの小説における幽閉というテーマがある[7]。すでに短編「部屋」においても、閉じこもったままのカップルが描かれていたが、戯曲「出口なし」では、三人の男女がホテルの一室に似た地獄に閉じ込められる。そして、五九年の戯曲『アルトナの幽閉者』では、主人公フランツはみずから「囚われの男」となり、他者たちの視線に曝されることなく、それにもかかわらず、現前する不在者となる。こういった事象のうちにはまぎれもなくプルーストの影を見ることができるように思われるし、若き日のプルーストへの傾倒はサルトルに深い痕跡を残し、生涯を通じて残ったように思われるのだ。だが、ここはサルトルとプルーストの関係を網羅的に検討する場所ではない。『存在と無』に描かれる、対他関係などの分析などに的を絞ることにしたい。

プルースト批判、心理学

まずは、三〇年代後半から始まるプルースト批判の論点をまとめてみよう。サルトルは当初『失われた時を求めて』を自伝的小説と捉えていたようだが、プルーストをもっぱら心理描写の達人、人間心理の観察者として評価していた。しかし、この心理学的要素が次第に批判され、否定的な形で捉えられることになる。[8] それには二つの原因がある。ひとつは、サルトルがフッサールの現象学を通して、意識のあり方を根本的に捉え直したためであり、もうひとつは、アメリカ小説などによって、内面性よりは外部から人物を描く手法へと転向していったためである。そして、この二つはじつは密接につながっていると言える。「エゴの超越」でサルトルは、私の自我も他者の自我と同様、意識の外にあることを指摘した。「エゴは形式的にも物質的にも意識のうちにはない。それは外部、世界のうちにあるのだ。それは、他者のエゴと同様、世界の一存在者である」(TE 13／二〇)。この考え、意識の住民であるような「私」などはないというのが、このテクストの重要な論点であるが、それは別の観点から言うと、意識の内面性 intimité の否定ということにある。小説と哲学を通じてサルトルが主張するのは、このフッサールから学んだ教え、すなわち、意識には内部がないということだ。だからこそ、「フッサールの現象学の根本的理念——志向性」と題された短文でサルトルは、プルーストを引き合いに出して言う。「いまやわれわれはプルーストから解放された。同時に「内的生からも解放された」」(Sit. I, 32／二九)と。

当時のサルトルにとって乗り越えるべき作家は、なによりもジッドとプルーストであったが、彼らは人間心理の機微を見事に描いた作家だったとサルトルは考える。後に、モーリヤック論でサルトルが強調したように、作者は神のようにすべてを知るのではなく、あくまでも外部から人物を描かねばならないという小説技法の問題において、心理の問題は一方で現れる。作家(そして語り手)が神のようには主人公の心のうちを知りえないのだとすれば、心の機微や決断の因果関係のごときものも、所詮は後付け的に説明されたものでしかない。作家はむしろ、因果関係を欠いたかに見える登場人物たちの行動を説明することなく、あくまでも外面から描くのが好ましいとされるのである。一方、時間性に関して、フォークナー論でサルトルは言う。「プルーストの主人公たちは決して何事も企てない。たしかに彼らは予見するが、彼らの予見は彼ら自身にへばりついていて、橋のように現在の彼方へ架けられることができない。それは現実がもたらす夢想だ。アルベルチーヌが現れても、それは待たれていた女ではなく、期待は取るに足りない、瞬間に限られた、小さな心の動揺以外の何ものでもなかった」(Sit. I, 72／六六)。

だが、問題は小説技法であるよりは、むしろ哲学的なものだと考えられる。人間の心理、特に感情などをどのように捉えることができるだろうかという問いが、初期の哲学者サルトルにとって大きな問題であったことは、『イマジネール』や「情緒論素描」などで繰り返しこの問題が論じられることからも見てとれる。たとえば『イマジネール』では、プルーストを心理学と並べて論じながら、情感性(affectivité)に関して、「私の愛と恋人との絆は、プルーストとその信奉者たちにとっては隣接の関係でしかない」(IM 136-137／一七七)と厳しい意見を述べる。その上で、このような見解を「感情の一種の独我論」と呼び、感情をその対象や意味から切り離すためにそう考えてしまうのだと断定する。このことからわかるように、サルトルのプルースト批判はある種の心理学、サルトルが主知主義的心理学と呼ぶものと関わっている。(9)

この点がさらに明瞭に現れるのが、『存在と無』である。哲学書としては異例のことだが、『存在と無』にはじつに多くの作家の名前が現れる。そのうちでプルーストへの言及は十一回と、ジッド(八回)、マルロー(七回)を引き離し、群を抜いている。序論でプルーストの天才が例に挙げられたことはすでに述べたとおりだ。つづいてもやはり肯定的な文脈で、「対自存在」を論じた第二部の第二章「時間性」において、「心の間歇」がプルーストによって見事に描かれていると指摘する。「現に生きている愛の場合でも、間歇的な時期があるのであって、その間、自分が愛していることを知っていながら、それをまったく感じていない。このような「心の間歇」はプルーストによって見事に描かれた」(EN 199／上四四六)。サルトルがきわめて批判的な文脈でプルーストを召喚するのは、そのわずか後である。

そういうわけでプルーストは、主知主義的な分解によって、心的な諸状態の時間的な契機のうちに、それらの諸状態のあいだの合理的な因果性のつながりをたえず見出そうとつとめる。

(EN 203／上四五八)

サルトルによれば、そのような心理作用の記述によっては心理について何も知ることができない。サルトルは「スワンの恋」からの長い引用を行った後[10]、プルーストの記述によっては心理作用は理解できないと断言する。

この分析の結果はいかなるものであろうか。心的なものの不可解さは、はたして解消されただろうか。容易に見てとれることだが、このような恣意的な仕方で、大きい心的形式をより単純な要素に還元しても、かえって心的な対象が相互の間に保っている諸関係の魔術的な非合理性が目立つばかりである。[…]プルーストはそこに象徴的な「化学作用(chimisme)」を構成しようとするが、彼が用いる化学的なイメージは、非合理的な動機と行動を隠すことしかできない。

(EN 204／上四五九―四六〇)

このような批判の意図をよりよく理解するためには、『存在と無』において、サルトルがなによりも意識の自発性を問題にしていることを思い起こす必要があるだろう。言いかえると、ここで問題になっているのは、「意識の自由」の問題なのだ。われわれの心の状況は、なんらかの因果律によって一定に起こっているのではない。過去が未来を規定するのではない。心的持続においては、過去の状態は現在の状態に作用を及ぼすとしても、そこにあるのは因果的な関係ではなく、ある種の魔術的で非合理なもの、意識の自発性によるとサルトルは述べ、この作用を知的分析によって理解しうる因果性に還元しようとする主知主義的心理学は空しいと断定する。そして、プルーストの小説もまたそれに似ているとするのだ。サルトルは、「プルースト的な記述方法のもとでは、主知主義的な分析がつねにその限界を示している。つまり、主知主義的な分析は、全面的な非合理性の表面において、全面的な非合理性を根拠としてしか、その分解と分類の操作を行うことができない」(EN 204/上四六〇)とまで言う。観点を変えてみれば、ここではプルーストは完全に、主知主義的心理分析に対する批判のダシでしかない。実際サルトルは、第四部でも再び同じような指摘を行っている。「後には純粋に心理的な一種の決定論の構築が試みられる。たとえば、プルーストが嫉妬やスノビズムについて試みたあの主知主義的な分析は、情念の「メカニズム」に関するこのような考えを例証する役割を果たすことであろう」(EN 485/下三九)。

だが、より重要な指摘は、第三部「対他関係」第二章「身体」における言及だろう。サルトルはいわゆる「性格(caractère)」というものが、他者にとっての認識のうちにしかなく、自分自身の性格は認識できないことを確認したうえで、再びプルーストを持ち出す。サルトルによれば、意識そのものがなんらかの性格をもっているのではない。意識が自らの性格を認識するとしたら、それは他者の観点から出発して、反省的に自己を眺めるときだけであると言う。重要な箇所なので、少々長めに引用することにしよう。

たとえば、プルーストの主人公は、直接的に捉えられうるような性格を「もっていない」。プルーストの主人公は、彼が自己自身を意識しているかぎりにおいて、まずはすべての人間に共通する一般的な諸反応（情念、情緒、思い出の出現順序などのメカニズム）のひとつの総体として、自己を引き渡す。それゆえ、各自がそこに自分の姿を認めることができる。なぜならそれらの反応は、心的なものの一般的な「本性」に属するからである。私たちがたまたま、プルーストの主人公の性格を（たとえば、その弱さ、受動性、恋愛と金銭との特殊な結びつき等に関して）規定することができるのは、私たちが生の所与に解釈を加えるからだ。私たちは、それらの所与に対して、外面的な観点をとり、それらを比較し、そこから恒常的な対象的な諸関係を抽出しようと試みる。だが、それには交替が必要である。読者が、普通の読書気分にひたって、小説の主人公と自分とを同一視しているかぎり、「マルセル」の性格は読者には気づかれない。むしろマルセルの性格は、この水準においては存在しない。マルセルの性格は、私が、私と作者とをひとつに結びつけている共犯関係を断ち切る場合にしか現れない。マルセルの性格が現れるのは、この書物を腹心の友と見なすことをやめ、打ち明け話、さらに言えば、記録と見なす場合である。

（EN 389／中三三四）

このようなプルーストの援用の仕方は、恣意的と批判されても仕方がないものだろう。とはいえその一方で、サルトルはプルーストの描く世界が決して還元主義一辺倒でないことも認めている。たとえば第四部第二章第一節「実存的精神分析」の章である。人間の欲望を、意識の投企（projet）という観点から説明しようとするこの章において、サルトルは再び積極的な文脈でプルーストを引き合いに出す。

プルーストはその主知主義的、分析的な傾向にもかかわらず、愛や嫉妬は、ひとりの女を所有したいというただそれだけの欲望に還元されるものではなく、その女を通して、世界全体を独占しようと目ざすものであることを示した。（EN 608／下三三四）

対他関係の特権的な形象としてのアルベルチーヌ

しかし、サルトルがプルーストを援用するとき、最大の焦点となるのは他者との具体的な諸関係の問題であり、その際にアルベルチーヌの例が出てくるのは想像にかたくない。

たとえばプルーストの主人公は、愛人を自分の家に住まわせていて、一日のうちいつでも彼女に会い、彼女を所有することができるし、物質的にも彼女をまったく自分に依存させることができたのであるから、不安から解放されてよいはずだ。ところが、むしろ彼は心配でしかたがない。彼女の傍にいるときでさえも、彼女の意識によって、アルベルチーヌはマルセルから逃れる。そのために、彼が休息を得ることができるのは、彼女が眠っているのを眺めているときだけなのだ。したがって、愛が「意識」を捕囚しようとすることであることは確かである。（EN 403／中三七四）

捉えがたい他者の典型として、アルベルチーヌという形象がサルトルにとってきわめて重要な位置を占めることを、この一文は示している。このくだりは、『存在と無』第三部「対他存在」第三章「他者との具体的な諸関係」の第一節「他者に対する第一の態度――愛、言語、マゾヒズム」に見られる。そこでサルトルは、「まなざし」という理論的には双方向的である体験から出発して、私たちが具体的な他者をいかに所有という形で捉えようとするのかをさまざまな視点から検討する。サルトルによれば、人間存在が自由であるかぎり、他者も私と同様に自由なわけだが、愛とはその他者の自由を私の自由のうちに絡め取ろうとする無益な試みにほかならない。というのも、他者の自由は、どうあっても私の手から逃れてしまうからである。だとすれば、愛とはどのようなものなのか。逃げ去る女性、つねに手の届かないところへとすり抜けていくアルベルチーヌという人物は、まさに他者の現象学において象徴的《エンブレマティック》な存在となる。

このように見てくると、「他者の哲学者」であるエマニュエル・レヴィナスが、同様にアルベルチーヌに強い関心を示したのも頷ける。プルーストに関してモノグラフィックな論考を書かなかったサルトルとは異なり、レヴィナスには短いとはいえ、プルーストに関する論考がある。それは、四七年に雑誌『デウカリオン』に発表された「プルーストにおける他者」[11]である。そこでレヴィナスは次のように述べている。

> 囚われの身となり、消え去ったアルベルチーヌの物語は、〔…〕空虚であると同時に尽きることのない他者の他者性への飽くなき好奇心から出発して、内面の生が出現することを語る。（NP 156）

このように、対他関係の具体的なイメージをやはり、「話者」とアルベルチーヌとの関係のうちに見出すレヴィナスは、一九〇六年生まれでサルトルと一つ違いだから、まさに同時代人である。ただし、リトアニア生まれのレヴィナスがプルーストを読んだのは、一九二三年、ストラスブール大学に入学した後、学友モーリス・ブランショの影響を受けてのことだと言われる。そして、とくに一九四〇年から四五年までドイツ軍の捕虜になっていたころ熱心に読んだようで、『捕囚手帳』、特に四二年の「手帳2」には、プルーストに関するメモや抜き書きが集中して見られる[12]。

この短い論考で、レヴィナスはプルーストを心理学や社会学に還元してはならないことをまずは指摘し、両大戦間期の読者たちがプルーストを読む際に、もっぱらフロイトやベルクソンに比すべき心理学の巨匠として、あるいは当時の風俗を風刺的に描いた絵巻作者として捉えてきたことを批判する。このような文脈で、心理学的読解の代表として挙げられるのがサルトルだ。

> プルーストの分析は、たとえそれがリボーを思い起こすものだとしても、――というか、サルトルがなんと言おうとも、それがリボーを思い起こすことは稀だが――魂を刺激する棘である、自己と自己との間にある疎遠性（étrangeté）を表現している。（NP 155）

一九三八年にサルトルが言ったとされる「プルーストの心理学だって？　そんなものはベルクソンの心理学ですらない、リボーの心理学だ」（NP 153）の出典についてはいまだ特定できずにいるのだが[13]、サルトルは『想像力』をはじめ、いくつかの場所でもテオデュール・リボーを明示的に引いて批判しているから、何かの機会にプルーストと絡めてリボーを引き合いに出した可能性は十分ありうる[14]。プルースト自身、当時有名であったリボーの著作を読んでいたが、それを単純に自らの小説手法に取り入れたわけでないことは言うまでもない。[15] サルトルもむろんそのことは承知していた。[16]

レヴィナスの批判をどう読み取るべきだろうか。それはなによりも、テーヌ、リボー、ベルクソンなどの思想家に結びつけられがちなプルーストの心理分析をそれらから引き離し、それ自体として考察するということであろう。言いかえれば、巷に溢れる俗流の心理学とは異なるものとしてプルーストの小説を読むべきである、というのがレヴィナスの主張の骨子である。

それでは、なぜプルーストを心理学と単純に比較してはならないのか。それは、レヴィナスによれば、『失われた時を求めて』において重要なのは描かれる内的な出来事そのものではなく、むしろ「自我が内的出来事を捉え、それによって衝撃を受けるあり方」（NP 155）のほうだからであり、さらに言えば、その際に自我は、出来事にあたかも他人のうちにおいてであるかのよう」に出会うからである。かくしてレヴィナスは、サルトルがプルーストにおいて心理学的として糾弾した心理描写を別の角度から考察することを提唱する。

> プルーストの心理学のうちに経験主義的心理学の手法を見出すことは、プルーストの作品の魅力を破壊することではなく、作用させることである。プルーストの作品にあっては、心理学の理論は手段にすぎない。
>
> （NP 153）

このようにレヴィナスは、『失われた時を求めて』に見られる心理学の使用を擁護するのだが、プルーストにおいて心理学の理論が手段にすぎないとはどういう意味だろうか。レヴィナスは、プルーストにおいては、定義された現実がその定義を逃れていく点に注目する。つまり、ある種の両義性、あるいは二重化作用があるのだ。そこではつねにあらゆることが可能であり、「絶対的な非決定性」がある。

行為は予見不可能な意図を秘めた「背面行為」によって裏打ちされ、事物は思いもよらない展望と次元をもった「背面事物」によって裏打ちされている。これこそが、プルーストの世界における真の内面化なのだ。（NP 153）

同時に、そこでは自我もまたつねに二重化している点にレヴィナスは着目する。つまり、プルースト的反省においては、自我とその状態とのずれがある。そして、このある種の屈折によって強いられるこの反省が内面的生そのものを浮き彫りにする、というのがレヴィナスの主張である。

あたかも、もう一人の自分がたえず自我を二重化しているかのように事態は進行する。比類なき友情によって、と同時に冷徹な疎遠性（étrangeté）によって。生はこの疎遠性を乗り越えようと努めるのだが。プルーストにおける神秘は、他者の神秘に他ならない。（NP 155）

他者の神秘。これこそが、レヴィナスがプルーストの小説世界に読み取るものである。他者とは、決して自己に回収されえないもののことだということは、サルトルもまた指摘したことだが、レヴィナスによればそのことだけが重要なわけではない。プルーストの作品が示すことは、他者の他者性に突き当たることによって、私自身もまた私にとって他者であることが、理解不能な眼前の他者を通して啓示されるのである。このことによって、愛ということの意味すらも変化することになろう、とレヴィナスは考える。

愛が他者との融合であるとするなら、愛が他人の完璧な美点を前にしたときの恍惚であるとするなら、あるいはまた相手を所有した平穏さであるとするなら、マルセルはアルベルチーヌを愛してはいない。〔…〕この愛ならざるものこそが愛であり、捉えがたきものとの格闘が所有であり、アルベルチーヌの不在が彼女の現前なのだ。(NP 158–159)

この指摘は、視点を変えて言えば、孤独、隔てられた恋愛への注目、言いかえれば、コミュニケーションの不可能性と言ってもよい。レヴィナスが着目するのは、アルベルチーヌのétrangeté(奇妙さ、疎遠性)を通しての、他者一般の疎遠性である。その意味で、プルーストによって孤独は新たな意味を獲得した、とレヴィナスは考える。なぜなら、プルーストの世界においては孤独こそが、コミュニケーションの不可能性こそが、コミュニケーションへと反転するからである。

かくして、レヴィナスは『失われた時を求めて』のうちに、二重の意味で完全な他者性を読み込む。レヴィナスによれば、プルーストが優れて社会的なものの詩人であるとすれば、それは彼が風俗を描いた画家だからではなく、他者関係の根本を捉えたからなのだ——実際、このような指摘はすでに『捕囚手帳』に素描されていた。

プルーストにおける純粋に社会的なものの詩。その関心は「心理学」にではなく、社会的なものという主題にある。囚われの女アルベルチーヌの物語全体は、他者との関係の物語である。アルベルチーヌ（とその嘘）は、他者のはかなさそのものでないとしたならば、その無からなる現実でないとすれば、その不在からなる現前でないとすれば、捉えがたきものとの格闘でないとすれば何なのか。そして、その傍らに――眠るアルベルチーヌを前にした、植物的アルベルチーヌを前にした静けさがある。（L OC 1, 72／八六）

収容所でまさに囚われの状態にあったレヴィナスが行った考察は、解放後、さらに明瞭に展開される。レヴィナスによれば、プルーストの最も深い教えは次の点にある。つまり、永遠に他なるものに留まり続ける何ものかとの関係の内に、そして、不在で神秘的な他者との関係の内に現実を置くこと、そしてこのような関係を、「自我」の内面性のうちにさえ見出すこと、「あるものはあり、ないものはない」という変化を認めないパルメニデス的な態度と決定的に手を切るような弁証法を始めたことにある（cf. NP 159）。

このように見てくると、二人の哲学者にとって、プルーストの問題がなによりも他者関係と深く関わっていたことがわかる。他者の問題がきわめて重要な主題であった現象学の哲学者たちにとって、誰もが理解しやすい形での具体例がプルーストの小説だったのであり、さらに言えば、プルーストはなによりも、アルベルチーヌという形象のもとに、自己と他者という切り口から読まれたのである[17]。

いや、現象学者だけではない、バタイユもまた、『内的経験』の一節をまさに「囚われの女」の分析にあてていた。

プルーストが言いたかったのは、彼女〔アルベルチーヌ〕がどう力を尽くしてみても近づくことができない女、未知の女に留まったということであり、今にも彼女が自分から逃げていってしまいそうだということだったように思われる。

（GB OC V, 159／三一四）

したがって、ほぼ時を同じくして思想家たちは没交渉に、伝達＝交流（の不可能性）という共通のテーマのもとにプルーストを読んでいたことになる。

4　他者を通して顕現する人間の独自＝普遍性

前節で検討したレヴィナスの論証はきわめて説得力に富み、これだけを読むと、サルトルはプルーストの重要な点を見落としたと結論したくなるが、果たしてそうであろうか。レヴィナスのサルトル批判にもかかわらず、じつは、他者の他者性、コミュニケーションの不可能性、自我の二重化とは、サルトル自身の主要なテーマでもあり、彼自身が哲学と小説において飽くことなく追求してきたことでもあった。さらに言えば、『存在と無』で展開される人間存在の根本的特徴とは、まさにレヴィナスが述べたような他者の絶対性であり、それと同時に、自己の自己に対する他者性であったのだ。したがって、現象学的アプローチによって炙り出される『失われた時を求めて』の自我論および他者論に関しては微妙な相違があるにせよ、論に関する二人の哲学者の基本的なスタンスには通底するものがあると言うべきであろう。

とはいえ、サルトルが、プルーストの小説がこのような作用をもっていることを公には認めようとしなかったことも確かである。その一方で、小説の実践においては、サルトルはプルーストから、このような他者体験を肌にひりひりと感じる形で描く仕方を受け継いだように思われる。そこでもう一度サルトルに戻って、この問題を同性愛というテーマを通して見ておこう。

サルトルは、戦後に発表した長篇小説『自由への道』にダニエル・セラノという同性愛者を登場させている。全篇を通じてきわめて重要な役割を演じる、ほとんど副主人公級の人物である[18]。精緻な論証ぬきで結論だけ言えば、このダニエルという人物の造形に際してはシャルリュスが強く意識されていたはずだと私は考えている。少なくとも、シャルリュスという人物の存在感にサルトルが圧倒されたにちがいないことに関しては、彼自身の証言がある[19]。さて、このダニエルには、モデルがいる。ル・アーヴルの高校で同僚であったズオロという同性愛者だ。三九年の夏休みをサルトルとボーヴォワールは、ズオロも含めた何人かで南仏で過ごした。サルトルはある女友だち（ヴェドリーヌ）宛の手紙でこのヴァカンスのことを細かに語っているが、そこでのズオロの行動を説明する際に、シャルリュスとモレルの関係が引かれていることも傍証としてあげることができよう[20]。だが、問題は、主人公マチウ・ドゥラリュに真っ向から対立する人物として、なぜサルトルが同性愛者を出してきたのかである。小説に彩りを添えるのにお誂えのモデルになる絶好の人物が身近にいたと言うだけでは説明はつくまい。

私の仮説はこうだ。ダニエルは、当時の男色者のステレオタイプのように性格づけられている。すなわち、キリスト教世界における堕天使、美的なものへの渇望、女嫌い（その一方で表面的な女性に対する優しい態度）、男性性の崇拝、母性への憧れと忌避、ドイツびいき、虚言癖、ナルシズム、悪魔的存在など[21]。『存在と無』の自己欺瞞の部分で述べられたように、同性愛者は、自らのあり方をつねに他者に対して隠さなければならない。そして、自分自身にも同性愛者であることを隠すという自己欺瞞的なあり方に陥ることもあるとされる。だが、社会に対して、つねに本体の自己とは別な人間を演じるというありかたのために、自分の二重性を鋭く感じざるをえない存在でもあるのだ。自らの誠実性（それは完全な自己同一性だ）をいささかも疑わない主人公の哲学教師マチウに対して、自らに対しても他者に対しても誠実でないダニエルが、自分がゲイであることをカミングアウトしたとき、二人の関係に驚くべき逆転が起こる。自己が一枚岩的な自己であると信じ込んでいるマチウに対して、自分の本質的な二重性を意識するダニエルのほうが、存在論的に決定的に優位に立つのである。そしてマチウは、そして私たち読者もまた、まさにこの自己と自己の間にある深淵を突きつけられることになるのだ。

　サルトルが同性愛者ダニエルを登場させる理由はそれだけに留まらないであろう。ここでもまた、結論だけ言ってしまえば、男・女をはじめとするさまざまな明瞭な二項対立的構図を崩す者として、ダニエルは小説において重要な役割を演じるのである。そしてそれこそが、作家サルトルがプルーストから学んだこと、あえて告白はしていないが重要な教えではなかったろうか。

　サルトルは、同性愛者としてのプルーストに何度か言及しているが、たとえば『聖ジュネ』にはいま指摘した問題系がはっきりと現れている。「ブルジョワ男色者のドラマとは、じつは非順応主義者《ノン・コンフォルミスト》のドラマなのだ」（SG 215／上三八七）と指摘し、同性愛者はそれぞれの仕方で社会的な慣習と折り合いを付けようとするのだとしたうえで、サルトルは言う。

> 不可知論者であるプルーストは、彼の責任のなさを心理的決定論の上に基礎づけているが、この心理的決定論は、立場の必要から彼が発明し、完成したものである。プルーストの分析は、彼の「悪徳」と関係のない行

為や感情を対象にするときでも、いや、とりわけそのときに弁護論なのだ。〔…〕プルーストは言う。「正常な人間などいない。シャルリュスの男色は彼を苦しめるガンであるが、異性愛者であるスワンの嫉妬もまた、同じく破壊的なのである」と。（SG 215／上三八七）

non-conformisteを「非順応主義者」ととりあえず訳したが、この言葉が「性的倒錯者」の婉曲表現であることを想い出せば、ここでは、社会が課する価値と自分が掲げる価値の不一致、さらには自分自身との不一致こそが問題になっていることがわかる。ここでもサルトルは、一見プルーストの普遍主義に対して、個々の状況や個別性のほうに重点を置くべきだと主張しているように見えるが、重要なのはその点ではなく、むしろ同性愛というトポスにこそ、独自と普遍を結びつける鍵を見出していることではあるまいか。二項対立的思考法ばかりが指摘されるサルトルだが、同性愛というきわめて両義的なトポスについて、彼ほど正面から論じた哲学者はいないであろう。

このように見てくると、最初に紹介した『現代』誌創刊の辞」におけるプルースト批判は裏返しの賛辞とも見てとれる。

男色者としてプルーストは、スワンのオデットに対する愛を描写しようとした際に、自らの同性愛の経験を用いることができると考えた。ブルジョワである彼は、金と余暇のあるブルジョワが囲い者に対してもつ感情を恋愛の原型として示している。つまり、彼は普遍的情念《パッション》の存在を信じているのであり、この情念のあり方は、それを感じる個人の性の特徴や社会条件、個人が生きる国や時代を変えてもさほど変わらないとするのだ。

（Sit. II, 20／一五）

このように、サルトルは作家プルーストが前提とする普遍性を指弾した。だが、私たちはプルーストが普遍的なものに単純に還元されるような情念を語ったわけではないことを知っている。『失われた時を求めて』で描かれるさまざまな情念は、その独自性を通して普遍的なものの構築を読者のうちに呼びかけ、引き起こすのである。実際、私たちがプルーストを読んでそこに喜びを見出すとすれば、あらかじめ想定されたような安易な普遍性ではなく、独自性を通した普遍性の追求がそこにあるからではあるまいか。そして、この普遍化可能な独自性の追求こそ、サルトルの実存主義の真髄でもある。その意味でプルースト作品は、サルトル自身の目ざしたものと見事に共鳴していると思われるのだ。

註

（1） André Breton, *Manifestes du surréalisme*, *Œuvres complètes*, t. 1, Gallimard, « Bibliothèque de la Pléiade », 1988, p. 315. Céline, *Voyage au bout de la nuit*, *Romans I*, Gallimard, « Bibliothèque de la Pléiade », 1981, p. 74. 「プルーストという男は、生きているうちから亡霊みたいな人間で、上流社会の連中にまつわる役に立たない煩雑な儀式・振舞の中に異常な執拗さで溺れ込んでいったわけだが、そもそも上流社会の連中なんてものは、からっぽの人間、欲望の抜け殻〔…〕にすぎない」。セリーヌ『夜の果てへの旅』上、生田耕作訳、中公文庫、一九七八年。

（2） サルトルのプルーストへの隠された敬意を分析した論考として、以下のものがある。Young-Rae Ji, « Sartre, admirateur secret de Proust », *L'Esprit Créateur*, Vol. 46, No. 4, Proust en devenir (Winter 2006), p. 44-55. 本

章と多くの観点を共有しているが、力点の置かれた場所はかなり異なる。

（3）この点に関しては、鈴木道彦が『嘔吐』（人文書院、二〇一〇年）の解説でも簡潔にして要を得た説明をしている。

（4）長いこと未刊行だったこの論文はゴーティエ・ダッソンヌヴィルによって二〇一九年に翻刻された。Jean-Paul Sartre, « L'image dans la vie psychologique : rôle et nature », *Études sartriennes*, 2018 nº 22, sous la direction de Gautier Dassonneville, Classiques Garnier, 2019, p. 43-246.

（5）Jean-Paul Sartre, « L'image dans la vie psychologique : rôle et nature », *op. cit.*, p. 64.

（6）これについては拙論「サルトルとイタリア」を参照されたい。「サルトルとイタリア（1）」『立教大学フランス文学』四五号、二〇一六年、六九―八二頁。

（7）とはいえ、幽閉のテーマは二人だけに見られるわけでないことを考えれば、より広い視点から考えるべきだろう。本書第7章を参照。

（8）サルトルは言及していないが、一九三〇年代にはプルーストを心理学の症例のように解釈する研究もあった。例えば、Ernest Seillière (1866-1955), *Marcel Proust*, éditions de la "Nouvelle Revue critique", 1931. シャルリュス男爵の例を中心に、その美学と心理学を扱っている。版を重ねており、よく知られた著作であった。

（9）とはいえ、『イマジネール』でも積極的な言及は何ヶ所もある。たとえば、第四部第二章。「プルーストは、想像的上のものと現実的なものを隔絶するこの深淵を見事に示したし、両者の間には通路がないこと、たとえ両者に矛盾がなくても、現実的なものが現れれば、必ず想像上のものは崩壊することを見せてくれた」（IM 294／三三一―三三二）。

（10）引用されているのは、スワンがオデットに対する自らの嫉妬を振り返って見ることができるようになったときのくだりである。

（11）この論考は、後に『固有名』に再録された。« L'autre dans Proust », *Noms propres*, Fata Morgana, 1976.

（12）*Œuvres complètes, tome 1 : Carnets de captivité*, Grasset / Imec, 2009.『レヴィナス著作集1』三浦直希・渡名

喜庸哲・藤岡俊博訳、法政大学出版局、二〇一四年。内容から見ると、そのメモが、後に「プルーストにおける他者」へと発展したと見ることができる。

(13) 三八年の発表作といえば、『嘔吐』、短編小説「部屋」「水入らず」、「フォークナー論」「ドス・パソス論」「糧」「ニザンの『陰謀』」のほか、いくつかのインタビューであるが、これらのうちにはこの言葉は見当たらなかった。

(14) 一方、実際にプルーストとリボーを結びつけた例がボーヴォワールにはある。「リボーの弟子としてのプルーストは退屈で、私たちに何も教えない。一方、真正の小説家であるプルーストは真理を発見した。そして、同時代の理論家の誰一人としてその真理の抽象的相当物を提示しなかった」と『現代』誌に発表された「文学と形而上学」で述べている。Simone de Beauvoir, « Littérature et métaphysique », in *Les Temps Modernes*, N° 4, 1946, p. 1158. とはいえ、ボーヴォワールは、日本で行った講演でプルーストのことを文学作品をすぐれて間主体的な場と見なした作家として評価する発言をしている。Beauvoir, « Mon expérience d'écrivain », in *Les écrits de Simone de Beauvoir*, Gallimard, 1979, p. 455–456.

(15) プルーストとリボーに関しては次の論文に詳しい。Edward Bizub, « Proust et Ribot : l'imagination créatrice », *Bulletin de la Société des Amis de Marcel Proust* (BMP) N° 58–2008, p. 49–56. また、以下の書でもプルーストと当時の心理学との関係は詳述されている。Luc Fraisse, *L'éclectisme philosophique de Marcel Proust*, Presses de l'université Paris-Sorbonne, 2013, p. 847–881.

(16) Théodule Ribot, *Essai sur l'imagination créatrice*, Alcan, 1900.

(17) メルロ＝ポンティもまた、プルーストに強く惹かれた哲学者の一人である。彼はコレージュ・ド・フランスでの講義をはじめ、『眼と精神』、未完に終わった『見えるものと見えないもの』にいたるまで、しばしばプルーストに言及した。二十世紀フランス思想家によるプルースト解釈の見取り図としては、以下の考察が見事にまとめている。Anne Simon, « La philosophie contemporaine, mémoire de Proust? », in *Proust, la mémoire et la littérature*, sou la direction d'Antoine Compagnon, Odile Jacob, 2009.

(18) 同性愛者ではないサルトルがなぜ、かくも同性愛に関心をもち、哲学書においても小説においても同性愛の問題を扱うのかについては、本書第12章で扱うことにする。

（19）映画『サルトル』の中で、サルトルは言っている。「われわれはプルーストを読み、登場人物についてあたかも実在の人物であるかのように語ったりした。「シャルリュス氏は他にいったい何をしただろうか。ああ、そう彼はこんなこともした」といった具合に」（FS 30）。

（20）「こうした率直な称賛の気持ちが同性愛者においてはしばしば愛の始まりになる。支配への願望よりも一種の騙されやすさによる崇拝への願望のほうが強い。プルーストがこのことをシャルリュス氏とモレルに関してはっきりと示したことを私はよく覚えている」。LC I, 258-259／II二七二。

（21）ダニエルは、マルセルから「大天使」と呼ばれているが、これもシャルリュスが大天使ミカエルを守護聖人と仰いだことと無縁ではないかもしれない。

第3章 両大戦間期パリ

ロシア系哲学者たち、九鬼周造とサルトル

実存主義が世界に広まったのが第二次世界大戦後、一九四五年を境にしてであることはいまさら言うまでもない。だが、その根は一九二〇年、三〇年代にあるのではないか、そして、その時期の文化状況を考慮することなしには、その思想的位置づけを十全には捉えられないのではないか。ずいぶん前からそう考えている。それはサルトルの第一小説『嘔吐』がこの時期に構想執筆、そして刊行されたからだけではない。実存主義に始まる二十世紀後半のフランス現代思想の主要な道具立ては豊饒な芸術と文化を生み出した両大戦間期に整った、というのが私の仮説である。二十世紀前半と後半のフランスの文学、芸術、思想のあいだに、一般に言われる断絶より、むしろ連続性を想定した場合、何が見えてくるのか。

当時のパリには、シュルレアリスムをはじめとするさまざまな文化が花開いた(1)。文学、絵画、クラシック音楽といった十九世紀を継承するブルジョワ芸術だけでなく、写真、映画、黒人彫刻、ジャズ、ダンスといった当時のサブカルチャーも文化の推進力として重要な役割を果たした。つまり、ハイアートと大衆

文化が交錯混淆したことが、この時代の特徴の一つと言えるだろう。なぜこのような交流が可能になったのだろうか。二十世紀の文化の特徴は、芸術と思想が少しずつ近づいていく点にあるとしばしば言われるが、この接近に二つの戦争が影を落としているように、文化の混淆状況にも戦争は大きく関与している。

西欧文明の外へ

第一次世界大戦終結の翌年である一九一九年八月、『NRF』誌に、ポール・ヴァレリーは名高い「精神の危機」を発表した。後にジャック・デリダが『他者の岬』で批判的に取り上げることになるこの書簡体の論考は、廃墟、没落、文明の危機、不安のイメージによって始まり、ヨーロッパの絶対的な優位の終焉についても触れられている。「世界の各地の間に存在した不均衡――ヨーロッパの優越の基礎をなしていた不均衡――は次第に消え去ろうとしている」[2]と。

もちろん、西洋文明崩壊の兆候に危機感を覚え、それを表明していたのはヴァレリーだけではない。大戦のただなかに発表された短篇小説「虐殺された詩人」にアポリネールは、一ドイツ人化学者の論考という形で、皮肉たっぷりに次のようなくだりを挟み込んでいた。

> 世界のみなさん、諸君の生命かそれとも詩か、どちらかを選ばねばなりません。いま詩に対して真剣な措置を講じなければ、文明はおしまいになるでしょう。ためらってはいけません。明日にはもう新しい時代が始まります。詩はもはや存在しないでしょう。古びた霊感には、重たすぎる竪琴は破壊されるでしょう。詩人たちは虐殺されねばなりません。[3]

このように、流派・党派を超えて危機意識が共有されていたのは、人類史上未曾有の被害を生み出した第一次世界大戦によって、それまで全幅の信頼が置かれていた〈理性〉の限界や負の側面が一挙に露呈したからであった。西洋近代は理性を中心に発展を遂げてきたが、それのみでは人間性全体を捉えるには十分でないという認識はすでに十九世紀末に現れていた。この事態がより広範囲に確認されたのが大戦間期だと言える。例えば、社会学者マルセル・モースが、生理＝心理＝社会の三側面からトータルに捉える「全体的人間」[4]の概念を提唱するのは、理性を感覚や感性によって補完しようという試みと言えるだろう。ベルクソンもまた、一九三二年に発表した『道徳と宗教の二源泉』において、科学文明の産物である機械性を補完するものとしての神秘性を強調したのみならず、レヴィ＝ブリュールなどを批判的に参照しながら、文明人のうちにも見られる原始心性に通じる精神について語っていた。つまり、西欧文明とその精神が外部に開かれることになるのには十分な理由があったのだ。それと同時に、そのような状況把握と軌を一にするように、西洋の外部が雪崩を打つようにパリに入り込んでくるのがこの時代である。[5]

とはいえ、誰もがそのような状況を危機と感じたわけではない。戦後の好景気が訪れる一九二〇年代、〈狂乱の時代〉と呼ばれたパリを席巻したジャズや「ルヴュ・ネーグル」を、諸手を挙げて歓迎する人びとは、一般大衆の中のみならず、知識層のうちにもいたからである。「戦争につづく自由奔放の時期には、ジャズは集合の合図であり、時代の色を染めた乱痴気騒ぎの旗印であった。それは人びとに呪術的に働きかけており、その影響の形態は憑依に比較できるだろう[6]」と書いたミシェル・レリスは一九〇一年生まれ、ジャズとダンスをすぐさま評価した一人だった。さながらハーレムの飛び地の様相を呈したパリのジャズは[7]ブルトンの興味を惹くことはなかったが，レリス，サルトルといった一九〇〇年代生まれの多くはその魅力に早くから取り憑かれた。時代は少しくだった第二次世界大戦直前の一九三八年ごろの思い出になるが，ボーヴォワールは次のように書いている。

日曜日の晩には，みんな懐疑主義の苦い気取りを捨てて，ブロメ通りの黒人の輝かしい動物性に熱狂するのだった。〔…〕私は踊り手を眺めて楽しみ，ポンチ酒を飲み，ざわめきや煙草の煙や，酒の香り，オーケストラの激しいリズムなどに恍惚としていた。もやの中を美しい幸福そうな顔がついて行く。最後のカドリールが轟然と響き出すと，私の胸は高鳴った。私は酔いしれた肉体の渦の中で，自分自身の生きる情熱に触れる思いがした。（FA 400／上三二六）

いわゆる黒人彫刻は別として，パリでの黒人的なものの受容の最も著名な例は，いうまでもなく，一九二五年十月二日，パリのシャンゼリゼ劇場でのジョセフィン・ベイカーのデビューだったが，この時期，パリにはジャズを演奏するクラブやダンス場を備えたカフェが数多く現れている。モンパルナスにほど近い，パリ一五区ブロメ通り三三番地に，ジャズとカリブ音楽を流すキャバレー「バル・ネーグル」が開店したのは一九二四年のことだった。モーリス・シュヴァリエ，ミスタンゲットといったショービズ関係者はもちろんのこと，ヘミングウェイをはじめとするアメリカ人，藤田嗣治やコクトーらの流行児など画家や作家で，ここの常連でなかった者を数えたほうが早いだろう。ヴァン・ドンゲンやピカビアが絵に描き，ブラッサイが写真に撮り，ジャン・グレミヨンの映画『父帰らず』（一九三〇）にも登場した。そして，この同じ通りの四五番地に、若きレリスなどが足繁く通ったアンドレ・マッソンのアトリエ（隣りにはジョアン・ミロ）があったことは偶然にしてはできすぎのように見えるが、このような近接性こそ当時のパリの特徴と言える。(8)

その意味で、パリは地下鉄、デパート、快適なカフェやレストランを備えた近代的な大都市でありながら、小さな村にも似た文化共同体が機能する稀有な場所でもあったのだ。たとえば、マルセル・デュシャンが暮らしていたカンパーニュ・プルミエール通りのイストリア・ホテルには、マン・レイやアラゴンが滞在しただけでなく、ジョセフィン・ベイカーも逗留したという事実は、隠れたネットワークがさまざまな邂逅のチャンスを作っていたことを示している。こうして、複雑な交友関係が形作られ、それが陰に陽に作品に影響を与えた点に、両大戦間期ならではの醍醐味が見られるように思われる。閉鎖的なブルジョワ的ハイカルチャーの世界とは一線を画した、異質な要素が複雑に絡み合うハイブリッドな文化が可能になったことにはそのような物理的な状況も一役買ったのではなかろうか。

ロシアからの波──シェストフ、コイレ、コジェーヴ

外からの流れはジャズと黒人芸術だけに留まらない。東からも大きな波が見られた。パリはつねに多くの外国人を受け入れてきた都市であるが、両大戦間期に限れば、文化に関連したいくつかの集団が目に留まる。ロシア革命やヒトラー政権を逃れて、ロシアや東欧、ドイツから大量に流入してきた人びとである。トロツキー、ヴァルター・ベンヤミン、ハンナ・アレントといった名だたる思想家がパリに亡命していたことはよく知られている。ここで取り上げたいのは、亡命ロシア哲学者の一群である。一九一七年のロシ

ア革命によって、フランスにはさまざまな階層のロシア人たちが逃れて、フランスに移り住んできた。このいわゆる白系ロシア人たちがフランスの文化に与えた影響が甚大であることは、精神史の観点からすれば、強調してもしすぎることはないだろう。[9] ニジンスキーを初めとするバレエ・リュスのパリでの成功はよく知られているが、亡命ロシアの演劇人たちが無声映画時代のフランス映画をさまざまな形で支えていたことはあまり知られていない。美術に目を転じれば、パリの十五区には売れない芸術家たちの集合アトリエ「ラ・リューシュ」のみならず、ロシア正教教会があったし、十六区のパシー街にも白系ロシア人たちのコミュニティーがあった。一九二三年、パリにいるロシア系住民は八六万人超に達したという。そういった状況を踏まえた上で、ここで見てみたいのは、戦後のフランス思想にとりわけ大きな影響を与えることになるシェストフ、コイレ、コジェーヴである。

三人の中では最年少のアレクサンドル・コジェーヴ（本名アレクサンドル・ヴラジーミロヴィチ・コジェーヴニコフ）が最も有名だろう。一九〇二年にモスクワの裕福な家庭で生まれ、画家カンディンスキーの甥にもあたるコジェーヴは一九二〇年にはベルリンに留学、レオ・シュトラウス、アレクサンドル・コイレなどと学び、二六年ハイデルベルクに移り、ヤスパースのもとでロシアの哲学者詩人ウラジーミル・ソロヴィヨフについての博士論文で学位取得後、パリに移り住んだ。一九三三年から彼が高等研究所で行ったヘーゲル講義は夙《つと》に有名だ。レーモン・アロン、ラカン、バタイユ、ロジェ・カイヨワ、ブルトンなどが聴講し、新たなヘーゲル読解は思想界・文学界の双方に大きな影響を与えた。コジェーヴの評伝には邦訳もあり、よく知られた存在であるから、ここであらためてその経歴を詳しくたどるまでもないだろう。[10]

一方、最年長のシェストフは、日本では早くから紹介された思想家だが、[11] いまではほとんど忘れられた感がある。[12] 一八六六年にキエフで生まれた本名レフ・イサコヴィッチ・シュワルツマン・シェストフ、通称シェストフは、ボルシェヴィキ政権の確立によって亡命し、一九二一年にパリに居を構え、一九二五年からはソルボンヌ大学で哲学を講じ、ベルクソン、エティエンヌ・ジルソン、レヴィ＝ブリュールなどと交流した。彼のメインテーマの一つは知と信の統合だと言えるだろうが、その著作リストを見れば、哲学と文学を接続する仕事をしたことが明らかに見てとれる。一九二八年、彼はフッサールとハイデガーの知遇を得、キルケゴールの存在を教えてもらったと言われるが、もともとシェストフの思想はきわめて実存思想に近いものだった。彼のフランス語訳著作集が刊行されるのが一九二〇年半ば、『トルストイとニーチェ』（一九二五年）の翻訳にはバタイユが協力していることも目を引く。[13] 二六年には『ドストエフスキーとニーチェ（悲劇の哲学）』、三六年には『キルケゴールと実存哲学』、亡くなる直前の三八年に論集『アテネとエルサレム』が出版された。フッサール、ニーチェ、キルケゴールをフランスに紹介し、バタイユ、マルロー、ガブリエル・マルセル、レヴィナス、ジャンケレヴィッチ、さらにはドゥルーズやシオランまで絶大な影響を与えたが、とりわけフランスではほとんど無名だったキルケゴールを知らしめた功績は大きい。後にカミュが『シーシュポスの神話』を執筆するにあたって、その多くをシェストフから孫引きしながら、実存哲学を指弾していることからも明らかなように、後の実存思想を準備したことはまちがいない。

だが、ここで照明を当ててみたいのは、科学思想史の大家アレクサンドル・コイレ（一八九二～一九六四）である。二人に比べると、一般的な知名度は劣るかもしれないが、ロシア、ドイツ、フランスをつなぐだけでなく、科学、哲学、社会学をつなぐ、この時代のキーパーソンと呼んでも過言ではない。[14] 一八九二年、輸入業を営む裕福なユダヤ人を父に、南ロシアの港町タガンログに生まれたコイレは、一九〇八年ドイツに留学、ヒルベルトから数学、フッサールから哲学を学んだ後、一九一一年にはパリ大学に転じ、レオン・ブランシュヴィックの指導を受けるとともに、コレージュ・ド・フランスでベルクソンの講義を聴講した。学位取得の前年の一九二二年から一九三〇年まで高等研究院講師を務めることになる。ちなみに、ほとんど業績らしきものがなかったコジェーヴに、自らのポストを継がせたのはコイレだったという。コイレとコジェーヴがフランスでの新たなヘーゲル読解に果たした影響はきわめて大きい[15]。ここでは本業の科学哲学ではなく、文化ステージで果たした役割を見るにとどめる。

フランスにおけるヘーゲル受容におけるコジェーヴとコイレの役割はこれまでも十分に言及されてきたが、ハイデガーを紹介する際に中心にいたのも彼らであったことは強調すべき点である。すでに第一章で見たように『形而上学とは何か』を翻訳したのはアンリ・コルバンだが、一九三八年の単行本刊行に先立って、まずは抄訳が一九三一年『ビフュール』誌の第八号に掲載された（図版1）。その際に序を書いたのがほかならぬコイレだった。『ビフュール』の編集主幹はジョルジュ・リブモン＝デセーニュ（一八八四—一九七五）、ダダイスムからシュルレアリスム運動に合流したものの、ブルトンの天敵として排除された人物だ。その彼が、シュルレアリスムの除名者や離反者に場所を提供したのが『ビフュール』誌だった。雑誌は八号まで続き、最終号にはサルトルの創作「真理

図版1 『ビフュール』誌第8号表紙，1931年

伝説」も掲載されているのは、偶然とはいえ興味深い。それはともかく、コイレの四頁ほどの序文は注目に値する。[16]「ドイツに現れた新星、否、新たな太陽」、ハイデガーの思想は決定的に新しい。それは超越主義と直観主義の和解や、歴史主義と絶対主義の和解を目指すのではない、と手放しで褒め称えた上で、彼は次のように書く。

彼はこの戦後〔第一次大戦後〕の時代にはじめて、天上の哲学を地上に降ろし、われわれのことを語った哲学者である。彼は、きわめて「凡庸で」きわめて「単純な」ことを——哲学者として——われわれに語る。実存と死について、存在と無について。というのも、彼は清心かつ比類なき力をもって新たに、真正なあらゆる哲学が問題にする二つの永遠の問いである「汝自身を知れ」の問題、自我の問題、存在の問題を再び立てたからだ。すなわち、私とは何者なのか、存在とは何を意味するのか、と。[17]

現在の研究の観点から見ると的外れと言われかねないほど、ハイデガーが実存的な視点から紹介されたことがよくわかる。サルトルがいかにハイデガーを誤読し、それを自分流の実存主義に引きつけたかがしばしば誇張された形で指摘されるが、このコイレの序文を読むと、「存在と無」という表現も含めて、コイレの紹介文がサルトルのその後の方向を決めたように思われる。[18]

『ビフュール』誌は八号で終刊するが、その翌年の一九三二年にコイレ、スペエールなどが中心となって創刊した『哲学探究』誌は、フランスにおける新たな哲学潮流を決定づける重要なものだった。[19]名前こそ「哲学探究」だが、内容的には人文社会科学全般に広がり、同時代の哲学〔現象学と実存思想〕、心理学、言語学、宗教（神秘主義や東洋思想）など他分野にわたるだけでなく、きわめて充実した書評によって、内外の最新の研究書のレヴューが行われている点も重要だ。それに呼応するように、執筆陣も広範囲におよび、新進気鋭の若手から中堅まで錚々たるメンバーが並んでいる。ブリス・パラン、アンリ・グイエ、カイヨワ、レヴィナス、ガブリエル・マルセル、ラカン、バタイユ、サルトルまで、戦後に活躍する面々の最初期の仕事の発表の場となっていたことは、最終号にサルトルの第一論文「自我の超越」が掲載されていることからも見て取れる。そして、五〇〇頁にも及ぶ『哲学探究』誌第一号には、ドイツの最新の心理学や、ジャン・バリュジによる「神秘主義的言語に関する探究序論」などと並んで、やはりハイデガーの「根拠の本質について」が掲載されていることが目を引く。

このようなコイレのハイデガーへの関心は本業の傍らでその後も続く。第二次大戦後の一九四六年、バタイユが主宰する『クリティック』誌の創刊号に発表した「マルティン・ハイデガーの哲学的発展」[20]は、『真理の本質について』をメインに論じたものである。サルトルの遺稿『真理と実存』（四八年執筆）は、『真理の本質について』の翻訳出版がきっかけとなったとされているから、サルトルがコイレに負うものはきわめて大きいと言えるだろう。

だが、コイレに関してさらに興味深いのは、彼が九鬼周造とも交流があったためである。時間を少し巻き戻し、話は二〇年代後半のことになる。

パリの日本人哲学者

九鬼周造のドイツ・フランス留学は一九二一年から二九年、まさに〈狂乱の時代〉のことだった。『「いき」の構造』の元になる「「いき」の本質」の脱稿は、年譜によれば一九二六年十二月だが、最終版ににげなく差し挟まれた一節。「巴里のルヴューに見る裸體が「いき」に對して何等の關心をもっていないことは云ふまでもない」[21]は、ジャズとネグロフィリーに揺れるパリで九鬼が覚えた違和感を端なくも示しているように思われる。だが、ここでは、彼の第三期パリ滞在、一九二八（昭和三）年の八ヶ月間に話を絞ることにしよう。まずは九鬼の動きを確認しておこう。四十歳になった九鬼は、マールブルク大学で前年に引き続きハイデガーの夏学期の講義とゼミに出席したあと、五月三十一日にパリに戻る。八月にはポンティニーの十日会に参加し、十一日と十七日、二回の発表を行っている。秋にはパリのベルクソン宅を訪問。以前のパリ滞在時にも一度ベルクソンに会っているから、これが二度目の訪問になるが、その後、*Les Nouvelles Littéraires* 誌に「日本に於けるベルクソン」を寄稿、十二月にアメリカ経由で帰国するためにフランスを発つ。

この時期、九鬼は何人かの学者や若手研究者に個人教授を依頼し、それを記録した手帖が残されているが、その一人がアレクサンドル・コイレだった。「コイレ氏」手帖には、同時代の重要な哲学者とその特徴、哲学全般の諸問題が記述されている。[22] コイレの知遇を得たのが、九鬼自身が二つの発表をした一九二八年八月のポンティニーの夏期懇話会の時であったのかどうかを画定するのは難しいが、二人が確認できる写真が残っている。

現在もスリジー・ラ・サールのシンポジウムとして精神的に継承されているポンティニーの懇談会は、都会の喧噪を離れて、ブルゴーニュにある修道院跡地に、党派や国籍をこえて文化人が集まることを趣旨に一九一〇年から行われていたもので、第一次世界大戦によって一時中断したものの、一九二二年に再開、第二次世界大戦が勃発した三九年まで毎年開催されていた[23]。さらに興味深いのは、この写真に若きウラジミール・ジャンケレヴィッチ、レーモン・アロンといった第二次大戦後のフランス思想界で活躍する若者たちも写っていることだ（**図版2**）。回想録によれば、アロン自身もこの年の懇話会で発表している[24]。この事実に着目したいのは、九鬼がまだ学生だったサルトルからもレクチャーを受けていたからであり、ポンティニーで九鬼と知り合ったアロンが級友のサルトルに紹介した可能性もあるのではないかと個人的には想像している[25]。

図版2　1928年，ポンティニー旬日会にて。パロディー，コイレ，アロン，ジャンケレヴィッチなどと一緒の九鬼周造

　それはともかく、ここで着目したいのは、「サルトル氏」と題されたノートに、ブルトンの名前が認められることだ。ノートの五枚目には「Sur《ママ》 realiste (...) André Breton (Nadja)」とはっきり書かれている。これは、出版直後の『ナジャ』（そして、おそらくは『シュルレアリスム宣言』）について、サルトルが九

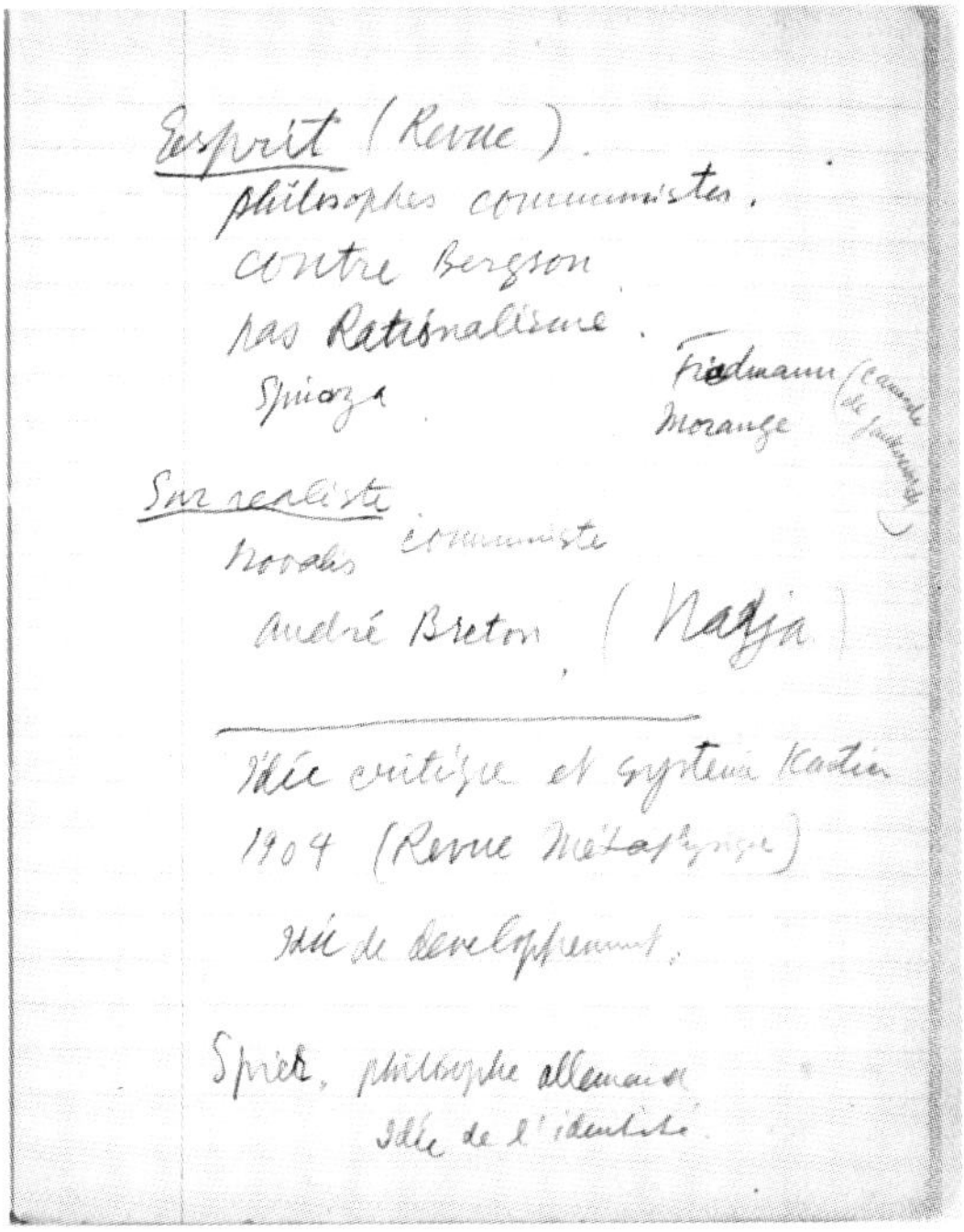

図版3　九鬼周造の「サルトル氏ノート」甲南大学所蔵

鬼にレクチャーしたことの決定的な証拠と言える[26]。実際、おそらくはこの教示を受けて、芸術に関してはむしろ古典的な嗜好をもっていた九鬼が『ナジャ』を購入していることは、文化受容の観点から見ても興味深い（図版3）。

九鬼が残したノートは、「コイレ氏」と「サルトル氏」だけではない。他にも、「モロオ氏」（I、II）「ギトン氏」なる手帖が存在する。内容としてはこちらも、フランスの哲学者たちの名前がメモ書きされているもの。モロオ氏が誰であるのかを確定するのは難しいのだが、「モロオ氏」IIの最終頁にギトンの連絡先が記されているので、こちらが先だつノートであり、二人は知り合いであったと想定される。だとすれば、ギトンの友人で高等師範学校の同級生、二三年に教授資格試験に一位合格しているジャン・モロー＝レベル（Jean Moreau-Reibel）なる政治哲学者ではなかろうか。ジャン・ボダンに関する論文で法学博士（一九三三年）となり[27]、三六年にはポーランドのクラクフ大学で教えていたとの情報もある。モーリス・ド・ガンディヤックの自伝にもその名が見られ、彼と知り合いになってポーランドに行ったことが記されている。[28] また、フーコーの年譜にもその名は現れ、ポワティエのリセで一九四三年、フーコーは哲学の授業を受けている。[29]

さらに興味深いのは、五〇ページに及ぶ「ギトン氏」手帖である。これが、作家・哲学者にして、後のアカデミー・フランセーズ会員であり、カトリックの哲学者として知られるジャン・ギトン（Jean Guitton 1901-1999）であることはほぼ確実である。ギトンは高等師範学校時代からのブランシュヴィックのお気に入りだっただけでなく、ベルクソンともきわめて近い人物だった（ベルクソンは死に際して、ギトンを自らの精神的継承者の一人に指名している）。彼はまたペルソナリスムを始めたムーニエとも親しい敬虔なカトリック教徒であった。彼の残した自伝によれば、それだけでなく、一九三七年から三九年にリヨンのパルク高校で教えていた時には、教え子としてアルチュセールがいて、その後も親しく交際したというから、思想史の表舞台に現れない人的交流とはなんとも不思議だ。[30]

さて、ノートの内容はフランス哲学全般に関するものだが、時間に関する部分があるのは注目に値する。全体としては文章というよりは、メモ書きである。ときおり、ブランシュヴィックやラランドの文章は下手だといったコメントもあるが、九鬼ではなく、ギトン氏の意見だろう。そのほかに、読むべき（あるいは買うべき）本や論文のタイトルなどが記されている。一九二四年の『哲学誌（*Revue Philosophique*）』九八号掲載のアンリ・カルトゥロン（ビュデ版アリストテレスの『自然学』の訳者であり、ストラスブール大学教授）の論文「アリストテレスの時間概念に関する考察」（Remarques sur la notion de temps d'après Aristote）に関する記述があるので、この日付以降であることは確かである。これがポンティニー発表以前のものだとすれば、九鬼にとってはその資料収集ということになるが、以後の可能性もあるだろう。ギトンの年譜によれば、二五年から二八年までは高校での教鞭を中断、奨学金を得てパリで博士論文を準備している。その内容はまさに時間論であり、ふたりがこのノートにメモされた以上の話をしたことはまちがいない。ギトンの博論が完成するのは一九三三年六月だが、伝記によれば、モーリス・ブロンデルから示唆を得て、準備を始めたのは一九二四年のことだという。[31] すでに述べたように九鬼との交流は二九年だと考えられるが、日本人哲学者との議論から大いに刺激を受けたことは、博士論文を書籍化した『プロティノスとアウグスティヌスにおける時間と永遠』に、注の形で九鬼の論文に言及していることからも見て取れる。[32]

ギトンが九鬼とその後も交流を続けたかは不明であるが、九鬼との交流は思わぬ種を蒔いた。九鬼の時間論がカミュに間接的に与えた影響である。カミュは『シーシュポスの神話』を、「シーシュポスは幸福であると想像すべきだろう」という一文で締めくくっているが、その考えの淵源は九鬼にあるという説があるからだ。たしかにポンティニーでの講演「時間の観念と東洋における時間の反復」のなかで、九鬼はシーシュポスに触れ、石を山の頂上にまで永遠に運び上げる作業が必ずしも罰ではなく、この繰り返しの作業のなかにむしろ、反復の道徳性、戦うことの幸福を感じるはずだと述べている。[33] ポンティニーでの論文を活字化したこの九鬼の小論文をカミュがどうやって発見したのかと、研究者たちは訝しがり、いくつかの説を出しているが、私の仮説はいたってシンプルで、ギトンの博士論文によってということになる。これは思いのほか、論証が容易だ。カミュが高等教育修了論文に選んだ主題は「キリスト教形而上学とネオプラトニスム」だが、一九三六年に提出されたこの論文にはギトンの博士論文も参考文献として出ている。したがって論文の準備の過程でカミュは九鬼を発見したのであろう。[34]

だが、これにはまだ後日談が続く。カミュはギトンを引用しただけではなかった。一九四一年にギトンが発表した「プジェ氏の肖像」と題する作品の書評を四三年四月に『南方通信《カイエ・ド・シュッド》』に発表し、一度は訪問もしたらしいのだ。[35] このあたりのことも含めて、ギトンは自らの自伝で一章を割いてカミュとの関係を記しているが、残念なことに九鬼についての言及はない。彼が自伝を書いた時点では九鬼の名声はフランスまで届いていなかったということだろうか。[36]

だが、九鬼とサルトルに戻ることにしよう。『存在と時間』をいまだ読みはじめていなかったサルトルに、マールブルクでハイデガーの教えを受けていた九鬼が実存思想の手ほどきをしたらしい、などさまざまな憶測がなされているが、残念ながらそれを知る術はない。[37] とはいえ、二人には「偶然性」の問題などいくつかの共通の関心がある。もちろん、これは影響関係などではなく、まさに時代の問題だったと考えるべきだろう。それを一言でいえば、具体性を重んじ、現実に即して哲学するということになる。サルトルがフッサールから取り入れた考えの中心が意識の志向性（意識はつねに何ものかについての意識である）だったことは確かだが、それ以上に彼のスタンスの基盤にあったのは、ドイツ語でそのまま表記されることの多い、Erlebnis あるいはフランス語の vécu、すなわち「経験」であった。

二八年十二月にフランスを発った九鬼は、翌二九年一月二十九日に日本郵船「春洋丸」で帰国する。途中ワシントンに立ち寄った際にポール・クローデルと会い、アランの美学について話をし、船中では「仏独哲学界の現状」と「日本文化」を書き上げている。四月に京都帝国大学文学部哲学科講師に就任した九鬼が帰国後、日本ではじめてフランス現代哲学を講じるにあたって、コイレやサルトルなどからのレクチャーを存分に活用したことは明らかである。彼が一九三〇年に関西日仏学館で行った講演「仏蘭西哲学の特徴」では、フランス哲学を「内的観察の尊重」「数学や科学との密接な関係」「二元論」「社会的」という四つの特徴をあげて説明した上で、「一言で云へば抽象を避けて現實に卽すると云ふ特色に帰する」[38]とまとめている。

具体性、これこそ九鬼が留学していた当時のフランスの哲学界の潮流であったし、明確なモットーであった。ジャン・ヴァールの「具体的なものへ」[39]や、フッサールの「事象そのものへ」という表現は、レヴィナスやサルトルの世代を文字通り魅了した。文学や芸術がそれまでのアカデミックな表象の外部を志向していたのに呼応するかのように、哲学においては、具象、具体、さらには「理性の外部」が問題とされていたのだ。そして、ジャン・ヴァールの「具体的なものへ」が掲載されていたのが、やはり先ほど触れた『哲学探究』誌の第一号だったことはもはや偶然ではない。

アロンによって現象学を発見することになるサルトルの有名なエピソードがそれを雄弁に語っている。一九三三年ベルリン留学から帰ってきたアロンがコップを指し示しながら、「ねぇきみ、きみが現象学者ならば、このカクテルについて語ることができる。そしてそれが哲学になるんだ」と言われて、サルトルはそれこそが自分が探し求めてきた哲学だと悟ったという。さらに言えば、作家であり哲学者でもあったサルトルはもとより、すでに見たシェストフや、文学論や芸術論を著したアランなど、文学に強い関心を示す思想家が少なくなかったこともこの傾向とリンクしているだろう。

一九三三年ヒトラーが政権の座につくと、三月にはベンヤミンがついにパリへの定住を決め、同年秋にはハンナ・アレントが、先にパリに逃れていた夫ギュンター・シュテルン（後のギュンター・アンダース）に合流してやってきた。亡命ユダヤ人がパリで居場所を見つけるにあたっては先に到着していた友人たちのネットワークに頼ることが多かった。パリ亡命後のベンヤミンが、バタイユの聖社会学研究会に足繁く参加したこと、後に南へと逃れるときに原稿をバタイユに託したことはよく知られるとおりだ。だが、ここでは話を彼らにまで拡げることは控え、次章では両大戦間期にもっとも重要だった運動であるシュルレアリスムとサルトルとの関係を見ることにしよう。

註

（1）この時期のパリを、そこに集う日本人たちの姿も交えて活写した小説に、清岡卓行の『マロニエの花が言った』（上・下、新潮社、一九九九年）がある。その巻末に添えられた参考文献の多様さは、そのまま大戦間期のパリがいかに多くの人びとを魅了してきたかの証言でもある。

（2）この論考はまず英語でロンドンの週刊誌 *The Aheaeum* 上に同年四、五月に発表された。Paul Valéry, *Œuvres*, t. I, Gallimard, « Bibliothèque de la Pléiade », 1957, p. 998. ポール・ヴァレリー『精神の危機』恒川邦夫訳、岩波文庫、二〇一〇年、二六頁。

（3）Guillaume Apollinaire, *Œuvres en proses*, Gallimard, « Bibliothèque de la Pléiade », 1993, p. 292. ギヨーム・アポリネール『虐殺された詩人』鈴木豊訳、講談社文芸文庫、二〇〇〇年、一三七頁。

（4）Cf. Bruno Karsenti, *L'homme total : sociologie, anthropologie et philosophie chez Marcel Mauss*, PUF, 2011. ブルデューは後にこの観念に触発されてハビトゥスの理論を展開することになる。

（5）他方、それは時間を遡って、歴史以前の時代を夢想する時代でもあった。人類誕生以前の古生物時代、ラスコーやアルタミラに代表される先史時代への関心がこの時期に一気に高まるのは、このような西欧文明への幻滅および非西洋社会への関心の高まりと軌を一にしている。

（6）Michel Leiris, *L'Âge d'homme*, Gallimard, 1946, rééd. coll. « Folio », 1973, p. 159. ミシェル・レリス『成熟の

年齢』松崎芳隆訳、現代思潮社、一九六九年。

（7）これについては、澤田直編『異貌のパリ 1919–1939　シュルレアリスム、黒人芸術、大衆文化』水声社、二〇一七年所収のヤニック・セイテ「パリ、ハーレム・ルネサンスの飛び地」を参照されたい。

（8）マッソンが二八年に立ち去った後はロベール・デスノスが入った。マッソンのアトリエに関しては、ミシェル・レリス「ブロメ通り四十五番地」、『デュシャン　ミロ　マッソン　ラム』岡谷公二編訳（人文書院、二〇〇二年）がその魅力を縦横に語っている。

（9）サルトルの長篇小説『自由への道』の登場人物イヴィックとボリスの姉弟も、このような白系ロシア人の二世である。

（10）ドミニック・オフレ『評伝アレクサンドル・コジェーヴ——哲学、国家、歴史の終焉』今野雅方訳、パピルス、二〇〇一年。より詳細な伝記研究としてはMarco Filoni, *Le philosophe du dimanche : La vie et la pensée d'Alexandre Kojève*, Gallimard, 2010.

（11）一九三四年に河上徹太郎らの訳した『悲劇の哲学』（芝書店）は版を重ね、「シェストフ的不安」という言葉が流行になるほど、世に広まった。

（12）それはフランスでも同じだったが、二十一世紀に入ってから復権の兆しが見える。以下の特集号を参照。*Europe, revue littéraire mensuelle*, avril 2009.

（13）一九四四年の日記にバタイユは、二〇年ほど前よくシェストフのところに行っていたと書いている。GB OC VI, p. 401.

（14）邦訳には『ガリレオ研究』菅谷暁訳、法政大学出版局、一八八八年、『コスモスの崩壊——閉ざされた世界から無限の宇宙へ』野沢協訳、白水社、一九九九年。また、コイレの「フランスにおけるヘーゲル受容の状況報告」小原拓磨・宮崎裕助訳、『知のトポス』第13号の訳者改題を参照のこと。

（15）サルトルとコイレ、レヴィナス、ジャン・ヴァールの関係を詳細にたどった研究として以下のものがある。Grégory Corman, « Sartre, Heidegger et les *Recherches philosophiques* – Koyré, Levinas, Wahl. Eléments pour une archéologie de la philosophie française contemporaine », in *Questions anthropologiques et phénoménologiques. Autour du travail de Daniel Giovannangeli*, Bruxelles, Ousia, 2014, p. 135–166.

(16) Alexandre Koyré, « Introduction [à Qu'est-ce que la métaphysique?] », *Bifur*, N° 8, p. 5–8.

(17) *Ibid.*, p. 6.

(18) ベルナール＝アンリ・レヴィは『サルトルの世紀』で、サルトルが『ビフュール』掲載時には『形而上学とは何か』に注意を払わなかったとしているが、コイレの序文を精読すれば、事情はまったく逆のように思われる（Bernard-Henri Lévy, *Le siècle de Sartre : enquête philosophique*, Grasset, 1999.『サルトルの世紀』石崎晴己監訳、藤原書店、二〇〇五年）。ただし、『戦中日記』（第一一手帖）でサルトルは、「私は、一九三〇《ママ》年に『ビフュール』誌に載った『形而上学とは何か』を読んでいたが、理解できなかった」とか、一九三三年ベルリン留学時代に『存在と時間』を読んだが、五〇頁ほどで放棄した、と語っている。すでに見たように、サルトルが本格的にハイデガーを読むことになるのは、一九三八年のコルバン訳による単行本『形而上学とは何か』からであるが、捕虜となった後、収容所で神父たちと『存在と時間』の講読会をしたとも証言している。

(19) その役割に関しては箱石匡行氏がサーベイした論文がある。「フランス現象学の一側面」『岩手大学教育学部研究年報』（四八⑴、一九八八年）、「フランス一九三〇年代の現象学研究の一面（続）」『岩手大学教育学部研究年報』（四九⑵、一九九〇年）には、全巻の目次が翻訳されている。興味深いのは、中心となったのが若手や外国人であったため、ソルボンヌやコレージュ・ド・フランスの教授などが commité de patronage（後援委員）として名を連ねていることだ。中心人物のひとりアルベール・スペエール（Albert Spaier, 1883–1934）もルーマニアの出身。

(20) Alexandre Koyré, « L'évolution philosophique de Martin Heidegger », *Critique*, n°s 1 et 2, 1946 ; repris dans *Etudes d'Histoire de la pensée philosophique*, Librairie Armand Colin, 19661.

(21) 『九鬼周造全集』第一巻、岩波書店、四三頁。このくだりは「「いき」の本質」には見られない。

(22) これらのノートは、甲南大学がデジタルアーカイブとして公開し、誰でも自由に閲覧することができる。そのなかには九鬼のノートではなく、サルトルの筆跡のメモが誤って九鬼のものとして収録されているものもある。

(23) Cf. Anne Heurgon-Desjardins, *Paul Desjardins et les Décades de Pontigny : études, témoignages et documents inédits*, PUF, 1964 ; François Chaubet, *Paul Desjardins et les décades de Pontigny*, Presses Universitaires du Septentrion, 2000. E・R・クルツィウス『現代ヨーロッパにおけるフランス精神』みすず書房、一九八〇年。

(24) レーモン・アロン『政治の誘惑　レーモン・アロン回想録1』三保元訳、みすず書房、一九九九年。

(25) サルトルを紹介したのは、九鬼から依頼を受けたエミール・ブレイエだと言われている。この手の個人教授の他の例として興味深いのは、河盛好蔵が、ジャン・ボフレに教えてもらっていたことである。

(26) それと前後して、九鬼は『「いき」の構造』の第一稿を書いている。以下の拙稿を参照されたい。澤田直「九鬼周造とフランス――『「いき」の構造』とその周辺をめぐって」『現代思想』二〇一七年一月臨時増刊号「総特集　九鬼周造　偶然・いき・時間」、二〇一六年、二一三―二二九頁。また、九鬼の蔵書中にコイレ、シェストフの書物もあることは『九鬼周造文庫目録』（甲南大学哲学研究室、一九七六年）によって確認できる。

(27) Jean Moreau-Reibel, «Jean Bodin et le droit public comparé dans ses rapports avec la philosophie», J. Vrin, 1933. ただし、二五年にもMoreauという教授資格合格者がいる（ファーストネーム、出身は不明）。

(28) Maurice de Gandillac, *Le siècle traversé. Souvenirs de neuf décennies*, Albin Michel, 1998.

(29) David Macey, *The Lives of Michel Foucault*, London, Hutchinson, 1993.

(30) Jean Guitton, *Un siècle, une vie*, Robert Laffont, 1988. p. 150-160. そこには三〇年に及ぶ交流だけでなく、交わされた私信も収録されていて、若きアルチュセールの姿を活写している。

(31) Jean-Jacques Antier, *Vie de Jean Guitton, 1901-1999*, Perrin, 1999, p. 67.

(32) Jean Guitton, *Le Temps et l'éternité chez Plotin et saint Augustin* (1933), Paris, Vrin, 2e éd., 2004, p. 100, note 1 : « Voir les réflexions de Shuzo Kuki dans son précieux opuscule, Propos sur le temps (Paris, 1928), p. 11-17. »

(33) 『九鬼周造全集』第一巻、前出、二八六頁にフランス語原文、四〇九頁に坂本賢三による和訳。

(34) Voir Albert Camus, *Œuvres complètes*, Gallimard, « Bibliothèque de la Pléiade », 2006, tome I, p. 1077.

（35） *Ibid.*, p. 888–894.

（36） ここで細かい事実関係を追ったのは、九鬼研究者とカミュ研究者のどちらも両者をつなぐ線を見つけあぐねてきたからだ。ロジェ・グルニエは、ポンティニーの主宰者ポール・デジャルダンの婿ジャック・ウルゴン経由で一九三八、九年ごろではないかと想定しているが（Roger Grenier, *Albert Camus soleil et ombre*, Gallimard, coll. «Folio», 1991）、そのずっと以前にカミュはギトンの論文を通して九鬼を知っていたというのが私の仮説だ。

（37） 一九六六年に来日した折に、サルトルは伊吹武彦に九鬼周造の思い出を語ったというのだが、ハイデガー哲学に親しんだのが九鬼経由であるとするのが、どこまで正確な話であるのか、時代も相当経ったあとの談話なので、やや疑わしい気がする。伊吹武彦「サルトル氏と九鬼博士のこと」『産経新聞』一九六六年十月六日夕刊。

（38） 『九鬼周造全集』第三巻、岩波書店、四一二頁。

（39） Jean Wahl, *Vers le concret : études d'histoire de la philosophie contemporaine*, J. Vrin, 1932. ジャン・ヴァール『具体的なものへ』水野浩二訳、月曜社、二〇一〇年。

第4章　シュルレアリスムとエグゾティスム

ブルトンとサルトル

『文学とは何か』のなかでサルトルがシュルレアリスムを正面きって批判したことはよく知られている。よく知られているどころか、サルトルはシュルレアリスムを全面的に否定したと一般には理解されている。[1]だが、この発言の背景を探ると、事情はもう少し複雑であることが見えてくる。一九〇五年生まれのサルトルにとって、シュルレアリスムの最盛期は、彼の青春時代にぴったりと一致し、——同じく断罪されるプルーストともに——シュルレアリスムは若き日のサルトルにとっては大きな目標ともいえる存在であった。彼らの世代がシュルレアリスムに対して抱いていた強い憧憬と羨望の念は、サルトルが一九六〇年に親友ポール・ニザン復権のために書いた『アデン、アラビア』の序文に見られる次のようなくだりからも窺える。

われわれは〈大いなる欲望〉の時代に生きていた。シュルレアリストたちが目覚めさせようとした無限の情欲とは、〈すべて〉を対象とするものに他ならなかった。ニザンは特効薬を探し求め、片っぱしからこれを服用した。シュルレアリストたちの作品を通して、彼はフロイトを知り、これを自分のパンテオンに祀った。ブルトンと、危機に瀕した一人の若い作家によって見直され訂正されたフロイトは、スピノザに似ていた。フロイトは、蜘蛛の巣やヴェールを引き剝がし、われわれの暗いトンネルの中で殺戮しあっている敵同士に和解を強要し、怒り狂うわれわれの月たらずの子どもたちを光のなかに溶解させ、われわれを力強い欲望の統一へと還元したのだった。（Sit. IV, 152–153／一二五）

さらに、一九三八年一月のシュルレアリスト展に、サルトルとボーヴォワールが大きな関心をもって出かけたという『女ざかり』のなかのボーヴォワールの証言を引いておけば、サルトルがシュルレアリスムに対して示していた並々ならぬ関心の度合いを知るには十分であろう。ボーヴォワールは「シュルレアリスムが私たちに直接的な影響を与えたとは思わない。しかし、それは私たちの吸う空気のなかに浸透していた」（FA 655／上三〇三）と述べている。実際、『嘔吐』で展開されるディテールの描写が、シュルレアリスム絵画に通じるものであることはいくつかの批評がすでに指摘するとおりだ(2)。

この時期に発表された短編小説「ある指導者の少年時代」のなかで、シュルレアリスムが揶揄的に扱われていることも思い出すべきだろう。主人公を同性愛へと誘惑するアシル・ベルジェールという名のシュルレアリストが重要な役割をになって登場するが、そのイニシャルがアンドレ・ブルトンに通じることは偶然にしてはできすぎだし、彼の家の室内の描写も、実在のブルトンのアパルトマンを思わせるものが多い。アシル・ベルジェールはシュルレアリストのパロディーとして描かれるのだが、それは鬼面人を驚かすといった具合に、初《うぶ》な若者を〈芸術〉の虜にする存在であって、浅薄な人物でしかない。批判的な視線は否めまい。

だが、サルトルが自分のナポリ体験を題材にした短篇小説を「デペイズマン（異郷体験）」と名づけたとき、そのシュルレアリスム的なコノテーションを意識しなかったはずはあるまい。(3) ことほどさように、その関係はきわめて両義的だと言える。ここではその関係性をいくつかの稜線に従って見ていくことにしよう。

『文学とは何か』におけるシュルレアリスム批判

『文学とは何か』におけるシュルレアリスム批判とはいったい何だったのか。その意味を適切に理解するためには、この文学論がなによりもまず第二次世界大戦直後という文脈で発信されたことを忘れてはならないだろう。当時人びとが注目したのは、作家の責任とそれに関連したアンガージュマン文学であり、その枠組みとされる詩と散文の区別などであった。戦後の新しい風景に見合った新たな文学像を求めていた人びとに対して、この論考はブルジョワ心理主義的文学を乗り越える文学のあり方を具体的に提示したものである、と通常は図式化される。確かに、それは構成を見てみれば納得できる。「書くとはなにか」、「なぜ書くのか」、「誰のために書くのか」、「一九四七年の作家の状況」の四章は、作品と作家の定義、目標、機能を縦横に論じていたが、それが既存の文学論とは一線を画したものであるように人びとの目に映ったとしたら、それは、そこに一貫して流れる倫理・政治的調性のためだったと思われる。コミュニケーションの手段である散文と、オブジェの作成である詩とを峻別し、アンガージュマンは散文によるとした二分法は、第三世界の知識人だけでなく、時に生死が賭けられるほどの厳しい現実を生きていた世界の人たちに啓示を与えるとともに、さまざまな批判の対象ともなった。だが、いまあらためてこの論考を読み直したときに刺激を受けるのは、必ずしもこのような倫理・政治的バイアスの部分だけではない。いやむしろ、細部に散見する傍流的な指摘に含まれる卓見のほうに興味をそそられる。

シュルレアリスム批判を、それが展開される第四章「一九四七年における作家の状況」に即して見てみよう。一九四七年は、戦後のシュルレアリスム運動の再出発を画して行われたマーグ画廊における国際シュルレアリスム展が行われた年であることも忘れてはならない[4]。そのカタログでは、新しい神話が新しい社会のモデルとならなければならないという考えが強調されていた[5]。サルトルの論考はまさにそれに水を差すかのように放たれたと言ってよい。

現代文学の見取り図を描くにあたって、サルトルが作家たちを三世代に分けて論じたことはすでに見た。第一世代は、プルースト、ジッド、モーリヤックなどに代表される、一九一四年（つまり第一次大戦勃発）以前にすでに仕事を始めていた世代である。彼らの多くは地主や金利生活者、ないしは外交官など、自らの作家活動によって糧を得る必要のない特権的な階級に属す。彼らの文学的な評価は多かれ少なかれ定まっていて、第二次大戦が彼らに決定的な影響を与え、新たな作品を作らせることはなかろう、とサルトルは断じる。第二世代は一九一八年（第一次大戦の終わり）以降に大人になった人びとである。その代表がシュルレアリストたちである。そして第三の世代は言わずとしれた、サルトル自身もそこに入る世代。つまり、敗戦後に、あるいは今次大戦の少し前から書きはじめた人びとである。このような文脈で論じるとすれば、戦略的に見ても、シュルレアリスムに対しては批判以外のコメントはありえなかっただろう。もっとも、引き合いに出されている多くはサルトルの愛読した作家たちであるが、いま重要なのはその点ではない。両大戦を節目に描かれたこの見取り図が、必然的に戦争という切り口によって文学を論じることになる点に着目したい。

ここで展開されるシュルレアリスム批判を表面的に読んだ場合、その主旨はブルジョワ出身である作家たちが公衆との真の関係を失ってしまっていることに集中しているように見える。シュルレアリスムが一方で前衛と革命を標榜しながら、その文学的スタンスが公衆から乖離しているというのが、図式化した場合のサルトルのシュルレアリスム批判の骨子だと思われるし、そのように解説されることも多い。たとえば、ジャクリーヌ・シェニウー＝シャンドロンはその浩瀚な論考『シュルレアリスム』で、次のように解説する。「ジャン＝ポール・サルトルは一九四七年、この広範な企てに脱現実化という烙印を押した。彼はシュルレアリスムを（永遠なる）懐疑主義の思潮と同一視し、いくつかの表現形態にアクセントを置きつつ、それを観念論的なものと判断したのである」[6]。きわめて適切な要約と言えるだろうが、私見によれば、それ以上に重要な論点は、シュルレアリスムの根本に横たわるある指向に対する批判にあったように思われる。両大戦間期に華々しく打ち上げられた花火に喩えられるシュルレアリスムを、なによりも否定性だと規定した上で、そこで否定されるものが何なのかを、一見異なる系列に属すとみられる他の作家、モラン、ドゥリュ・ラ・ロシェルなどと並べて、両者に共通するものをサルトルは探る。これらすべての作品が暗々裏に前提とし、そこに密かに潜むもの、それは何か。それが二十世紀的なエグゾティスム（エキゾチシズム）および、それが志向する否定性だとサルトルは断ずる。

モランは、典型的消費者、旅行者、通行人である。彼は民族的伝統を、懐疑学派やモンテーニュの古いやり方に従って、相互に接触させて無効にしてしまう。彼は民族的伝統を蟹のように笊のなかに投げ入れ、なんの注釈もなしに、互いに引き裂きあうままにしてしまう。（QL 195／一八五）

西洋のエグゾティスムが単なる異国趣味ではなく、そこに他者の対象化と略奪があることは、エドワード・サイードの『オリエンタリズム』以来、常識となった。また、ヴィクトル・セガレンに啓発されて、エグゾティスムとは異なる真の他者との遭遇を目指す〈エグゾート〉を提唱したアブデルケビル・ハティビの刺激的な論考(7)によって、それを乗り越える力もまた文学にはあることが示されている。だが、『文学とは何か』の主要なテーマのひとつがエグゾティスム批判であることは従来見逃されてきた。サルトルはここでエグゾティスムの逆説をまずは指摘する。世界の秘境へと旅をし、それを次から次へと語るこの手の文学は、逆にすべてを平準化し、もはや真の冒険の名に値する経験を不可能にしてしまうのだ。したがって、一見隆盛に見えても、「安物金ぴかやガラス玉や奇妙な美名でいっぱいのモランの本はエグゾティスムの弔鐘を告げている」（QL 196／一八六）とサルトルは断ずる。その上で、モランのような明白にエグゾティスムを掲げた文学ほどナイーヴではないにしても、シュルレアリスムの根底にも同じ傾向を見出すのだ。

十九世紀後半から二十世紀初頭のフランスで花盛りの様相を呈したエグゾティスム文学に通じる何かがシュルレアリスムにあるのか。海軍士官ピエール・ロティや、ポール・クローデル、ポール・モラン、ジャン・ジロドゥーといった外交官・作家だけが異国の風景を描いたわけではない。『地の糧』のアンドレ・

ジッドはアルジェリアを、ヴァレリー・ラルボーはヨーロッパ各地の旅行を、モンテルランはスペインや北アフリカを、アンドレ・マルローはインドシナとスペイン市民戦争を、サン=テグジュペリはアフリカ航路を読者の眼前に展開して見せた。このように作品化された作家個人の旅行経験が多くの読者を得たとすれば、それは一般の人びともまたそこに斬新な感覚の快楽を見出しうる感性をすでに備えていたからにほかならない。実際、鉄道、飛行機、自動車といった交通手段のスピード化によって世界が狭くなり、パリで開かれる世界の物産の博覧会や、百貨店にあふれる安価な舶来品を通して、一般市民もまた異国情緒をきわめて簡単に疑似体験できるようになった世相を抜きにしては、エグゾティスム文学の興隆はありえなかっただろう。

もちろん、シュルレアリスムの作品は、凡百のエグゾティスム文学と単純に地続きとは言えない、いや、それらとは一線を画すと言わねばならないだろう。なぜなら、シュルレアリスムはこれらの異境を物理的な彼方に求めるのではなく、さまざまなやり方で内面化する手法を見つけたからだ。ブルトンの『ナジャ』にちりばめられた「野生のオブジェ(objets sauvages)」は、エルンストをはじめとするシュルレアリスム絵画の場合と同様に、デペイズマンの手法によって、安易なエグゾティスムに頼ることなく、異郷を現出する仕方であった。それでも、その根底には他者を同化し、自らのなかに回収しようとする根本的な自民族中心主義があるのではないか、とサルトルは説くのである。その上で、自分たちの世代はこのような前世代の幻影から覚めたと続ける。

歴史の圧力が突如として、諸国家の相関関係をわれわれにあばいてみせた——上海での一事件はわれわれの運命を切り裂いた――しかし同時に、歴史の圧力は国家集団のなかに、われわれをわれわれ自身におかまいなく置き直した。われわれの先輩たちの旅行、彼らのぜいたくな脱出感覚《デペイズマン》、大げさな遊覧旅行にともなうすべての儀礼、それはまやかしだということを、われわれはまもなく認識しなければならなかった。

（QL 214／二〇三）

指摘せねばならないことは、エグゾティスム批判がここでもやはりサルトルの自己批判であることだ。若き日のサルトルはむしろ、このようなエグゾティスムの虜だったのであり、彼がそこから脱出するには長い時間が必要だった。じつは、彼の第一小説『嘔吐』そのものが、エグゾティスムからの脱却の記録であるというのが私の仮説である。それについては以前に別の機会に詳しく論じたことがあるので、ここではそれを繰り返すことはしない[8]。エグゾティスム批判と戦争との関係に絞って、話を進めよう。

戦争体験　実在性《リアリティ》の崩壊

『文学とは何か』は、確かに戦後に出版されたものであるのだが、そのエグゾティスムに関するくだりは、じつはすでに戦争中の日記にほぼ同じ形で記されている。したがって、死後出版の『戦中日記』を参照することで、このエグゾティスム批判がじつは戦争体験、さらには植民地主義問題へとつながっていることを浮かび上がらせることができるだろう。たとえば、ヴァレリー・ラルボーの『A・O・バルナブース全集』を読みながら、サルトルは分析する。

資本主義的エグゾティスムはいかなる根拠地ももたない。旅する者は世界の中に姿を没し、いたるところが彼の家であるか、さもなければ彼はどこにもいない。そういうところから、文学上のエグゾティスムの新しい諸相が出てくる。つまり、目にするものすべてを共通の諸構造に帰してしまうこと——かつては異国と家とを対立させていたものだったのに。その地その地の風俗の雑多な様相の下に、どこへ行っても同じ姿を見せる、資本主義の全世界的な圧迫を示すこと。各地の風俗の、崩壊に瀕した瀕死の様相を強調し、そこから詩的効果を引き出すこと(これに対して、古いエグゾティスムは地方の慣習の自然な横溢から詩的効果を引き出していた。 (CDG 427/一六九―一七〇)

このくだりを踏まえた上で、『文学とは何か』のシュルレアリスム批判に戻ってみると何が見えるだろうか。サルトルは、シュルレアリスムの自動記述が主体〔主観〕性の破壊である(QL 183-184/一七五)としても、それは意識のかわりに無意識的な主体性を持ち込むことではなく、主体が客観的な世界のただなかにおける儚い幻想でしかないことを示すためだと述べたあと、だがシュルレアリスムは、主体を破壊するだけでなく、結局はこの客観性をも破壊すると弾劾する。

問題なのは、世界を爆発させることであるが、いかなるダイナマイトもそれには十分ではないから、そしてまた、存在者の全体を現実に破壊することは不可能であるから(というのも、それはこの全体をひとつの現実の状態から、他の現実の状態へと移行させることすぎないから)、むしろ特殊な対象を壊そうとする。つまり、これらのモデルケースとして選ばれたオブジェ(objes-témoin)において、対象＝客観性の構造を無化しよう

とするのだ。（QL 184／一七五）

以上の検討から、サルトルがシュルレアリスムにおいて何を批判しようとしていたかが、端的に見て取れるだろう。それは、シュルレアリスム的オブジェに代表されるようなある種の実在性を素朴に信じる態度なのだ。ところが、このような現実性＝実在性（réalité）こそ、戦争によって破壊されたものだとサルトルは考える。すでに引用した『戦中日記』はサルトルが、のちに「実存主義」と呼ばれることになる思想にいかにして辿り着くことになるのかを示す貴重な資料でもあるが、この日記はまさに〈戦争の世界〉とは何なのかの考察によって始められる。（注意しておこう、ここで問題となっているのは、戦争そのものではなく、戦争の世界だ）。

「おれは戦争をまだ見ていない。それは捉えがたいものに思われる。だが、戦争の世界は見た。それは結局のところ軍事化された世界だ。事物の意味が変わってしまうのだ」（CDG 147）。この時点では、サルトルはまだ砲撃戦を見たわけでも、流血を見たわけでもない。戦時下にあるという事実だけによって、これまでの世界が根底から変わってしまうことに直面するのだ。「こうして、爆弾が人間のつくった物を破壊する前に、物の人間的な意味が破壊されてしまうのだ」（CDG 147）。

爆弾を使わずに物を壊すこと、物の意味を変えてしまうこと、これこそがシュルレアリスムの目指したものであったが、そのような自由信仰がたんなる幻想にすぎないということが、戦争がサルトルに啓示したことであった。ある意味で、シュルレアリスム的な芸術観はこの戦争によって、追い越されてしまったのである。

戦後の荒廃した風景のうちで、人びとの心に実存主義の主張が打ち響いたとすれば、それはまさにこの新たな現実の関係をひとびとに提示したことによる。それは「世界内存在」としての人間的現実である。ハイデガーのDasein（現存在）をアンリ・コルバンがréalité humaineと訳し、それをサルトルが踏襲したことが非難とともに指摘されてきたことはすでに見た通りだ。だが、この「人間的現実」の発見こそが、サルトルとその世代の戦争体験において重要なことだったからこそ、シュルレアリスム批判が行われたのではないだろうか。

というのも、シュルレアリスムにおいては、想像力と現実の関係が問題になるとき、現実＝実在のほうはあくまでも確固たる存在として措定されており、いわば「驚異」はこの堅固な現実という「地」があるからこそ発現するように思われる。想像力によって現実に働きかけることは可能であるという確信が、そこにはある。だが、サルトルがハイデガー思想とともに戦争において見出したのは、そのような現実などありえない、ということだった。現実とは、世界に放り出された私たちひとりひとりの現実化の作用なしにはありえない。サルトルにおいて、想像力と現実は対立関係にあるわけではない。知覚と想像は、どちらもひとしく人間的現実のありかたであり、まさにこのような意識の様態を可能にするものが「自由」だというのが、『イマジネール』（一九四〇）や『存在と無』（一九四三）の主張である。シュルレアリスムの言う「驚異」の現出が、「想像的なもの」と「現実的なもの」のいわば弁証法的関係であるのに対して、戦争によって、このような〈現実的〉と〈非現実的〉の境界は取っ払われてしまい、いわば「何でもあり」の世界が現出するのだ。このときに、従来のエグゾティスムも突然、その魅力を失い、むしろ欺瞞性を露わにする。

ブルトンの自覚

とはいえ、サルトルのシュルレアリスム批判が恣意的であることは否めないし、エグゾティスムの問題にブルトンがまったく無自覚だったわけではないことは言うまでもない。再び時間を遡り、一九三一年にパリのヴァンセンヌで開催された国際植民地博覧会に対する、ブルトンをはじめとするシュルレアリストたちの異議申し立てをここで想起することなくしては、公平性を欠くことになるだろう。フランスの植民地支配の頂点を記すといってもよいこの国際植民地博覧会は、九〇〇万人がなんらかの形で関わり、三三〇〇万枚の入場券が売りあげられた一大プロパガンダであった。それはまた三〇年代の芸術と政治の言説を包摂し、他者性と植民地主義的レイシズムと密接に結びついた当時の状況を反映した最大級の国民的出来事だった。多くの者が無自覚にお手軽なエグゾティスムに浸ろうとしていたときに、ブルトンらは「植民地博覧会に行くなかれ」というキャンペーンを展開した(9)。パリ市内の工場前などで配られたビラには、フランス国家による植民地主義、帝国主義が公然と批判された。このことひとつ取ってみても、サルトルのシュルレアリスム批判は公平とはいえない。いずれにせよ、ブルトンのエグゾティスムには否定的側面以上のものを見て取る必要があるだろう。実際、「クレオールの対話」には、「エグゾティスム」という批判を見越したかのようにブルトンとマッソンが語るくだりがある。

――ヨーロッパの植物が貧相なせいで、ぼくたちの精神は想像上の植物の方へ向かったのではないかと疑うことができるだろう。いま人びとが逃れたいと思っているのは、知覚すること一般なのだろうか、それとも、より条件の悪い場所にぼくたちが戻ったら目にしなくてはいけない特殊な知覚から逃れたいだけなんだろうか。わざわざこのためだけにヨーロッパを離れた人間もいる。たとえばゴーギャンはマルティニック島に立ち寄ったし、ここに住み着こうかとすら思ったというのは、なんとも印象的ではないか。

——そんなものはエグゾティスムだと非難されるかもしれない。エグゾティスム、この大げさな言葉が発せられてしまったが、しかしエグゾティスムという語によって何を理解するのかこそが問題なのだ。地球はまるごとわれわれに属している。ぼくがシダレヤナギのそばで生まれたからといって、自分の表現をこの単純な故郷への愛着に限らなければならないということはないだろう。(10)

ブルトンとマッソンがマルティニックにシュルレアリスム的風景を見出すというスタンスを単純にエグゾティスムの名のもとに断罪できるかどうかは、精密な議論が必要だろうが、少なくとも言えることは、従来のエグゾティスムにおいて、別世界との邂逅がもっぱら地理的移動という水平的な方向で行われていたのに対して、シュルレアリスムが、日常性における「驚異」の現出という垂直性のうちでそれを探る点には大きな違いがある。

実際、ジェイムズ・クリフォードが指摘するように、(11)十九世紀までのエグゾティスムが、自らの確固たる地平を前提として、奇妙なもの、他なるものを一時的なものを求めることだったのに対して、シュルレアリスムや二十世紀初頭の人類学はエグゾティスムを通して、現実自体に関する根源的な再検討を行った。そこで問題となる他なるものは、自明で確実な存在である主体が、ゆきずりに出会う単なるオブジェである他者ではない。自らのそれまでの現実を揺さぶり、破壊しかねない爆発力をもった異なる可能性であり、他なる〈私〉であるような外部であった。シュルレアリスムが、ダダと第一次大戦のうねりを受けて胎動しはじめたという文学史的常識が意味することを、ここで確認しておこう。シュルレアリスムにおけるこのような動きは、第一次世界大戦というヨーロッパ的理性の危機を受けて現れたものであった。理性の名の下に無差別殺戮が行われ、全体的な狂気がはじめて一般のひとに経験されるのが、第一次世界大戦だったのであり、狂気はもはや局部的に閉じこめることのできるものではなくなり、一般化していった。両大戦間期に生まれたシュルレアリスムは、その狂気に積極的な意味を与えたと言えるし、近代的な主体の外部を、一方で人間心理の深層というもうひとつの現実へ、他方で非西洋文明という別の現実のうちに探ろうとしたのだ、と要約することができるだろう。

だが、このようなスタンスこそが、第二次大戦によって決定的に不可能になってしまったものではなかろうか。繰り返しになるが、サルトルとその世代が見出したのは、戦争によって「現実的なもの」と「超現実的なもの」の境界がなくなってしまったこと、現実がその凡庸さのうちで超現実的になってしまったことだった。

実際、サルトルがシュルレアリスムへの幻滅を確認するのもまた、第二次世界大戦の勃発後のことだった。ミシェル・シカールによるインタビューでサルトルは述べている。「私は三九年に戦争が始まるまでは、シュルレアリスムのオブジェがとても好きでした」(ESS 237)。

ネグリチュードの位置づけ

このようにしてみると、戦争とエグゾティスムの問題は、作家たちのブルジョワ性といった批判以上に、サルトルによるシュルレアリスム批判の根底にある重要な問題系であるように思われる。だからこそレオポルド・サンゴール編『ニグロ・マダガスカル新詩華集』への序文として書かれた「黒いオルフェ」（一九四八年）のなかでこの問題は、マルティニックという特権的なトポスにおいて、逆転された形で、そして統合された形で取り上げられ、展開されることになる。

ネグリチュードの詩を分析するにあたって、サルトルは植民地問題、エグゾティスム、戦争といったテーマを巧みに織り交ぜたうえで、それをシュルレアリスムに接合する。オブジェとしてのネグリチュードという表現を使って、ネグリチュードをシュルレアリスム的伝統に位置づけるとき、サルトルはセゼールを称揚するとともに、返す刀でシュルレアリスムを切り捨てる。

> セゼールにおいて、シュルレアリスムの偉大な伝統は完成され、決定的な意味をもち、同時に破壊される。ヨーロッパの死の運動であるシュルレアリスムが、一人の黒人によってヨーロッパから盗み取られ、ヨーロッパ人自身に向けられ、厳密に限られた機能を与えられるのである。
>
> （Sit. III, 259-260／『植民地の問題』一六九）

サルトルによれば、シュルレアリスムが戦後に失効してしまったのは、理性の破壊であるそのポエジーに、戦争によって理性自体の崩壊を見た人びとがもはや心を動かされなくなってしまったからなのだ。ヨーロッパにおいてシュルレアリスムは、それに輸血できたかもしれぬ人びとに退けられ、そのために憔悴し、衰退する。しかし、〈革命〉との接触を失うまさにその瞬間に、シュルレアリスムは、西インド諸島で〈世界革命〉のいまひとつの枝に移植され、巨大な暗い花となって花咲こうとしている。(Sit. III, 260／一六九)

かくしてセゼールの独創性は、シュルレアリスムが政治的なものを詩の中に導入することに失敗したのに対して、彼が被抑圧者について、かつ闘士として、新たな現実を見出した点に求められる。

ひとつの感情とはわれわれが自分たちを取り巻く世界との関係を生きる一定の仕方であり、それはこの宇宙に関するある種の了解を含んでいることを、われわれは知っている。それは精神の緊張であり、自己自身と他者とを選ぶことであり、経験の生のままの所与を超越する仕方であり、一言で言えば、意志的行為とまったく同様にひとつの投企なのである。ハイデガーの用語を借りれば、ネグリチュードとはニグロの世界内存在に他ならない。(Sit. III, 262／一七一)

このようにしてサルトルは、シュルレアリスムの最良の部分を実存主義的風土に移植しようと試みているようにも見える。実際、ネグリチュードとはまさに反エグゾティスムなのであり、サルトルはもっぱらこの観点から分析をするからだ。もちろん、シュルレアリスムとサルトルの関係を見極めるためには、話を文学論に限るべきではないだろう。というのも、サルトルの芸術論は、未完に終わったティントレットを別とすれば、同時代の美術家に関するものがほとんどだが、それはシュルレアリスムと接点をもつ芸術家たち、ジャコメッティ、アンドレ・マッソン、アレクサンダー・カルダーを対象とするものだからである。そして、ここでも注目したいのは、彼らについて論じながら、サルトルが周到にそこからシュルレアリスム的なものを抜き去る手口である。例えば、ジャコメッティ論の場合、文学論の場合とは異なり、直接的なシュルレアリスム批判は影を潜める。サルトルはもっぱらシュルレアリスム的なものと訣別したジャコメッティについて語り、この彫刻家画家をほとんど形而上学化する。ジャコメッティが描くのは、この実在そのものなのだと。

しかし、ほんとうにサルトルの言うように、戦後になってシュルレアリスム的芸術観は失効してしまったのだろうか。サルトルのこのようなシュルレアリスム批判に真っ向から反論したのが、ジョルジュ・バタイユだった。

註

(1) サルトルとシュルレアリスムの関係を考察した論文として、永井敦子「サルトルとシュルレアリスム」『水声通信』二〇号、水声社、二〇〇七年九／十月号、六六―七五頁。

(2) Cf. p. ex., Georgiana M. M. Colvile, « Éléments surréalistes dans "La Nausée" : une hypothèse de l'écriture », *L'Esprit Créateur*, Vol. 17, No. 1, Jean-Paul Sartre (Spring 1977), p. 19-28.

(3) サルトルが短編集『壁』を編むにあたって収録を見合わせた短篇「デペイズマン」は、ナポリでの体験を題材にしたもの。「失敗作」と断じたためであったが、何をもって失敗だと思ったのか。エグゾティスムに寄りかかった発想だったのではないか。

(4) より正確に言えば、シュルレアリスム展が始まったのが七月七日、サルトルの論考の当該部分はまず『現代』

誌の六月号に掲載された。次章も参照のこと。

（5） André Breton, « Devant le rideau », *Œuvres complètes,* t. III, Gallimard, « Bibliothèque de la Pléiade », 1999, p. 740–749.

（6） ジャクリーヌ・シェニウー・シャンドロン『シュルレアリスム』星埜守之・鈴木雅雄訳、人文書院、一九九七年、二五頁。

（7） Abdelkébir Khatibi, *Figure de l'étranger*, Denoël, 1987. アブデルケビル・ハティビ『異邦人のフィギュール』渡辺諒訳、水声社、一九九五年。

（8） 澤田直『〈呼びかけ〉の経験』人文書院、二〇〇二年。

（9） 植民地博覧会そのものと、ブルトンらの活動に関しては、澤田直編『異貌のパリ 1919–1939 シュルレアリスム、黒人芸術、大衆文化』水声社、二〇一七年所収のパスカル・ブランシャール「一九三一年の植民地博覧会、三〇年代のただなかで、フランス文化のただなかで」および永井敦子「「植民地博に行くな」——一九三〇年代から四〇年代のシュルレアリスム文学と植民地表象」に詳しい。

（10） André Breton, « Le dialogue créole », *Œuvres complètes,* t. III, Gallimard, « Bibliothèque de la Pléiade », 1999, p. 372. 「クレオールの対話」鈴木雅雄訳、『文化解体の想像力』人文書院、所収、一六〇頁。

（11） James Clifford, *Malaise dans la culture, l'ethnographie, la littérature et l'art au XXe siècle*, Ecole nationale supérieure des Beaux-Arts, 1996.

第5章　神秘主義をめぐって

バタイユとサルトル

『文学とは何か』におけるシュルレアリスム批判にすぐさま反応したのが、当事者アンドレ・ブルトンではなく、ジョルジュ・バタイユであったことは奇妙と言えば奇妙である。バタイユは、カミュの主宰する日刊紙『コンバ』(一九四七年七月四日付、九三〇号)に『現代』誌の編集長に宛てた以下の文章で始まる公開書簡を出す(1)。

拝啓　メルロ＝ポンティさま

ニーチェ批判に対して、『現代』誌上で反論してはどうかと貴兄から提案を受け、私はそれを喜んで承諾しましたが、今や以下に説明する理由によりこの計画は遂行できなくなりました。

『現代』誌の最新号はシュルレアリスムを問題化しました。シュルレアリスムそのものが攻撃されているわけですが、それがサルトルによって行われているということで事態がいささかも変わるわけではありません。

この攻撃はニーチェがその標的となったものと同じくきわめて危ういものと私には思われます。

バタイユがニーチェ論を『現代』誌に発表する予定だったことは、四七年四月号から六月号まで同誌の裏表紙に、掲載予定論文の著者としてバタイユの名前が載っていることからも確認できる。(2) 四月、五月号では名前だけだが、六月号ではタイトルこそないものの、「ニーチェ論」であることが明記されている(それと並んで、ブランショのサド論がある)。問題は、なぜバタイユが論文掲載をやめるほど怒ったかである。『文学とは何か』で、バタイユ自身が全面的に批判に曝されているわけではない。たしかに、「ジョルジュ・バタイユの不可能事についての注釈は、シュルレアリストの最もつまらない諷刺にも値しない。彼の消費についての理論は過ぎ去った大祭典の弱まったこだまである」(QL 211/二〇〇)といった厳しい一行がそこにはある。だが、この程度のつばぜり合いは、それまでの二人の書評における相互批判の延長線上であろう。

むしろ不思議なことは、なぜバタイユがそこまでしてブルトンとシュルレアリスムを擁護する必要があったのかということだ。一九二九年に、個人的行動か集団的行動かの選択を問うブルトンたちからのアンケートに「イデアリストのくそったれどもが多すぎる」と記したバタイユのシュルレアリスムとの関係は一貫してアンビヴァレントなものだった。一九二五年頃、レリスによってシュルレアリスム運動に招じ入れられたバタイユだが、ブルトンとは意気投合したことはなく、むしろそりが合わなかった。一九二九年四月に刊行が始まった『ドキュマン』誌の実質的主宰者はバタイユだったが、そこには反シュルレアリスム的な文章が集まり、同年十二月に出た『シュルレアリスム第二宣言』でバタイユはブルトンから激しく攻撃された。これに対する反撃として、一九三〇年にデスノスらは『死骸』と題したパンフレットでブルトンを弾劾したが、そこに掲載された「虚勢されたライオン」で、「牛のブルトン、老いたる審美家、キリストの頭をしたいかさま革命家」と書いたのはほかならぬバタイユではなかっただろうか。さらに「老練なもぐら」や「サドの使用価値」などでブルトン批判を展開したバタイユは、一九三五年にブルトンと和解し、革命的知識人闘争同盟「コントル・アタック」を結成したのも束の間、翌年には再びシュルレアリストたちと訣別した。このように、二〇―三〇年代のバタイユの仮想敵はつねにブルトンであったように見える。したがって、ブルトン擁護のためという理由はにわかには信じがたいものがある。むしろ、ブルトン以上にサルトルが憎い、ということだったのか、と考えるのは下司の勘ぐりだろうし、サルトルと実存主義が急上昇する戦後の思想界のステージのうちで、バタイユがブルトンと共闘する必要性を感じたかもしれないというのも穿った見方であろう。バタイユは、ここではっきりと行動と文学の関係を問題にし、そこでブルトン側に立つことを旗幟鮮明に断言しているのだ。「サルトルは行動について語りますが、それだけで十分なのでしょうか？　むしろそれは最悪ではないでしょうか？」（GB OC XI, 252）と。

じつは、四六年七月『クリティック』誌第二号にバタイユは、ブルトンの『秘法十七』の書評という体裁をとった「シュルレアリスム、その実存主義との相違」を発表し、サルトルと実存主義が何も新たなものをもたらさなかったと述べ、実存主義批判を展開していた。ここで争点となっているのは「自由」、そしてポエジーだ。「シュルレアリスムとサルトルの実存主義との奥深い相違は、自由のこの実存の性質に結びついている。私が自由を隷属させなければ、自由は実存するだろう。それがポエジーだ。言葉はなにか有益な指示に用いられることはなくなり、自らの鎖が解き放たれ、この解放が自由な実存のイメージなのだ」[3]。このように、すでにバタイユの方からジャブは繰り出されていたわけだ。この書評をサルトルは読んだか？　おそらく読んだはずだ。少なくとも、周囲から知らされていたことはまちがいない。こんな攻撃をしかけておきながら、サルトルからの反論がない、とバタイユは思っていたのだろうか。

一方、戦争中はアメリカに亡命していたため、ブルトンは戦後のフランスの文壇において影響力を失っていた。ブルトンがアメリカから帰国するのは、四六年五月二十五日のことである（四四–四五年の訪米中にサルトルはブルトンやシュルレアリスムの画家たちと出会っているが、詳しい交流の様子は知られていない）。帰国したブルトンは、国際色を全面に押し出しながらシュルレアリスム運動を再開しようと企図するが、状況はブルトンにとってきわめて厳しいものであった。四七年四月十一日には、かつての盟友トリスタン・ツァラがソルボンヌで「シュルレアリスムと戦後」と題する講演を行い、戦争中フランスを留守にしレジスタンスに参加することのなかったブルトンらを批判している。その他にも、きわめて甚大な変容を蒙った戦後の状況において、シュルレアリスムは戦前と変化のない反応を示したままだという批判もあった。

サルトルはこのような状況において、自らが主導する実存主義の運動を全面的に展開していく。サン＝ジェルマン界隈は実存主義一色、そんな雰囲気では、バタイユはもちろん、ブルトンも背景に霞んでしまうほどだった[4]。ブルトン自身はと言えば、まずはマルセル・デュシャンと協力して、「新しい集団神話」というテーマで国際展「一九四七年のシュルレアリスム展」を開催しようとしていた[5]。

これも穿った見方をすれば、サルトルの『文学とは何か』におけるシュルレアリスム批判は、知識人界での巻き返しを狙うブルトンへの牽制だったとも考えられる。シュルレアリスムが実存主義に押されていることは、ブルトン自身が展覧会カタログの序文「幕の前で」においても認めたことだった。[6] サルトルによるシュルレアリスム批判が大きな論争を呼び起こしたことは、『文学とは何か』を単行本化する際に、現行ポケット版で九ページにも及ぶきわめて長い註がつけられたことからも見てとれる。その註は次のように始まっている。

情熱なしに発せられたこの見解は、情熱的な波乱を引き起こした。しかしながら、擁護も攻撃も、私を納得させるどころか、シュルレアリスムは――おそらく一時的であろうが――その現在性《アクチュアリティ》を失ったのだという確信を、私にいっそう固めさせた！（QL 296／二八二）

以上のような状況のなかで、バタイユの過剰とも思える反応を理解するためには、バタイユ＝サルトル対決の前史とその後を見る必要があるだろう。[7]

神秘主義をめぐって

シュルレアリスムの場合と同じく、サルトルとバタイユとの間の関係もきわめて両義的である。一八九七年生まれのバタイユに対して、一九〇五年生まれのサルトルは八歳ほど年下であり、戦前のキャリアを比べてみれば、サルトルはどう見ても後進であった。三八年に刊行された第一小説『嘔吐』によって注目され、ガリマール社が売り出そうとしたものの、第二次世界大戦が勃発して三九年にサルトルは召集され、四〇年ドイツ軍の電撃攻撃でフランスが敗れるとドイツの捕虜収容所に連行され、パリに戻ったのは四一年のことだった。実存主義の中心人物と目されるには、一九四四年のパリ解放を俟たねばならない。

それに対して、バタイユは二九年以来、シュルレアリスム離脱派が集う雑誌『ドキュマン』の実質的な主幹として、『社会批評』に発表された数々の論考によって、また社会学研究会をレリスやカイヨワと創設するなどの活動によって、戦前においてはサルトルを凌ぐ存在であった。

二人の因縁の対決が始まるのは、ドイツ占領下の一九四三年。この年は、『内的体験』を発表したバタイユにとっても、『存在と無』を発表したサルトルにとっても思想界に本格的なデビューを果たした時と言える。そこに見られるいくつかの共通したテーマや固有名からも、バタイユは、サルトルやカミュと同じ路線にいるように見なされた。バタイユ自身、そしておそらくサルトルもそれに違和感を覚えていたとしても、傍から見た場合には、新たな潮流の一翼を担う面々と見なされていたことは確かだ。そしてそれゆえにこそ、本人たちの間にはかなりのライバル意識があった。事の発端は、サルトルが発表した『内的体験』の書評「新しい神秘家」である。だが、再び時間を少し巻き戻し、三〇年代、二〇年代、さらに遡って両者をつなぐ要素を時代のうちに確認する必要があるだろう。

シュルレアリスムが、キュビスムに続き、「未開文化」に強い関心を抱いていたことはここであらためて強調するまでもないが、この関心は民族学という学問領域の発展と軌を一にしており、その背景にはすでに触れたフランス社会全般の植民地に対する関心の高まりがあり、それを基盤に植民地博覧会が三一年に開催されたことはすでに見たとおりだ。だが、非西洋文明との接触ということで言えば、植民地博覧会に先立って、一九二五年十二月に民族学研究所（Institut d'ethnologie）が開設されたことのほうが、その後のフランス文化の展開にとってははるかに重要な事件だったと言うべきだろう。研究所はパリ大学の付属機関として設置されたが、それを認めた政府に純粋に学術的な意図以上に、植民地経営に利するというきわめて実践的な下心があったことは否めない。立ち上げに関与したのは植民地省であったし、インドシナ植民地政府（八万フラン）、熱帯アフリカ（一万フラン）、モロッコなど、植民地政府からの拠出によって予算は成り立っていたからである。[8] 第一次世界大戦によって、植民地が人的にも経済的にもフランス本国にとってきわめて重要であることは政府関係者にも広く認識され、[9] 植民地をさらに効率的に支配するためには、より深い理解が必要であるという発想が現れた結果である。それまでも植民地行政官たちによって現地社会の研究は推進されていたものの、それらの情報を理論的に束ねる必要性が各所で感じられてきたのだ。とはいうものの、ふたを開けてみると、民族学研究所の登録学生は植民地行政関係者や宣教師よりは圧倒的に文学部や東洋語学校の学生が多かった。政府の思惑と現場の雰囲気に大きなギャップが見られることは示唆的である。[10]

民族学研究所開設を推進したのは、ソルボンヌの哲学教授であり、哲学からしだいに民族学へと関心を移し、原始社会では西洋近代的理性とは別の思考法が実践されるという事実を理論的に解説した著作で名声を博したリュシアン・レヴィ＝ブリュール、医師で民族学者、当時は自然史博物館の助手だったポール・リヴェ、そしてマルセル・モースの三人だった。その中で、実際に中心的に活動したのはデュルケームの甥で、高等研究院で一九〇一年から「非文明社会の宗教史」を講じていたモースだった。民族学はいまだ学問分野としては独立しておらず、独自の学科専攻は開設されていなかったが、民族学研究所は学部学生レベルからの登録が可能であり、モースはそこで博覧強記ぶりで伝説的となる講義を展開した。その門下から、ミシェル・レリス、レヴィ＝ストロース、ロジェ・カイヨワ、アンドレ・ルロワ＝グーラン、アルフレド・メトローをはじめ、錚々たる面々が輩出する。レヴィ＝ブリュールとモースの存在が、思想的にも人間関係的にも、バタイユにとってきわめて重要であることはよく知られるとおりだ。実際、ブルトンと袂を別った後のバタイユの活躍の場であった『ドキュマン』誌（一九二九年創刊）の関係者の多くは、レリスをはじめモース門下の若手たちであり、その誌面にもこの傾向がはっきりと出ていた。プリミティヴ・アートが取り上げられただけでなく、たとえば第四号には、同時期にムーラン・ルージュで行われていた黒人レビューが写真と記事によって扱われていた[11]。ブロードウェーで前年にヒットしたこのレビューはパリでも成功を収めたが、記事を書いたのはバタイユ、レリス、一九二六年にフランスで最初のジャズに関する書物を著した音楽学のアンドレ・シェフネルだった[12]。

さらに、植民地博覧会開催と同時期、一九三一年から三三年にかけて行われたダカール＝ジブチ、アフリカ横断民族誌学言語学調査団もまたモースの弟子たちを中心に構成されていた。隊長のマルセル・グリオール、秘書兼文書係で、その日誌を『幻のアフリカ』として三四年に公刊することになるレリス、シェフネルなど『ドキュマン』誌とメンバーが重なっている。のみならず、三三年に民族誌学博物館で行われたダカール・ジブチ調査隊の帰国のお披露目式典にジョセフィン・ベイカーも参加していることは、パリでのルヴュ・ネーグルの成功と、民族学の発展がいかに連動していたかの証左だと言えよう[13]。

一方、サルトルの思想において、モースのポトラッチとレヴィ＝ブリュールの融即《パルティシパシオン》の概念がやはり重要な位置を占めていることはあまり知られていない。しかし、サルトルの四〇年代後半の『倫理学ノート』で鍵となるのは、ポトラッチを出発点とした贈与性《ジェネロジテ》＝鷹揚さであるし、融即を出発点とした憑依《ポセッション》も初期サルトルの重要な観念なのである。そして、それらの背後に控えているのが、二十世紀初頭にフランス哲学界で活発に交わされた神秘主義をめぐる議論である。十九世紀末まで、神秘主義は純然たる病理性のうちで捉えられ、神秘家は端的に病人だと考えられていた。その流れを大きく変えたのが、アメリカの心理学者にしてプラグマティズムの代表的哲学者ウィリアム・ジェイムズであり、病理的な位相から心理学的位相へと問題をずらし、それによって神秘主義を哲学的に議論する地ならしをした。それをさらに哲学固有の地平に引きずり寄せたのが、一九〇〇年に博士論文『十四世紀ドイツにおける観照的神秘主義試論』を提出したアンリ・ドラクロワであり、さらにその二十年後、神秘経験と言語の問題を真正面から論じた博士論文『十字架のヨハネと神秘経験の問題』（一九二四）を世に問うたジャン・バリュジである。これまで、ほとんど注目されてこなかったが、サルトルが一九二七年に提出した高等教育修了論文はこのアンリ・ドラクロワの指導の下で書かれた想像力に関するもので（これが後に『イマジネール』（一九四〇）に発展する）、そこでは想像力を考察するにあたって神秘主義に一節が割かれている。のみならず、当時の哲学界の大御所ベルクソンが、『道徳と宗教の二源泉』（一九三二）で、人類の指導者としての神秘家の役割を素描していることも思い起こせば、サルトルがバタイユを論じるにあたって、『内的体験』第四部の副題に絡めて、「新しい神秘家」というタイトルをつけたことの背景が理解できるだろう。(14)

バタイユの作品の書評を、『南方通信《カイエ・ド・シュッド》』誌に十月号から三回に分けて発表したサルトルは、バタイユを徹底的に揶揄し、批判する。これはきわめて長文であると同時に、異様なほどに攻撃的な論考であり、サルトルの剝き出しのライバル心が顕わに見て取れる。すでに述べたように『内的体験』が発表された一九四三年は、サルトル自身も『存在と無』を出版し、フランスにおけるドイツ哲学の新潮流の積極的な紹介者の地位を築きつつあった時期であるから、そのような状況からこの感情を解釈することもできよう。だが、それよりはむしろ、後に見るように、サルトルとバタイユが共有する問題系とそれへのほとんど正反対ともいえるアプローチこそが、この攻撃的な文章の根底にあると見るべきだろう。

バタイユの反撃

この書評が出ることをバタイユは発表前から知っていたが、内容については少し不安だったようだ。このことは、六月下旬にミシェル・レリス宛に送った書簡で知ることができるのだが、それと同時に四月に出たサルトルの戯曲『蝿』について批判的な見解が記されているのが興味深い。

はたして、サルトルの書評を読んだバタイユは大きな衝撃を受けた。四五年に『ニーチェについて』の補遺として発表された「ジャン＝ポール・サルトルに答える」で、自らの立場を弁護することになる。そこではサルトルの文章を長文で引用しながら反駁するという、その後も続けられるスタイルがすでに現れている。

その一方で、二人の間には現実の交流がまったくなかったわけではない。サルトルがバタイユに初めて出会ったのは、シモーヌ・ド・ボーヴォワールによれば、一九四四年三月にミシェル・レリス宅で行われた、ピカソの書いた戯曲『尻尾を摑まれた欲望』の本読みの会でのことだったという（FA 651／『女ざかり』下一九二）。レリスは「フィエスタ」とみんなが呼んでいたどんちゃん騒ぎをしばしば行っていたが、そのうちのひとつだったようだ。ただ、これがほんとうに最初だったかどうかは、疑問の残るところだ。バタイユは、同じ三月の五日にマルセル・モレ宅で「罪について」を発表しており、その後の討論会では、サルトルも批判的な発言を行っているからである（バタイユの発表そのものは、『ニーチェについて』

第二部として収録され、シンポジウムのほうは『唯一絶対神《デュー・ヴィヴァン》』第四号に掲載された)。いずれにせよ、興味深いのは、ボーヴォワールがそれに続けて、「レリス家でジョルジュ・バタイユにしばしば会った」(FA 653/『女ざかり』下一九二)と言っていることだ。

レリス家での「フィエスタ」を思わせる記述は、『ニーチェについて』の第三部「日記」一九四四年二—四月にも見られる。

酒を飲んで踊った夜のことを想い出して楽しい気分になる——私は、カップルたちにまじってたったひとりで、百姓のように、半獣神のように、踊っていた。/たったひとりで? 実を言うと、哲学者——サルトル——と私の二人が、向かい合って、不条理のポトラッチの中で、踊っていたのだ。〔…〕/五ヶ月間の悪夢はカーニバルとなって終わったのだ。/私をサルトルやカミュと結びつけること(流派を問題にすること)は何と奇妙なことだろう。(15)

「五ヶ月」という期間は、書評が出てからと計算するととりあえず、数字的には合う。こうして、少なくとも表面上は、二人は和解したらしい。四四年六月のレリス宛書簡では、レリスと話し合った雑誌創刊のアイデアについてサルトルやカミュとも話したい、と書かれている。さらに、同じ「日記」の削除された部分、五月三十—三十一日にもレリス宅でサルトル、ボーヴォワール、クノーと一緒に議論していたことが記されているが、そこではサルトルのコギト観が批判的に挙げられているのみならず、その哲学観、文学観、すべてが批判される。(16) したがって、問題は単なる覇権争いではなく思想的な対立、より正確に言えば、同じ文化状況における思想上の対立であることはまちがいない。先に述べたように、サルトルとバタイユは少なからぬ問題系を共有しながら、それに対するアプローチの仕方は、ほとんど正反対と言ってよいほど異なるからだ。実際、主要な言葉を取り出してみると、企図＝投企（projet）、至高性＝主権（souveraineté）、交感＝交流（communication）、他者と共同体、贈与など、語彙の重なりあいとその内包の隔たりは明瞭である。そして、バタイユの神秘主義的側面を批判するサルトルだが、『聖ジュネ』などをはじめとして多くのテクストで、十字架のヨハネなどの神秘主義的作家に興味を示すように、その神秘主義との関係は両義的だ。また、サルトルの遺稿『倫理学ノート』などを読めば、贈与に関するいくつかの考察に関してバタイユがサルトルに与えた影響は少なからぬものであったようにも思われる。さらに進んで、『嘔吐』と『内的経験』の近接性に着目し、「新しい神秘家」におけるバタイユ批判がサルトルによる過去の自分自身への批判であると見なすジャン＝フランソワ・ルエットのような考えもありうるだろう(17)。ここで二人の対決の全容を包括的に検討する余裕はないが、論点の整理をして、見取り図を描くことにしたい。

サルトルのシュルレアリスム批判が、驚異とポエジーそのものよりエグゾティスムを問題にしていたとすれば、バタイユのサルトル批判は、なによりもポエジーと悪をめぐってなされる。バタイユが最上位に置くポエジーが、サルトルにおいては後景に退いており、結局のところ文学の問題をサルトルは捉え損ねているというのだ。それに呼応するように、サルトルはバタイユにおけるポエジーの捉え方を言語破壊として否定する。それを端的に集約するのが「バターの馬」である。『内的経験』第四部「ポエジーおよびマルセル・プルーストについての余談」で、バタイユは、言語の実用性の問題と絡めてポエジーについて次のように書く。

ポエジーについては、今、それは言葉を生贄とする供犠だと言おう[18]。私たちは言葉を実用に供する。有用な行為の道具とする。もし言葉というものが隅から隅まで隷従的なものであるとすれば、私たちはどのような人間的なものももつことはないだろう。逆にまた私たちは、言葉人間と事物のあいだに導き入れる有効な諸関係を抜きに済ますこともできない。だが私たちは、錯乱のなかで、言葉をそうした諸関係から引き離す。〔…〕ポエジーは既知のものから未知のものへと導く。〔…〕バターの馬を導入することができる。ポエジーはこのようにして私たちを認識不能のものの前に置くのだ。おそらく私がその種の言葉を発するやいなや、馬やバターの親しい視像が現れる。しかしその視像が喚起されるのはもっぱら死ぬためなのだ。その点においてポエジーとは供犠である。

（GB OC V, 156-157／三〇九）

サルトルが繰り返し批判するのが、この「バターの馬」なのだ。「新しい神秘家」だけでなく、『文学とは何か』、さらには六四年のローマ講演『主体とは何か？』[19]でもこれに言及する。そして、そのときにサルトルはバタイユの言葉であることを十分に承知しながら、それをシュルレアリスムの典型的な例として提示する。

バタイユが寄稿の取りやめを知らせる公開書簡を出す前に、メルロ＝ポンティとの私的な会話においてすでにその意向を伝えていたこともサルトルは、この同じ註で明らかにしていた。

このシュルレアリスムのチャンピオンはそのとき、「私はブルトンに対して最大の批難をするが、しかしわれわれは共産主義に対して結束しなければならない」と明言したのであった。これだけで十分である。シュルレアリスムを同化しようと陰で陰険に試みることによってよりも、その熱烈な生命の時代を回想してその目的を論議することによってのほうが、シュルレアリスムに対してより多くの尊敬を示すのだと、私は信じている。
(QL 296／二八二)

ここで、サルトルがバタイユをシュルレアリスムのチャンピオンと呼んでいるのは皮肉なのだろうか。すでに引用したように、本文ではバタイユをシュルレアリスムとは切り離していたことから考えると奇妙である。バタイユがシュルレアリスムの側にすり寄ったことへの揶揄なのだろうか。いずれにせよ、倫理(文学と行動)、コミュニケーションに関するサルトルとバタイユの対決は、すでにボードレールをめぐって始まっていたと言わなければなるまい。

一九四六年、サルトルはボードレールの『内面の日記』に序文を書き、それが単行本としても刊行される。翌年すぐさまバタイユがそれを書評する(初出は『クリティック』八・九号(一九四七年一・二月号))。後に『文学と悪』に収録されるに際して大幅な改稿を施されるこの論考は、後のジュネ論と並んで、バタイユ＝サルトルの主戦場と言ってよかろう。ここでもやはり問題は自由であり、ポエジーであることは決して偶然ではない。バタイユは、「悪」が詩の本質に含まれているにもかかわらず、サルトルはそれについて言及しないという指摘から始める。その上でサルトルの自由を批判するとともに、「詩と道徳との基礎を論ずべき問題を、あまりにも単純化している」(GB OC IX, 191／五一)と難じるのである。さらに、詩的言語の特性をサルトルの言語観に抗しつつ、展開する。そのすべてをここで追うことはできないが、そこで重要な論点になるのが、詩的視像《ヴィジョン》と日常的視像《ヴィジョン》であり、内在と超越の関係であり、そして、それが収斂する点となる主体と客体の同一化、すなわち「神秘的融即 participation mystique」（OC V, 195／五九）であることは、これまでの流れを見てきたわれわれからすればもはや驚きではない。バタイユはここであらためて、詩的なものを、カッシーラーの言う神秘的なもの、レヴィ＝ブリュールの言う原始的なもの、ピアジェの言う小児的なものと類似しているとした上で、主体と客体の融即関係と定義する（OC V, 196／六二）。

　すでに述べたように、サルトルもまたこのような融即と魔術にその初期からこだわってきた。「自我の超越」「情緒論素描」『イマジネール』を読めば、この言葉が憑依＝所有（possession）とともに遍在しているのみならず、キーワードでもあることは明らかだ。そして先に見たとおり、これは当時の重要なテーマのひとつでもあったのだ。だとすれば、バタイユとサルトルの対決は、アンガージュマンの問題、すなわち行動と文学をどう切り結ぶかという、両者にとって重要でありながら、双方がまったく異なる回答を提出するアリーナで展開されたと見るべきであろう。

　だからこそ、この闘争は熾烈を極めたし、簡単に収束することはありえなかった。一九五一年、カミュが『反抗的人間』を発表したときに諍いは再燃する。世に知られるカミュ＝サルトル論争である。『反抗的人間』刊行後、サルトルの主宰する『現代《レ・タン・モデルヌ》』誌に、サルトルの直弟子とも言えるフランシス・ジャンソンが「アルベール・カミュあるいは反抗する魂」と題する書評を発表し、歴史に参入しようとしないカミュの態度を全面的に誤りとして糾弾するとともに、作品を失敗作と断じたことに端を発する。それに対して、カミュはジャンソンには直接答えず「『現代』の編集長への手紙」と題する公開状をサルトルに送りつけ反論。それに対してサルトルが「アルベール・カミュへの回答」と題する再反論をするという応酬はよく知られている。ここで問題にしたいのは、それに対するバタイユの絡み方である。[20]

ここでも発端にブルトンがいることがおもしろい。カミュ＝サルトル論争が始まる前に、ブルトンが、ロートレアモン解釈をきっかけにしてカミュ批判を始める。このブルトン＝カミュ論争に、仲介役を誰から頼まれたわけでもないが買って出たのがバタイユだ。『クリティック』誌上に、バタイユは「反抗の時代」と題する批評を発表して、カミュを擁護する。[21] そこでバタイユは、むしろシュルレアリスムとカミュの結節点を探ろうとする。反抗の主題がバタイユの琴線のどのあたりに触れたのかと言えば、サン＝ジュストと関連して、至高性ということになるだろう。[22] さらにバタイユは「『反抗的人間』事件」によって、カミュ＝サルトル論争に介入する。[23] この戦いは翌五二年、サルトルの『聖ジュネ』が刊行されたときに最高潮に達する。バタイユは、「ジャン＝ポール・サルトルとジャン・ジュネの不可能な反逆」と題する論考を『クリティック』誌六五号、六六号と二回に分けて掲載する。[24] このタイトルからも、カミュとの連関は見て取れるだろう。『聖ジュネ』は、サルトルのなかで最も神秘主義の比喩が多用された論考であり、バタイユはまさに自分の陣地に敵を迎え入れたかたちで戦いに挑む。ここでも「ボードレール」の場合と同様、サルトルの長文の引用から始めるバタイユは、ジュネ論にとどまらず、サルトルが結局は放棄した「道徳論」の本質に触れるかたちで、文学とモラルの問題を縦横に論じる。賭け金となるのは、悪、経験＝体験＝実験（expérience）、至高性＝主権（souveraineté）、聖性、交感＝交流（communication）、自由と悪、実存と存在など、これまで二人が争ってきた主題であり、議論はあいかわらず平行線にある。両者の態度は真っ向から対峙し、決して交わることはない。バタイユが、文学を絶対視し（「文学は本質的なものであるか、さもなければ、何ものでもない」OC V, 1172／一四）、文学を悪と同一視し（「文学の表現するものとは、まさしく悪――悪の極限の形態」、ibid.）、文学が「超モラル hypermorale」を要求すると主張するのに対し、当時のサルトルは、単なる悪の称揚の立場を捨て、積極的なモラルの構築を目指し、いわばその先を探求するからである。両者の対立の内容に立ち入って逐一検討するのは、本稿の目的ではないし、そもそも小論の枠組みに収まるものでもない。

最後に指摘しておきたいのは、『聖ジュネ』でサルトルがブルトンをやや肯定的な文脈で取り上げているくだりをバタイユが引用しつつ論を閉じることである。その前後に頻出する神秘家たち、十字架のヨハネ、アビラの聖女テレサにはひとことも触れなかったバタイユが、ここにきてほかならぬブルトンに言及するサルトルを引用する。

> サルトルは付け加えて言う。「……超現実的なものを、ブルトンは「見る」ことを望まないまでも、少なくとも、視像《ヴィジョン》と存在とがひとつに溶け合う不分明のさなかで、その超現実的なものと合体することを望んだ……」。だが「ジュネの聖性」とは、「このブルトンの超現実的なものを、実存の到達不可能な実体的な裏側として把握したもの……」にほかならないのだ、と。（OC IX, 316／三二五）

『聖ジュネ』で何度ブルトンが言及されるのか数えたことはないが、おそらくそう多くはないだろう。その数少ない言及をあえてここで持ち出す。このあたりにブルトンを挟んだ、バタイユとサルトルの格闘の醍醐味の興味深い細部があるように思われるのだ。

註

（1）«Lettre à M. Merleau-Ponty», GB OC XI, 251-252. 邦訳はジョルジュ・バタイユ「メルロ＝ポンティへの公開書簡」澤田直訳、『別冊水声通信　バタイユとその友たち』水声社、二〇一四年、八八―九五頁。

（2）その間、バタイユは五月に『クリティック』誌一二号にサルトルの『ユダヤ人問題』について短い書評を書いているが、そこでの論調は否定も含みながら、中立的なものだ。Cf. GB OC XI, 226-228.『文学とは何か』は『現代』誌の四七年二月号から七月号に連載された。

（3）GB OC XI, 81.「シュルレアリスム、その実存主義との相違」山本功訳、『詩と聖性』所収、二見書房、一九七一年、三一頁。

（4）実際、世論に影響力を与える知識人の系譜という観点から見たとき、戦後のサルトルの存在感は圧倒的であり、ブルトンやバタイユはほとんど前景にはいない。ミシェル・ヴィノック『知識人の時代――バレス／ジッド／サルトル』（塚原史ほか訳、紀伊國屋書店、二〇〇五年）やフランソワ・ドッス『フランス知識人のサーガ　一九四四―一九八九』（François Dosse, *La saga des intellectuels français 1944-1989*, Gallimard, 2 vols., 2018）を見れば、一目瞭然である。

（5）その呼びかけは一月に遡る。André Breton, «Projet initial», *Œuvres complètes*, t. III, Gallimard, «Bibliothèque de la Pléiade», 1999, p. 1367-1370.　なお、バタイユは「一九四七年のシュルレアリスム展」のカタログに小文「神話の不在」を寄せている。

（6）André Breton, «Devant le rideau», *Œuvres complètes*, t. III, Gallimard, «Bibliothèque de la Pléiade», 1999, p. 747.　もちろん、どちらが正しいかは後に歴史が決めるとの留保をつけてのことだったが……。

（7）サルトルとバタイユの関係に関しては、後出註（17）のルエットの論考の他、日本では以下のものに詳しい。岩野卓司「不可能な交わりがもたらしてくれる可能性について――サルトルとバタイユ」『サルトル読本』法政大学出版局、二〇一五年、永野潤「バタイユの「分身」サルトル?」『水声通信』三〇号。
（8）Marcel Fournier, *Marcel Mauss*, Fayard, 1994, p. 510, n. 4.
（9）平野千果子『アフリカを活用する――フランス植民地からみた第一次世界大戦』（レクチャー 第一次世界大戦を考える）人文書院、二〇一四年。
（10）Marcel Fournier, *op. cit.*, p. 598, n. 2.
（11）ジョルジュ・バタイユ『ドキュマン』江澤健一郎訳、河出文庫、二〇一四年、七四頁。
（12）アンドレ・シェフネル『始原のジャズ――アフロ・アメリカンの音響の考察』（みすず書房、二〇一二年）の訳者昼間賢による示唆に富む解説を参照されたい。
（13）このあたりの経緯は、谷昌親「アフリカの誘惑――ミシェル・レリスとダカール＝ジブチ調査団」『人文論集』四五号、早稲田大学法学会、二〇〇六年、一二一―一四四頁に詳しい。
（14）二十世紀初頭のフランスの神秘学研究の動向については以下の文献に詳しい。Michael A. Conway, « With Mind and Heart : Maurice Blondel and the Mystic Life », Louis Nelstrop and Bradley B. Onishi (eds.), *Mysticism in the French Tradition : Eruptions from France*, Ashgate, 2015. 平賀裕貴の博士論文『アンリ・ベルクソンにおける神秘主義――〈事実の複数線〉〈創話機能〉〈機械〉』立教大学、二〇一八年。
（15）Bataille, *Sur Nietzsche*, OC, VI, 90. バタイユ『無神学大全 ニーチェについて』酒井健訳、現代思潮社、一九九二年、一五四―一五五頁。
（16）GB OC VI, 408. 同前、三七四頁。
（17）J.-F. Louette, « Existence, dépense : Bataille, Sartre », *Les Temps modernes*, nº 602, déc. 1998 – jan–fév. 1999, p. 16–36, repris dans *Silences de Sartre*, Presses universitaires du Mirail, 2002, p. 397–416.
（18）この表現を少し変形して、サルトルは「黒いオルフェ」でも引いている。Sit. III, 246／一七一。

(19)「シュルレアリストたちは次のように書きました。「バターの馬」、したがって、太陽でとけてしまう馬、食べることのできる馬。彼らの目標は明らかに一種の言語の言語自身による破壊です。それは言語の背後にあるものを求めることを可能にします。私は、彼らが正しい、あるいは間違っている、とあなたには言っていません。詩として見れば、選ばれた例はよくありませんが、詩として見れば、彼らはしばしば正しいのです。それはそうとして、でも、バターの馬は、われわれをどこに差し向けるのでしょうか。もっぱら馬とバターに差し向ける、つまり、表現に差し向けるのではなく、言語における有意味な差異化に差し向けるのです」(QS 152-153／一四八)。

(20) この問題に関しては、伊藤直「バタイユとサルトル――カミュの「歴史に対する反抗」を巡って」『水声通信』が詳しくサーヴェイしているので、そちらに委ねる。

(21) «Le temps de la révolte», GB OC XII, 156.「反抗の時節」『言葉とエロス』所収、二六〇頁。

(22) このあたりの経緯に関しては、石川学『ジョルジュ・バタイユ――行動の論理と文学』東京大学出版会、二〇一八年がていねいに追っている。

(23) «L'affaire de «l'homme révolté»», GB OC XII, 231.

(24) バタイユが最初にジュネを取り上げたのは、その三年前の『クリティック』三五号である。

第6章　人間と歴史をめぐって

レヴィ＝ストロースとサルトル

レヴィ＝ストロースが一九五八年に出版した『構造人類学』によって、「構造主義」という言葉がパリの知識界に一挙に広まり、サルトルの主導する実存主義にかわる戦後の新しい思想として注目されたのち、一九六二年、『野生の思考』の最終章で展開された『弁証法的理性批判』をきっかけに起こったサルトル・レヴィ＝ストロース論争によって、思想のステージでは実存主義から構造主義への交替が決定的に行われた。――このようなまとめ方が、フランス現代思想の流れとしてしばしば行われる。しかし、こうした言い回しはともすれば、ここで思想界のトップをめぐって権力闘争のような決闘が行われ、その戦いにレヴィ＝ストロースが勝利したという印象を与えかねない。実存主義VS構造主義、その昔見かけた構図であるが、それは必ずしも事実には即していない。その一方で、二人の思想家のあいだに起こった論点の違いの背景、そして具体的な争点はその後も十分な検証を経ていないようにも思われる。

そこで、まず二人の個人的・思想史接点を概観し、続いて『野生の思考』におけるレヴィ＝ストロースのサルトル批判、それに対するサルトルの反応を概括することを通して、世に言う「論争」とは何だったのかを確認することにしたい。ここでの目的は、どちらの言い分が正しかったのかなどと勝敗を見極めることではもちろんない。むしろ、その流れを客観的にサーベイして争点を浮き彫りにすることであり、二十世紀後半の二人の巨人思想家が何をめぐって対立したのかを明らかにすることである。

前史

最初に確認しておくべきは、一九六〇年ごろになって突然、サルトルとレヴィ＝ストロースが相まみえたわけではないという当たり前の事実である。この対決にはいわば浅からぬ因縁の前史がある。

一九〇八年にベルギーに生まれ、アルザス出身のユダヤ人を祖先にもつクロード・レヴィ＝ストロースと、アルザス人の祖父をもち、一九〇五年にパリで生まれたジャン＝ポール・サルトルにはすでに若き日からいくつかの接点があった。それは直接的なものというよりは、いずれも二人とごく近しい友人を通してのことだったのだが……。

一人目は、作家ポール・ニザンである。ニザンはサルトルと同じ一九〇五年生まれで、『言葉』やニザンの『アデン、アラビア』への序文でサルトルが詳しく語るように、二人はアンリ四世校、ルイ大王校、高等師範学校《エコール・ノルマル・シュペリユール》を通じての同級生であり、同人誌を一緒に出す親友でありライバルでもあった。そのニザンが一九二四年十二月の高等師範学校のダンスパーティーで知り合い、一九二七年に結婚するのがアンリエット・アルフェン。彼女はレヴィ＝ストロースの従姉でもあった。仲間内ではリレットと呼ばれた彼女はニザンがアデンに行って不在だった一九二六年九月から翌年五月にかけてはサルトルやアロンなどがよく相手をしていたこともあって、サルトルとアロンは二人の結婚の証人になっている。その挙式に従弟のレヴィ＝ストロースが出席したかどうかは詳らかにしないが、ニザン夫人やボーヴォワール自身の回想によれば、結婚後もサルトルとボーヴォワールはニザン夫妻と親しく交流している。ニザンは三一年に処女作『アデン、アラビア』を発表する。若き日のレヴィ＝ストロースはこの特異な旅行記を貪るように読んだという(1)。のみならず、哲学を学んだ彼がキャリアとして民族学を専攻することになったのは、他ならぬニザンの助言を受けてのことだった。「私は旅と探検家がきらいだ」（TT 3／四）という『悲しき熱帯』冒頭の一節は有名だが、そこには一種の反旅行記である『アデン、アラビア』の木霊を聞き取ることができるようにも思える。一方のサルトルもまた同じ本に強い衝撃を受けた。長い改稿の末ようやく三八年に上梓された処女小説『嘔吐』もまた一種の反旅行記であり、そこには同一の音源の異なる残響を聞き取ることができる。

接点の二人目は、サルトルの公私にわたるパートナー、シモーヌ・ド・ボーヴォワール。彼女はレヴィ＝ストロースと同じ一九〇八年生まれ、高等師範学校の出身ではなく、ソルボンヌで哲学を学んだというキャリアも共通している。一九二九年にサルトルとともに（二人が出会ったのもこの年）教授資格試験《アグレガシオン》に合格した彼女と一緒に、レヴィ＝ストロースは教授資格のための教育実習をしている。レヴィ＝ストロース自身の試験合格は三一年のことだが、当時は学士号をもっていれば前倒しの実習が可能だったため、メルロ＝ポンティ（三〇年合格）と三人で実習を受けたのだった。

そのメルロ＝ポンティが三人目である。戦後一九四五年にサルトルが『現代』誌を発刊して以来、長きにわたって編集長を務め、名実ともにサルトルの盟友であったモーリス・メルロ＝ポンティも同じく一九

○八年生まれ、高等師範学校ではサルトルの三年後輩にあたる。レヴィ＝ストロースとメルロ＝ポンティは教育実習で一緒だっただけの仲ではない。現象学を出発点としたメルロ＝ポンティはその後、ソシュール言語学に強い関心をもち、五〇年代に入るとしだいにレヴィ＝ストロースと思想上だけでなく現実生活でも近しくなり、五九年にレヴィ＝ストロースがコレージュ・ド・フランスに教授として迎え入れられるのに尽力したほか、同じ年には論考「モースからレヴィ＝ストロースへ」(2)も発表している。

以上の事実確認から見てとれることは、フランスのエリートたちの例に漏れず、二人が若い頃からお互いを意識しあうほど近い存在であったということだが、いましばらく、事実関係のみを追うことにしよう。一九四一年以来アメリカに亡命し、四四年パリ解放後に一時帰国したレヴィ＝ストロースは、四五年に在米フランス大使館の文化参事官としてニューヨークに赴任。実存主義によって一躍脚光を浴びたサルトルが、四七年にニューヨークを訪れたとき再会している。

思想的ステージで二人が近づくのはレヴィ＝ストロースの帰国後、一九四九年のことになる。『親族の基本構造』が出版されると、『現代』誌はいち早くそれを取り上げた。書評を執筆したのはボーヴォワール(3)。七頁におよぶ賛辞に満ちたこの紹介のなかでボーヴォワールは、この作品のうちにエンゲルスとヘーゲルを和解させるマルクス主義的残響を聞き取るのみならず、主要な記述が実存主義の主張とも矛盾しないものであることを強調している。

この年はまたボーヴォワールの『第二の性』が出版された年でもあるが、女性問題を初めて哲学的観点から取り上げたこの本は、サルトル哲学の強い影響下で書かれたのみならず、じつはレヴィ＝ストロースにも多くを負った作品である。というのも、『第二の性』執筆中のボーヴォワールは、やはり『親族の基本構造』執筆中のレヴィ＝ストロースにその原稿を読ませてもらい、そこで展開されている「神話」の概念から大きなインスピレーションを受けたからだ。きっかけは、単行本上梓前に『現代』誌に掲載されていた論考をレヴィ＝ストロースが読んだことだという。「すでに五月以来『現代』誌に私の「女性とその神話」論が掲載されはじめていた。それを読んだレヴィ＝ストロースが未開社会に関する私の記述に不正確な点があると批難していた、とレリスから聞いた。レヴィ＝ストロースは『親族の基本構造』に関する博士論文を仕上げているところだったので、私はその内容を教えてほしいと頼んだ。私は数日続けて午前中彼の家を訪れ、机に陣取ってタイプされた原稿を読んだ。女性を他者と見るわたしの考え方を、この本は裏づけていた。母権的と言われる母系社会においてさえも、男性が本質的存在であったことが示されていたのだ」(FC 234–235／上一八六)。要するに、『現代』誌掲載の書評はこの読書の結果だったわけだ。

『現代』誌との関係で言えば、同四九年三月には「魔術師と魔術」(四一号)、五二年三月にも「サンタクロースの秘密」(七七号)をレヴィ＝ストロースは寄稿している。[4] のみならず、『悲しき熱帯』はその出版前に『現代』誌(一九五五年、一一六号)にその抜粋が発表され、お披露目がされていた。[5] しかし、さらに重要なのは一九五四年末から五五年にかけてロジェ・カイヨワが『NRF』誌に書いた『人種と歴史』批判である、「逆しまの幻想」に対する長文の反論「寝そべったディオゲネス」を『現代』誌(一九五五年三月号)に掲載したことだ。[6] カイヨワの激烈な批判に対して、レヴィ＝ストロースも非常に辛辣な調子で反論しているが、そこでの論点は後のサルトルとの論争をある意味で予告するものだった。のみならず、サルトルから依頼を受けたジャン・プイヨンは、レヴィ＝ストロースの仕事を最初に顕彰した論文「レヴィ＝ストロースの仕事」を一九五六年に『現代』誌(一二六号)に掲載し、その評価を確立したのだった。[7]

このように見ていくと、二人の関係は細い糸で結ばれていたとはいえ、全体としてはそれぞれ別の道を歩んでおり、『野生の思考』までは少なくとも表面的にはきわめて紳士的で、かつ両者ともに相手に対する敬意をもった距離を取っていたといえる。実際、サルトルは『弁証法的理性批判』をレヴィ=ストロースに献辞つきで送っているが、そこには、「クロード・レヴィ=ストロースへ。忠実な友情のしるしとして、この本を送る。ここには貴兄が扱ってきた諸問題とその方法から多くのインスピレーションを受けた主要な問題が見て取れるでしょう[8]」と記されているという。

とはいえ、レヴィ=ストロースによるサルトル批判は『野生の思考』で突然噴出したわけではない。五五年出版の『悲しき熱帯』[9]ですでに、フランスの教育システムやそれを支える哲学という学問領域の批判が展開される第六章で、実存主義について以下のように記されていることを見逃してはなるまい。

実存主義として開花しようとしていた思想動向について言えば、それが主観性の幻影に対してあからさまに好意的であったために、正当な考察とは正反対のものであるように私には思われた。単なる個人的悩みを哲学問題にまで昇格させることは、それを一種のミーハー向け形而上学にしてしまう危険があまりに強すぎる。教育上必要な手段ということで釈明できるかもしれないが、この昇格によって、哲学に課せられている使命をなおざりにし、科学が哲学に取って代わるほど強力になってしまうのだとすれば、きわめて危険なことであろう。哲学の使命とは、存在を私との関係においてでなく、存在自身との関係において理解するというものであったはずだ。現象学と実存主義とは、形而上学を廃止するのではなく、むしろアリバイを見つけてやるための二つの方法を導きいれたのである。

（TT 47／八六―八七）

この手厳しい指摘をサルトルが読んだかどうかは定かではないが、レヴィ＝ストロースが実存主義の隆盛を快く思っていなかったことは明らかだ。一方、そのころ得意の絶頂にあったボーヴォワールは自伝第一作『娘時代』で、教育実習時の様子をこんな風に描いている。「一か月間、私はロドリグというたいへん親切な老紳士の教官のもとにジャンソン・ド・サィイ中学で教育実習を受けた。〔…〕メルロ＝ポンティとレヴィ＝ストロースが一緒だった。私は二人のことを少しは知っていた。前者は私に仄かな好感を引き起こし、後者は冷静沈着すぎて私を怖じ気づかせた。しかし、彼はそれを器用に演じていたのだ。ある日の授業で、中立的な声で、死人さながらの顔で〈情熱の錯乱〉について語ったときは、彼がとてもおかしく見えた」（MJ 275／二七六）。

ボーヴォワールは好き嫌いがはっきりしていて、ずけずけとものを言う人だが、レヴィ＝ストロースならずとも、昔の知り合いにこんなことを書かれては憮然とせざるをえないだろう。いずれにせよ、レヴィ＝ストロースは隙あらばサルトル流の実存主義（と彼が呼ぶもの）を俎上に載せ、批判したいと思っていたのではないか。だが、この時点では世界的な名声を博していたサルトルとレヴィ＝ストロースのあいだには知名度において格段の差があった。

以上、事実関係を長々と追ってきたのは、もちろん、問題を個人的なルサンチマンのレベルに貶めるためではない。思想上の対立だけでなく、その背景に人間的な小競り合いもあったことを見たまでである。

サルトルの『弁証法的理性批判』

一般にサルトルと言えば、実存、主体、アンガージュマンといった言葉がすぐに思い浮かぶ。しかし、『存在と無』を上梓した後のサルトルの一番の関心は、いかにして現象学的存在論に根ざした倫理を構築するかということであり、そのために隣接領域にも触手を伸ばし、なかでも社会学に強い興味を示した。一九四七、四八年ごろに執筆されていたと推定される遺稿『倫理学ノート』を読めば、自らの陥っていた理論的袋小路から脱出する可能性として、〈贈与〉という問題構成にサルトルが大きな期待と関心を寄せたことが見て取れる。[10] 実際、サルトルはマルセル・モースに依拠しながら贈与を通しての相互性の可能性を探り、それは五〇年代の諸論考を経て、『弁証法的理性批判』にもつながるのである。

七五〇頁を超える『弁証法的理性批判』の内容をかいつまんで紹介することは不可能だが、話を進める上で必要な事項を確認しておけば、後期サルトルの主著であるこの本は、一九五七年に発表された『方法の問題』を緒論として、実存主義とマルクス主義が補完的なありかたで両立することを主張している。個に根ざす実存主義はマルクス主義から長年批判されてきたが、ここでサルトルはマルクス主義に歩み寄ったわけである。科学的を標榜する弁証法的唯物論に対して、主体的な史的唯物論を確立することが謳われ、第一部「個人的実践から実践的惰性態へ」で、個人的実践がいかに物質性と関わり、それを否定することで乗り越えるという全体化の動きであるかが記述される。つまり、社会行動という具体的実践が語られるのである（この点に、根源的選択や状況における投企が問題となっていた『存在と無』との大きな違いがある）。実際、階級対立や階級闘争も含めあらゆる自由の弁証法が、稀少性（要求を充足すべき物質の欠乏という歴史・社会的次元における否定の契機）を通して展開される。こうして、個人の実践は状況によって条件づけられながらも状況を作っていくが、つねに惰性化する可能性をもっており、全体化は全体性に最終的に到達することはなく、つねに脱全体化的な全体化の不断の運動に留まるとされる。つまり、人間の実践によって始まったものは必ず物質的側面をもち、かつしばしば物質的に惰性化すると指摘するのだ。これこそ弁証法的展開における「反弁証法的契機」であり、サルトルが実践的惰性態と呼ぶものである。

第二部「集団から歴史へ」では、実践的惰性態にすぎない集列が、なんらかの出来事をきっかけに転換し、共同実践という集団に変化する弁証法的発展が、フランス革命を例に、溶融集団、宣誓集団、組織集団、制度集団にいたる過程として記述される。このように、構成する弁証法、反弁証法、構成された弁証法という三つの契機の記述を通して、サルトルはマルクス主義の内部で、つまり「歴史」のなかで「人間」を復権することを目ざす。人間はその行為によって定義されるものであり、たとえ実践的惰性態にからめとられてはいても、状況を変革する可能性をもった自由な実践によってこそ「歴史」は構成されると宣言されるのである。

『弁証法的理性批判』を手にとってみれば明らかだが、『存在と無』とは打って変わって、フッサールやハイデガーへの言及は減り、その数はどちらも五回にも満たない。主要な参照項は当然のことながらヘーゲル、マルクス、エンゲルスであるが、その一方で、社会学や歴史学など隣接分野への言及も多い。なかでもレヴィ＝ストロースは十ヶ所ほどで参照されており、後に見るように、数頁にわたる部分もあり、重要な位置を占める。(11) 引用はすべて『親族の基本構造』からであり、その背景には先に触れたボーヴォワールからの示唆があったことはまちがいない。だが、それだけでなく、相互性（réciprocité）の問題が懸案だったサルトルにとって、『親族の基本構造』第五章「互酬原理」などが自説を補強するためにも必要であったという理由もあったにちがいない。それでは、具体的にサルトルはどんな文脈でレヴィ＝ストロースを参照するのだろうか。

初回は『方法の問題』で、女性の稀少性の問題に関して、アメリカの文化人類学者・精神分析学者エイブラム・カーディナーの説を反駁する箇所である。「〈女性の稀少性〉とはまったく物質的な条件である。それは、経済が稀少性によって定義されるという意味において、いずれにせよ経済問題である。それは欲求を厳しく条件づける量的関係なのだから。しかしさらに、カーディナーはレヴィ＝ストロースが『親族の基本構造』であれほどみごとに示してみせたこと、つまり、結婚が全面的な給付（prestation）の形式だということを忘れている」（CRD 65／『方法の問題』八四）。この後にレヴィ＝ストロースが引用されるのだが、このパラグラフでのサルトルの結論は結局のところ、社会学者が考えるのとは異なり、集団が形而上学的な実在のタイプなどをもったことはないし、もちえもしないということ（CRD 66／『方法の問題』八五）につきる。その意味で、レヴィ＝ストロースは社会学者たちに対する反論の道具として使われるのだ。実際、『弁証法的理性批判』において、社会学者、人類学者、民族学者への言及はほぼ一貫して否定的である。サルトルが解明を目指すのは共同存在としての集団と個的実践との弁証法的関係であるが、社会学的説明は結局外からの弁証法によってそれを記述し、結果的に過程的集団を不可知なものにしてしまう。それに対して、サルトルは「より大きな複合性の水準〔…〕、つまり、集団が集列体と干渉を起こす水準においては可知性となる」（CRD 643／II二四二）と述べ、自らのアプローチの優位性を誇るのだ。

『弁証法的理性批判』本論に移ると、第一部B「物質性のさまざまな分域間の媒体としての人間関係」において最初の言及が見られる。[12]「レヴィ＝ストロースがモースに続いて示したところによれば、ポトラッチは、〈超＝経済的〉性格をもっている」（CRD 219／Ⅰ一二〇）と述べられた後、「その最もよい証拠は、……物惜しみせずなされてもやはりつねに何らかの返報を前提にする富の分配からよりも、富の完全破壊からのほうがより大きな威信が生じるということである」（SEP 64／一四二）という一節が引用される。「ここで贈与が相互性の原始的性格をもつことに、誰も異存はなかろう」としたうえで、問題となっているのが、他者による承認にほかならないことを確認したのち、モースやバタイユを援用しながら、ポトラッチにはそれでも経済的側面が存続するというレヴィ＝ストロースの主張を相対化する。

さらに、その少し先でも、註の形でサルトルはレヴィ＝ストロースへの称賛を惜しまず、「われわれの社会における食堂での相席や列車の客室で同乗する見知らぬ者同士の関係に関するレヴィ＝ストロースのすばらしい記述を参照」（CRD 219／Ⅰ一二三）と記すが、これもまた第五章「互酬理論」でのレヴィ＝ストロースの考察への目配せである。このあたりはとりあえず軽くジャブを繰り出すという形であり、サルトルが本格的な攻撃（しかし、決して正面きってではなく、それゆえ余計に陰湿ともいえる攻撃）に入るのは第二部に入ってからである。

第二部「集団から歴史へ」のA「集団について、必然性としての自由と自由としての必然性の等価性。実在的弁証法の限界と射程」と題した章は、すでに述べたように集団の弁証法を論じており、フランス革命を例に、溶融集団、宣誓集団、組織集団、制度集団と、集列性を脱した実践がどのように展開するかを扱った、いわば組織論と言える。その第三セクションに相当する誓約集団の部分で、一貫してサッカーを例に話を進めながら、組織は共同体内の共同的個人の構造となるとサルトルは述べ、レヴィ＝ストロースを長々と引用することで論を展開する[13]。

「これはレヴィ＝ストロースが『親族の基本構造』についての彼の著作のなかで見事に明らかにしたことである。とくに婚姻クラスの研究がいかにして次のような重要な結論へと彼を導いたかを見る必要があろう」（CRD 575-576／II一六三）と述べた後、サルトルはまず短い引用をする。

それらクラスは、客観的性格によって区別できる個体を外延的に集めてなった複数の集団としてでなく、むしろはるかに位置の作るひとつの体系として捉えられていて、体系の構造だけは一定不変で、個体たちのほうは、相互の関係を乱さないかぎりは体系のなかを移動すること、それどころか互いの位置を取り替えることさえできるのである。（SEP 131／二三二）

これは『親族の基本構造』の第八章「縁組みと出自」からの引用であるが、その直前でレヴィ＝ストロースが二分法的手続きの有効性について述べていることを記憶に留めておく必要がある。次の段落でサルトルは、「体験された実践としての任務は集団の検討のなかで、構造という対象＝客観化された形をとった対象＝客観性として現れる。したがって、私たちは諸構造の可知性の問題を立ててからでなければ、組織された実践の可知性について何も理解しえないだろう」（同所）と述べた後、平行イトコ婚に関するくだりを原書でほぼ二頁半にわたって引用（途中、とぎれはあるものの）する。だが、我田引水の観は否めない。というのは、この援用によって展開された結論はまさに実存主義的であり、『存在と無』における「状況」と「自由」の関係の改訂版といってもよいからだ。つまり、各人は共同体の構造を引き受けるかぎりにおいて自由だとされるのだ。それこそが、サルトルが「自由の必然性」と呼ぶもので、自由を条件づけるものではあるが、実践的惰性態そのものとは異なるとされる。

だが、問題はこのようないわば歪曲だけではない。レヴィ＝ストロースへの言及は表面上の称賛とは裏腹にいくつかの重要な批判をも含んでいる。というのも、結局この長い引用の最後でサルトルは、このような人類学の成果がある地点で停まっているのに対して、自らの考察はさらに先に進むと示唆するからだ。それに続いて、サルトルは「構造」についてかなり長い挿入的な分析を行うが、そこでは名ざされこそしないが、レヴィ＝ストロースが標的となっていることは明白だ。「構造は、分析的必然性と綜合力という「二重の面をもっている」」（CRD 586／II一七五）のみならず、綜合は媒介された相互性という別の側面ももっていると指摘したうえでサルトルは、構造的関係は、集団の反省的構成において、また反省的認識として生み出されねばならないとまとめる。そして、さらに、複雑な婚姻制度を説明するために、アンブリムの原住民が民族学者に対して砂上に図を描いて説明したくだりを援用する（SEP 146／二五五）のだが、それはなによりも、この構築が思考ではないと断言するため（CRD 597／II一八七―一九〇）にほかならず、それはまさにレヴィ＝ストロースの意図とは正反対と言える。

最後の参照は第二部Aの終わり、組織された集団が再び制度へと転落する経緯を記述した部分に見られる。「レヴィ＝ストロースがきわめて巧妙に述べたように、「熱い」社会、すなわち、階級闘争が――そのあらゆる形態において――（被抑圧者および抑圧者においても）、集列性の状態に対抗してたえず活発である社会にあっては、主権者の行動は政治的となるだろう」（CRD 742／III一一六）。ここでもまた、サルトルはレヴィ＝ストロースによる「冷たい社会」と「熱い社会」という言葉を用いながら、レヴィ＝ストロースの歴史観への批判的な目配せを送っている。

こうして見ていくと、サルトルはなによりも、稀少性、相互性（互酬）というテーマ、さらに構造というタームに関して、レヴィ＝ストロースを援用しつつ批判していることがわかる。そもそもréciprocitéという概念をサルトルはもっぱらとまでは言わないまでも、まずは二者の間の関係と捉えていた。そこに見られるのはヘーゲルの主人と奴隷の比喩に見られるような、相剋的な関係をどうやって相互承認によって乗り越えるかというものであった。それを第三項も含んだ社会へと展開するために、モースやレヴィ＝ストロースの「互酬理論」はたいへん有効であった。というのも、réciprocitéはなによりも、交換のシステムとして社会一般に関わるものであり、二者間の問題ではありえないからである。『弁証法的理性批判』においては、単純な相互性の体系が、次第に複合的相互性（réciprocité composée）に代わっていくことが見られるが、その際に積極的に人類学上の発見が援用されたのはそのためである（CRD 575／II一六一）。

とはいえ、レヴィ＝ストロース人類学の主張する構造にサルトルが注目するのは、あくまでも最終的に歴史を優位に置くためであって、社会の構造に関して言えば、結局それは実践的惰性態のレベルに貶められるのであり、その意味では、極論すれば、実践的惰性態と構造（主義）はいわばほぼ同列として扱われていると言える。だとすれば、表面的な賛辞に満ちた『弁証法的理性批判』はいわば褒め殺しとでもいうやり方でレヴィ＝ストロースの諸説を歪曲していると言わざるをえまい。

『野生の思考』

以上の背景を踏まえて、『野生の思考』の最終章「歴史と弁証法」の検証に入ることにしたい。

私は、人間学〔人類学〕の哲学的基礎に関する若干の点について、自分がサルトルとは見解を異にすることを表明せざるをえないと考えるに至った。しかしそれは、サルトルのある著作〔『弁証法的理性批判』〕を何度も読みかえし、一九六〇—六一学年度に高等研究院で聴講者とともに多くの回数をかけてその検討を行なった末の決意である。手数をかけてでき上ったこの批判が、避け難い見解の相違を越えて、われわれ全員の讃美と尊敬の間接的表現であることをサルトルが理解してくれるよう切に願う。

(PS 556／iv)

レヴィ=ストロースがなぜこのような表明をせざるをえないと考え、また、一年間のセミナーを『弁証法的理性批判』の講読に費やしたのかはもはや明らかであろう[14]。前節で見たように、正面攻撃こそほとんど見られなかったものの、注意深く読めば、軽く読み流せば見逃してしまうようなくだりにさりげない毒が込められていることに気づく。そのような例をもうひとつだけ挙げておこう。『親族の基本構造』の第二版に際して追加された註でレヴィ=ストロースは次のように述べる。

『弁証法的理性批判』七四四頁でサルトルはこの言い方を取り上げ、弁証法的理性と分析的理性の混同を糾弾している。だがそれは、われわれが弁証法的理性をサルトルとは別様に捉えているということ、また二分法的手続きが弁証法的思考とまったく両立しないどころか、まさに両立すると見ているということである。

(SEP 127／二四一)

該当部分はまさに弁証法的理性と分析的理性との関係を論じた『弁証法的理性批判』のほとんど最後の

部分である。「われわれの目的は〈歴史〉の形式的諸条件を決定することである」（CRD 880／二七六）と宣言し、「〈分析的理性〉は階級を溶解するための抑圧的実践であり、それは被抑圧階級に対しては合理性としての弁証法を不可避の結果として〔…〕生み出す。〈弁証法的理性〉は〈分析的理性〉の溶解として、またブルジョワ階級をその役割や実行（搾取、抑圧）から規定するものとして、労働者階級に誘導されて現れる」（同所）と決めつけた後、サルトルは書く。「具体的な例を通して、弁証法によって無言のうちに溶解された〈実証主義的理性〉（マルク・ブロックやジョルジュ・ルフェーヴルのような歴史家において）も見られるだろうし、また同様に分析考慮を隠蔽するたんなる言語の規定性として公的にまた理論的に利用されている弁証法も見られるだろう（私は今日の最も優れた民族学者の一人が「この二分法の弁証法は……」と書いているのを読んだことがある。彼は知らぬ間に弁証法を分析に還元していたのだ）。だが、このことはわれわれの主題ではない」（CRD 881／Ⅲ二七七）と吐いて捨てるように言うのだ。[15]

こうして見れば明らかなように、サルトルは直前で歴史家を名指しで批判しながら、レヴィ＝ストロースに関しては無名で典拠も示さぬまま批判している。[16] そして、まさにこの手の仄めかしこそレヴィ＝ストロースの癇に障ったものだろう。だが、七五〇頁に及ぶ大部のわずか一行に反応するためには、この本を精読する必要があったにちがいない。実際、プレイヤード版の註によれば、レヴィ＝ストロースの本には多くの書き込みが見られるという。

レヴィ＝ストロースの論点をあらかじめまとめておけば、実存主義に見られる主体偏重の批判と、西洋中心主義の批判とが二本柱としてである。主体が使う言語は共同体社会によって生み出された構造的なものなのであり、絶対的な主体などありえない、主体よりはむしろ主体間の構造こそが重要だというのが第一点。あらゆる民族はその民族独自の構造をもつもので、西洋文化の観点から他の文化の構造に対して優劣をつけることなど無意味だというのが第二点である。

第九章冒頭でレヴィ＝ストロースが主張するのは、野生の思考が全体化作用をもち、サルトルの言う弁証法的理性よりはるか先まで進むということである。というのも、弁証法的理性が、純粋集列性を把握することができずにいるのみならず、図式性をも排除するのに対して、野生の思考はまさにその図式性を完成するからである（PS 822／二九四）。言うまでもなく、「野生の思考」とは、未開な思考や野蛮な思考のことではない。それは「文明人」の日常の知的操作や芸術活動においても重要な役割を果たしている、人間に共通した普遍的な思考様式のことである。それに対して、いわゆる「科学的思考」は、限られた目的に即して効率を求めた「栽培＝文化《キュルチュール》の思考」なのである。

その一方で、レヴィ＝ストロースはサルトルの弁証法的理性についての考えが一義的ではないことも指摘する。ときには、分析的理性と弁証法的理性が誤謬と真理のように対立的に提示され、その際には科学への不信感が全面に出るが、またときには二つが相補的なものであって、同じ真理に到達するための二つの道とされているというのだ。その上でレヴィ＝ストロースは、「両理性の対立は相対的であって絶対的ではない」と断言し、真っ向からサルトルの提唱する弁証法的理性なるものの存在意義を否定する。表面的な賛辞とは裏腹に、歴史を称揚しつつ、その返す刀で随所で人類学を断罪し、サルトルが「超越論的唯物論者」や「唯美主義者」としてある種の学者を断罪するとき、レヴィ＝ストロースは自らこそがその標的であったと考える。[17]

事態がこのようなものだったとすれば、論争をふっかけたのはレヴィ＝ストロースではなく、彼はむしろ売られた（と思った）喧嘩に反応したのだと言うべきだろう。いずれにせよ、この機を捉えて、彼は全面対決に打って出る。

「私は、人文科学の究極目的は人間を構成することではなく人間を溶解することであると信じるがゆえに、唯美主義者と呼ばれることを甘受する。民族学の卓越した価値は、いくつもの段階を含むひとつの手続きの第一段階に呼応していることである。すなわち民族誌的分析は、さまざまな人間社会の経験的多様性を越えて、普遍式に到達しようとする」（PS 824／二九六）とレヴィ＝ストロースは宣言するが、この人間の溶解こそ、フーコーによって人間の消滅として変奏され、構造主義の旗印となるものだ。こうして、人間を中心とする実存主義との対立が明らかにされるのだが、ここでのレヴィ＝ストロースの主張は、人間の消滅ではなく、サルトルの個別主義、個人主義、特異主義を批判することである。レヴィ＝ストロースは、サルトルは普遍ではなく、個別を探求すると指摘したうえで、コギトから出発するサルトルは、結局普遍性に達することができない（PS 827／三〇〇）と断ずる。「人間学を構築しようとするサルトルは、自分の社会を他の社会から切り離す」（同所）とした上で、「サルトルの現象学には敬意を払うが、私の考えでは、そこに見いだしうるのは出発点であってゴールではない」（PS 828／三〇一）と批判するのである。レヴィ＝ストロースよりもさらに先に進むと断言したサルトルに対して、自分のほうがより深く問題に入り込んでいると反論するわけだ。この人間了解をめぐる問題は第二の問題である歴史に直結する。レヴィ＝ストロースは言う。

分析的理性を反了解とするあまり、サルトルはしばしば、それが了解の対象全体の構成部分としての実在性をもつことを拒否するに至る。サルトルが頼みとする歴史をどのように引っ張り出すかを見れば、この背理はすでに明白である。それは、人間がそれと知らずに作っている歴史のことなのか、それとも歴史がそれと知って書く人間の歴史のことなのか、あるいはまた哲学者によるこれら人間の歴史もしくは歴史家の歴史の解釈のことなのかがはっきりしない。（PS 828／三〇一―三〇二）

確かに、サルトルは「歴史」をほとんど伝家の宝刀のように振り回すきらいがある。「サルトルの体系では、歴史がまさに神話の役割を果たしている」（PS 841／三一六）と言われるのも無理はない。だが、根底にあるのは個々の論点というよりは、歴史に対するスタンスの違いである。焦点は、サルトルが歴史を目的と見るのに対し、レヴィ＝ストロースは「歴史とはひとつの方法である」（PS 832／三〇六）とする点である。「可知性の探求がその到着点としての歴史に至るなどということはなく、むしろ、歴史は可知性の探求の出発点として用いられるのである」（PS 841／三一七）。そして、だからこそ、サルトルの弁証法的理性よりも野生の思考のほうが優れているとされる。歴史認識の根は、野生の思考にあるが、野生の思考そのものの特性はその非時間性にある、とレヴィ＝ストロースは主張する。「それは世界を同時に共時的かつ通時的全体性として捉えることを望む」（PS 841／三一七）

レヴィ＝ストロースの攻撃はさらに続き、サルトルが言語というものをまったく理解していないと批判する。すでに見たように、サルトルは実践的惰性態と構造（主義）とを同一視するような発言をしたが、レヴィ＝ストロースはそれに反論するのだ。「言語は、古い文法家の分析的理性のなかにあるのでもなければ、構造言語学の構成された弁証法のなかにもなく、実践的惰性態にぶつかる個人的実践の構成する弁証法のなかにあるのでもない。この三者はいずれも、言語の存在を前提として成り立つからである。言語学は、弁証法的で全体化性をもつとはいえ、意識や意志の外（もしくは下）にある存在をわれわれに見せてくれる」（PS 830／三〇三）。

この指摘が急所をついていると思われるのは、サルトルが自我と他者との解きがたい対立を克服したという幻想を得るためには、その対象として形而上学上の他者の役割を歴史意識によってパプア人におしつける必要があるという註のくだり（PS 836／三一一）であろう。実際に『弁証法的理性批判』にかぎらず、サルトル思想では、「私」はつねに敵の存在を通してしか「私たち」になりえないのである。そこにサルトルが最終的に倫理学を構築できなかった原因のひとつがあると私には思われるのだが、レヴィ＝ストロースはそこを適確についている。

「私の展望の中では、自我は他者に対立するものではないし、人間も世界に対立しない。人間を通じて学ばれた真理は「世界に属する」ものであり、またそれゆえにこそ重要なのである」（PS 825／二九八）と述べるが、ここにこそ二人の最大の懸隔がある。だが、サルトル側の観点から見れば、自我が他者と対立せず、人間と世界も対立しないのであれば、私たちが生きているこの抑圧や疎外などはたんなる幻影にすぎないのか、ということになるのだろう。だからこそ、このような現状肯定ともなりかねない思想に対して、サルトルは「マルクスをせきとめるためのブルジョワジーの最後の堤防(18)」と言ったのであろう。

レヴィ＝ストロースの批判は要するに、歴史的認識のうちに弁証法の認識を認めるサルトルは、制度、構造、行為の体系の認識を軽視しているが、そのような態度の根底に潜むのは文化を西欧の歴史と同一視する西欧中心主義であるというものであった。言い換えると、実存主義が標榜する単独者の思考は偏狭な西洋のヒューマニズムにすぎないとされるのである。実際、実存主義が個々の実存とその意識に根ざした思想であるのに対し、構造主義は人間が無意識のうちに構造によって動かされていると考えるわけで、その発想はまさに対極にあるのだ。

その後の展開、そしてその背景

このような真っ向からの批判に対してサルトルは直接答えることがなかった。その意味では「サルトル・レヴィ＝ストロース論争」というものは存在しなかったと言える。しかし、それはカミュやメルロ＝ポンティとの論争の場合も同じであり、論争を仕掛けられても反論しないのはサルトルの常套手段である。ただ、二人の対決がこの時期に顕わになったことは兆候的であり、注目に値するだろう。というのも、一九六〇年はアジア・アフリカの年と言われるように、多くの植民地が旧宗主国から独立する時期であり、それまでの西洋世界が陥っていた単線的な歴史観が現実によって否定される時代でもあったからである。『野生の思考』という書が、このような転換に対する思想界のあり方に関して、いわば分水嶺となったことはまちがいない。[19]

実存主義VS構造主義という構図での論議が活発になるのは六〇年代半ばに入ってからのことだ。先駆けとなるのは、六三年十一月『エスプリ』誌の「『野性の思考』と構造主義」特集号。六六年には『現代』誌で「構造主義とは何か」特集が組まれる。サルトルは、アルク誌「サルトル特集」号のインタビューで構造主義批判を行うほか、ソルボンヌ大学の哲学科の学生たちの雑誌『哲学誌』第二―三合併号（一九六六年二月）のインタビュー「人類学に関する対話」（Sit. IX, 83-98／六七―七八）で構造主義に触れる。雑誌の特集自体が「人類学と哲学（Anthropologie et Philosophie）」だったことからも明らかなように、長く学問において女王の座にあった哲学と、構造主義の擡頭によって脚光を浴びてきた人文諸科学との関係が問題になっているが、同年一月に出た同誌の創刊号は、レヴィ＝ストロース、エドガール・モランのインタビューの他、フェリックス・ガタリなども寄稿した「人類学」特集であり、哲学科の学生たちの興味が構造主義的潮流へと移っていることが見てとれる。翌六七年五月には『エスプリ』誌が、特集「いくつかの構造主義――そのイデオロギーと方法」で再び構造主義を取り上げ、多くの論者を巻き込んで論戦が交わされるのであるが、ここでは詳しく追う余裕はない。レヴィ＝ストロースとサルトルの争点を、人間（学）、実践、歴史の三点に絞って整理するにとどめよう。

六〇年代に新たな anthropologie（人間学）を探求していたサルトルが人類学に関心をもったのは当然だと言える。ギリシャ語で〈人間〉を意味する anthropos という語から作られた anthropologie という語自体が、複雑な来歴と意味内包をもつ言葉であり、一方で自然人類学、他方で文化人類学というまったく分野を異にする二つの学問を指すと同時に、哲学においてはカントに見られるように「人に関する全般的な知」としての人間学を意味する。後期のサルトルが探っていた人間学と、レヴィ＝ストロースが探求してきた人類学、その差こそが、この二人の思想家の懸隔でもある。

「世界は人間なしに始まったし、人間なしに終わるだろう」（TT 443）と言い切るレヴィ＝ストロースにとって、人間は世界の一部にすぎない、とまでは言わないにしても、少なくとも現代の西洋人に限らない。太古から現在まで世界のどこにでもいる人間である。それに対して、サルトルの言う人間とは、現代を生きるいま、ここの人間であり、その限りにおいて限定的であり、ほとんど二十世紀後半の西欧人（そして、西欧化した人びと）にも見えかねない。だが、その独自性を通して普遍（化可能）性が探られるのは、後に見るとおりだ。戦前はヒューマニズム批判を展開していたサルトルはある時期から人間へと立ち戻り、哲学の営みとは人間的なものだと主張し、同時に主体かつ客体である人間について考察することが哲学の使命だとした。このスタンスは「ひとりの人間に関して何を知ることができるのか」という問いを巻頭に記した『家の馬鹿息子』にいたるまで一貫している。

これもまたギリシャ以来の重要な概念である実践（praxis）は、行為一般を示す語であるが、マルクス主義では、人間が世界に働きかけて自己の生活条件を生産する活動（つまり労働）や、自己疎外を克服するための革命的実践が重要な位置を占めてきた。それに対してサルトルは、実践を人間の自由に基づく行為と捉え、個人的実践も集団的実践もある目的へと向けて、物質世界に対して働きかけることだとした。その意味で、実践とはひとつの全体化であり、投企によって立てられた目的へと向かって、世界を超越することであるとサルトルは考える。一方のレヴィ＝ストロースは次のように述べる。「「実践」とは——少なくともこの点では私とサルトルの見解は一致するが——人間科学にとって根本的な全体なのである。マルクシズムは——マルクス自身はそうではなかったとしても——慣習行動が直接的に「実践」から出てくると考えることがあまりにも多すぎた。異論の余地のない下部構造の優位に異議を唱えるのではないけれども、私は、「実践」と慣習行動の間にはつねに媒介項があるのを信じている。その媒介項が概念の図式なのであって、その操作によって、互いに独立しては存在しえない物質と形態が、構造として、すなわち経験的でかつ解明可能な存在として実現されるのである」（PS 696／一五四）。ここでは全体化作用と全体性のどちらに力点を置くかという、微妙でありながら重要な差異がある。そして、そのことは歴史観と直結する。

歴史に関して言えば、それは一方でレヴィ＝ストロースがカイヨワと、他方でサルトルがカミュやメルロ＝ポンティと行った論争の延長線上に位置づけられる。『人種と歴史』（一九五二）において、レヴィ＝ストロースは対象としての歴史においても、視点としての歴史においても、西欧の主体性を徹底的に解体した。それを評して、カイヨワはレヴィ＝ストロースの文化相対主義とそこから帰結する歴史観を批判した。歴史のスケールを人類史全体に拡張するやりかたで、歴史をつくる主体は否定され、すべては偶然と幸運の賜物になってしまうというのである。このカイヨワの考えはサルトルのものにきわめて近い。この時点ですでに前哨戦があったのだ。

一方、カミュとサルトル論争の発端となったのもやはり歴史の問題であった。哲学的エッセイ『反抗的人間』（一九五一）でカミュは、人間の生を奪う暴虐に対する集団的な反抗を主題としたマルクス主義に見られる革命の思想は〈歴史〉を絶対視していると批判し、暴力革命を否定した。すでに見たように、翌五二年五月、フランシス・ジャンソンが『現代』誌上でカミュの歴史軽視を非難すると、今度はカミュが編集長サルトル宛てに反論を行い、それに対してサルトルが答えるという形で論争は展開した。サルトルの批判の眼目は、革命を斥け、反抗を擁護するカミュの立場は、われわれのうちの誰一人として逃れることのできぬ「歴史」という現実から目を背けることだ、というものである。歴史だけを目指して行動する者はいないが、人間が歴史のうちにあることはまぎれもない事実であり、「人間は永遠的なものを追求するために自分を歴史的なものとするのであり、個別の結果を目指しつつ、具体的な行為のうちで普遍的な価値を発見する」（Sit. IV, 124／一〇一）とサルトルは結論づけた。

サルトルとメルロ＝ポンティとの訣別の背景にも歴史観の相違がある。一九五〇年の朝鮮戦争勃発以来、共産党の政策に失望したメルロ＝ポンティは、政治情勢の判断をめぐって、共産党に接近してゆくサルトルと対立、実質的編集長を長年務めてきた『現代』誌から手を引くことになった。[20] それはまたレヴィ＝ストロースとメルロ＝ポンティが緊密になる時期でもあり、西欧の自民族中心主義批判や「野生の精神」「野生の思考」によるその克服は二人に共通のテーマとなり、サルトルとの共通の争点ともなった。五五年に出版された『弁証法の冒険』の「サルトルとウルトラ・ボルシェヴィズム」から、遺稿となった『見えるものと見えないもの』まで継続的に続けられたメルロ＝ポンティのサルトル批判の要点だけをまとめれば、意識と物を峻別する二元論的思考では、歴史、シンボル体系、作られるべき真理といった中間世界への視線が獲得できず、そのため実在を取り逃がすことになるというものである。[21] これはすでに見たように、ほぼそっくりレヴィ＝ストロースのサルトル批判でもあり、『野生の思考』の「サルトルは、自分のコギトの虜囚となっている」（PS 826／三〇〇）以下のくだりはそのままメルロ＝ポンティの「サルトルとウルトラ・ボルシェヴィズム」を敷衍しているとも言える。

こうして見てくると、サルトル・レヴィ＝ストロース論争とは、独立した論争というよりは、歴史と人間をめぐる二十世紀後半のフランスの二つの流れの対立と捉えることができよう。サルトルからすれば、歴史には、歴史が人間を作る面と人間が歴史を作る面の二つがあって、前者の場合のみ、つまり彼の用語でいう人間の諸活動が実践的惰性態と化したものの分析のみに構造主義は有効であり、後者の場合、つまり歴史を変化させていく主体としての人間を構造主義は扱うことはできず、それこそが哲学が扱うことであると考えていたと言うことができよう。レヴィ＝ストロースの側からすれば、人間の普遍的な精神構造を歴史の余白に、明晰な自己意識としてのコギトの外に見いだすことが重要ということになる。

「歴史と体系との間には二律背反性が見いだされると信ずる人もある。しかしながら、この二面の関係がダイナミックな関係であることを知らぬ人でもない限り、本書でいままで検討してきた例には、そのような二律背反は見いだしえない。両者の間には、移行相を形成する通時的でかつ非恣意的な構造体のための場所がある」（PS 729／一九二）というくだりでは、サルトルが標的とされているのだろうが、サルトル思想の全体を見わたせば、決してこのような二律背反でないことは明らかだ。普遍化と特殊化は対立するものではなく、独自＝普遍こそ、最晩年のサルトルが探求したものであった。

後世の視点からどちらかに軍配を上げようとするのは、きわめて愚かな仕草であろう。実際、両者がそれぞれの立場から取り上げた問題はいまだ終わっていないのであり、これらの議論を踏まえたうえで、考えるという営みをいかにして続けるべきかという私たち自身の問題に今こそ取り組むべきなのだ。

註

（1）『アデン、アラビア』の影響に関しては、澤田直「ポール・ニザン「アデン・アラビア」解説」『池澤夏樹＝個人編集 世界文学全集I－10 アデン、アラビア／名誉の戦場』河出書房新社、二〇〇八年、二九八―三〇九頁を参照されたい。

（2）このあたりの経緯は『野生の思考』の序文でも述べられている。そのほかに、レヴィ＝ストロースは *L'Arc* 誌の「メルロ＝ポンティ」特集号にも短文を寄せている。« De quelques rencontres », *L'Arc*, nº 46, p. 43-47.

（3）Simone de Beauvoir, « *Les Structures élémentaires de la parenté*, par Claude Lévi-Strauss », *Les Temps modernes*, nº 49, octobre 1949, p. 943-949. レヴィ＝ストロースのそれへの反応も含めて、以下の考察がある。F. Lionnet,

« Consciouness and Relationality : Sartre, Lévi-Strauss, Beauvoir, Glissant », *Yale French Studies*, nº 123, « Rethinking Claude Lévi-Strauss (1908–2009) », 2013, p. 100–117.

（4） レヴィ＝ストロースと『現代』誌の関係を扱った論文としては以下を参照。Boris Wiseman, « Lévi-Strauss et *Les Temps Modernes* », *Les Temps Modernes*, 2004/3 nº 628, p. 19–23.

（5） 学術書があまり評判にならなかったレヴィ＝ストロースが自伝的な著作へと舵を切り、それを『現代』誌で発表したことには、この本が成功したことと無縁でないと評する者もいる。Grégory Cormann, « Beauvoir, Sartre et *Les Temps Modernes*, interminablement », *L'Année sartrienne, Bulletin du Groupe d'Etude Sartriennes*, Nº 33, juin 2019, p. 19.

（6） Roger Caillois, « Illusions à rebours », *La Nouvelle Revue française*, décembre 1954, janvier 1955 ; Claude Lévi-Strauss, « Diogène couché », *Les Temps modernes*, nº 110, mars 1955, p. 1187–1220. 翌四月号にはロジェ・カイヨワの事務局長宛ての手紙とそれに対するレヴィ＝ストロースの短い回答も掲載された。

（7） レヴィ＝ストロースはこの論文の明晰さを高く評価し、自著『人種と歴史』の再版の際に収録したのみならず、一九六一年、自らの学術雑誌『*L'Homme*（人間）』立ち上げたときには、その編集長として迎え入れた。

（8） Claude Lévi-Strauss, *Œuvres*, Gallimard, « Bibliothèque de la Pléiade », 2008, p. 1826.

（9） この部分には、ポール・ニザンの『アデン、アラビア』や『番犬たち』における当時の講壇哲学批判と響き合うものが聞き取れる。

（10） この点に関しては、拙著『〈呼びかけ〉の経験――サルトルのモラル論』（人文書院、二〇〇二年）で論じたので、そちらを参照していただければ幸いである。

（11） これに数的に匹敵するのは、カント（一五）とキルケゴール（一〇）だが、どちらも『方法の問題』が中心であり、かつ前者は理性批判との関係、後者はヘーゲル哲学の補完としてのキルケゴール思想という点に限定されたものにすぎない。

（12） ちなみに初版ではここ以降、名前はつねにLévy Strauss と誤記されている。『方法の問題』での引用の名前は正確。

(13) その前に、もうひとつ以下のような言及がある。「レヴィ＝ストロースならば、〈文化〉としての他者性を再内面化するために、〈自然〉としての他者性を抹殺するとでも言うだろう」(CRD 561／II 一四五)。

(14) この非公開セミナーには、ジャン・セバグといった俊英やサルトルに近いジャン・プィヨンなどの姿も見られた。

(15) サルトルはインタビュー「作家とその言語」においても、レヴィ＝ストロースは弁証法的思考が何であるかわかっていないし、理解できない、と述べている。Sit. IX, 75–78／六〇―六一。

(16) それに対する意趣返しなのだろうか、レヴィ＝ストロースの『親族の基本構造』第二版の索引にはサルトルの名前が漏れている。

(17) プレイヤード版の註に拠れば、レヴィ＝ストロースが挙げているページ(p. 124)とはエンゲルス批判に他ならないが、それは『親族の基本構造』(SEP 519–520／七三三)において、エンゲルスを援用していることを踏まえてのことだという。

(18) «Jean-Paul Sartre répond» in *L'Arc*, «Sartre» p. 88. これに対してレヴィ＝ストロースも再反論した。Claude Lévi-Strauss, *Mythologiques. 4, L'Homme nu*, Plon, 1971, p. 616-617.『裸の人2(神話論理4－2)』吉田禎吾他訳、みすず書房、二〇一〇年、八六四―八六五頁。

(19) また、ここで問題になっている古きよき人文主義の解体という知のあり方の問題は、直接六八年五月につながると思われる。

(20) サルトル／メルロ＝ポンティ『往復書簡――決裂の証言』みすず書房、一九九四年を参照。

(21) 一方、政治的次元では、サルトルの政治思想の思弁的性格を批判し、マルクス主義的弁証法の破綻は「共産主義と革命」のサルトルに最も究極的な形で現れているとされる。批判に対して、サルトルはメルロ＝ポンティの存命中は直接応えず、ボーヴォワールが「メルロ＝ポンティと偽サルトル主義」(«Merleau-Ponty et le pseudo-sartrisme», *Les Temps modernes*, nº 114–115, juin-juillet 1955, p. 2072–2122) で反論、死後に発表した追悼文「生けるメルロ＝ポンティ」(『シチュアシオンⅣ』) では、二人の相違点に触れながら、自らの立場を述べている。

第7章　いかにして共に生きるか

サルトルとバルト

ロラン・バルトとサルトルを結ぶ稜線があるとすれば、それはどんなものだろうか。実生活ではほとんど交流のなかったこの二人の共通点と相違点を探ることによって見えてくるものはいくつかあるはずだが、通常は共通のテーマとして特にイメージの問題が取り沙汰される。[1] 断章性が取り上げられることもある。あるいは、多様なジャンルで執筆活動を行った点が指摘される。[2] 確かに両者とも、文学と哲学、言語学と社会学、小説とエッセイ、記号論と政治の境界をやすやすと飛び越えた。そのほかにも、「知性と感性のあいだの特別な等式[3]」と呼ばれるものが、ほとんど小説的とも言える理論の構築を彼らに促したとする論者もいる。さらには、父親の不在、母親との緊密な絆、そこから来る超自我の不在や、家族を作ろうとする欲望の欠如などに着眼することができるかもしれない。数え上げれば切りがないし、ここで網羅的にすべてを語ることはとうていできそうにない。焦点を絞ることにしよう。

バルトがサルトルから受けた影響についてはすでに多くのことが語られている。[4] さらに詳しい研究がなされるべきとは思うが、ここではその作業は行わない。イメージの問題も措いておくことにしよう。両者のイメージ論を精査すれば、共通点と相違点として興味深い要素が浮かび上がってくることはまちがいない。バルトがその『明るい部屋』を「サルトルの『イマジネール』に」捧げていることは確かだし、六〇年代のバルトが映像の問題を扱うに際して、サルトルから発想や装置を少なからず借りていることもまちがいない。だが、それにもかかわらず、両者のイメージに対する関心は驚くほど離れているし、とりわけ写真についてはおよそ重なるところがないどころか、ほとんど正反対と言っても過言ではない。サルトルはほとんど写真嫌いと言えるからだ（本書第10章参照）。

ここでは、これまであまり指摘されることがなかった「共同体」と「リズム」の問題を手がかりに二人の親和性を考察し、それが主体性の問題という共通の基盤をもつことを示してみたい。主体の問題はサルトルにおいてのみならず、バルトにおいてもきわめて重要であるという仮説が本章の出発点となる。

共同生活、カップル

ロラン・バルトは一九七六年度のコレージュ・ド・フランスにおいて『いかにしてともに生きるか』（CVE）と題する講義を行ったが、そこでは共同生活の問題が扱われた。それは必ずしも集団生活とは限らず、「個人の自由を排除しない共同生活の、きわめて限定的な集合」[5]がとりわけ扱われる。こうして、修道院の生活、なかでもアトス修道院に関して、バルトは個人の関係を分析する。それだけでなく、この問題を考察することを助けるであろういくつかの文学テクストも見ていく。

バルトが選んだコーパスは、トーマス・マンの『魔の山』、ゾラの『ごった煮』、デフォーの『ロビンソン・クルーソー』、パラディウス『ラウソス修道者史』などであるが、そのなかで閉鎖された寝室という典型的な空間が見られるのが、アンドレ・ジッドの『ポワチエの監禁された女』である。これは実話から着想を得た作品であり、メラニー・バスティアンなる女性が二十四年間もの間、自宅の寝室に閉じ込められ、糞尿と食事の残りかすの散らかるベッドで過ごしていたという話である。バルトのこの選択が興味深いのは、サルトルもまさに幽閉の問題に強く惹かれており、繰り返し取り上げていたからだ。例えば、初期の短篇「部屋」は、狂気に陥った夫と正気の妻が「部屋」に引きこもって暮らす物語だ。その後も、戯曲『出口なし』や『アルトナの幽閉者』で部屋から出ることができない人物たちを描いただけでなく、イタリアの画家ティントレットを論じたエッセイに「ヴェネツィアの幽閉者」というタイトルをつけるほど、サルトルは「幽閉」「引きこもり」の主題に取り憑かれていた。(6) いずれにせよ、サルトルが密閉空間と雑居（promiscuité）を恐れていたと同時に、それに魅了されていたことはまちがいない。『出口なし』の有名な言葉「地獄とは他人のことだ」は、まさにこの「ともにあること」という不可避の困難を端的に表している。

講義でバルトは、『ポワチエの監禁された女』を取り上げ、「家族全体が監禁の集団的狂気のとりこ」（CVE 97／九五）となっていると注釈する。娘は最初、自分の意志で自室に引きこもったようなのだが、その後、母親に閉じ込められる。事件が起こったのはブルジョワ家庭のなかであり、バルトは、数度にわたってこの事件のブルジョワ的性格を強調する。

いかにしてともに生きるか？　これは誰にとっても根源的な問いである。たとえ独身であっても、きわめて孤独であっても、なんらかの形でひとは集団のなかで他人とあることなしには生きることができないからだ。だが、バルトが強調するように、家庭内においてこそ、共生の問題はその強度を増すことになる。だからこそ、「いかにしてともに生きるか?」は、すぐれてブルジョワ家庭的な問題となる。

ここで、あまり学術的とは言えない脱線をすれば、サルトルとバルトという二人のブルジョワ出身の作家にとって、共生の問題は体験レベルでも身に迫った問題だったと考えられる。「作者の死」を語った著者に対して、現実の生と虚構の生とを混同するような愚かなアプローチと非難されるかもしれないが、それでもここであえて、彼らの実生活を思い出さずにはいられない。

「いかにしてともに生きるか?」というタイトルはきわめて示唆的である。サルトルもバルトも、結婚することなく独身生活を貫き、生涯家庭を築くことを望まなかった。したがって、彼らにとって共生は、夫婦生活の問題ではない。サルトルは、女性と見れば手当たり次第に手を出したが、パートナーと一緒に暮らすにはあまりにも孤独を愛した。彼は同伴を好んだが、ともに生きることは望まなかった。ボーヴォワールとサルトルは結婚せずとも、公然のカップルとして振る舞い、一緒に世界中を旅行したが、若いころから同棲することなく、同じホテルの別の部屋を借りたり、その後アパルトマンに住むようになってからも、ごく近くに住みながら、別々に暮らすことを選んだ。その一方で、サルトルは長いこと母親と生活をともにした。一九四五年に義父が亡くなると、翌年十月には、母が購入したボナパルト街四十二番地のアパルトマンに身を落ち着け、一九六二年にアルジェリア戦争の動乱のなかで、右翼テロ組織OASに二度にわたってプラスチック爆弾を仕掛けられるまで、母子で暮らしたのだった。バルトはといえば、これもまたよく知られるように、ほとんど全生涯を母と生きた。例外は結核療養のためサナトリウムで過ごした四年間と、アレキサンドリアやモロッコで生活したときだけだ。バルトは一九五五年から、七七年に母親が八十四歳で亡くなるまで、母親と――そして弟ミシェルと――セルヴァンドニ街十一番地で暮らした（ということは、サルトルとバルトはほぼ五年間、お隣同士と言ってよいほど近くで母と暮らしていたことになる）。成人すると一人暮らしすることが多いフランス社会で、このような生き方を選択したことは何を意味するのだろうか。

彼らはあたかも子どもでありつづけることを選んだかのように、母と暮らした。永遠の独身者ではないにしても、マザコンと見えるかもしれない。だが、ここで興味深いのは二人の母はどちらも「母親」らしくない母だったことだ。少なくとも、監視したり、命令したり、支配する存在からはほど遠かった。むしろ永遠の少女のような女性だった。二人の母が、親ではなく、むしろ「子ども」という形で描かれているのは偶然なのだろうか。『明るい部屋』のあの感動的なくだりをここで引用することは許されるだろう。

かくして私は、母を失ったばかりのアパルトマンで、ただ一人、灯火のもとで、母の写真を一枚一枚眺めながら、母と共に少しずつ時間を遡り、私が愛してきた母の顔の真実を探し求め続けた。そしてついに発見した。／その写真はずいぶん昔のものだった。厚紙で表装されていたが、角が擦り切れ、薄いセピア色に変化していて、幼い子どもが二人、ぼんやりと写っていた。母はそのとき五歳だった。〔…〕私は少女を観察し、ついに母を見出した。

（RB OC III, 1157–58／『明るい部屋』八一―八二）

こうして、亡き母は、少女のイメージのうちに再び見出される。この親子の逆転は、同じようにサルトルのテクストにも見られる。こちらはまだ生きている母ではあるけれども、プールー（サルトルの少年時の愛称）の前にいたのは、母親ではなく、姉でしかなかった。彼は皮肉な調子で、親はおらず、二人の子どもがいただけだと述べるのだ。

みんなは巨人の女を私に見せて、これが母親だよと言うが、私はむしろ姉だと見なしていた。家のなかで保護下にあるこの処女は、みんなにかしずいていたから、私の世話をするためにいるのだと思っていた。彼女のことは好きだった。だが、誰ひとりとして彼女に敬意を払っていないのに、どうして私だけが敬意を払うことができようか。家には寝室が三つあった。祖父の寝室、祖母の寝室、「子どもたち」の寝室。「子どもたち」というのは私たち、つまり同じように未成年で、同じように養われている母と私だった。（M 10／一八）

この姉弟の愛情は、サルトルの作品に遍在するテーマと言ってよい。それは時に近親相姦にまで至る、他人を排除した感情であり、戯曲『蠅』のオレステスとエレクトラ、『自由への道』のイヴィックとボリス、そして『アルトナの幽閉者』のフランツとレニは実際に関係をもつに至る。この姉弟感情が、母子感情が転じたものであると指摘するのに精神分析を援用する必要はないだろう。そもそも、サルトル自身がその『ボードレール』論において、この近親相姦の危険なファンタスムを強調しているのであるから、彼が自覚的であったことはまちがいない。

父親が死んだとき、ボードレールは六歳だった。彼は母を崇めながら暮らしていた。母から大切にされ、世話されて、うっとりとし、彼はまだ一人前の人間として存在しているかどうかもわからなかった。だが、原始的で神秘的な融即《パルティシパシオン》関係で母親と心身ともに結ばれているのを感じていた。相互に愛し合うぬるま湯にひたっていた。それは家であり、家庭であり、近親相姦のカップルだった。〔…〕母は偶像であり、子は母の愛情によって聖化されている。自分を流浪の、とりとめのない余計な存在だとは思わず、神権の息子だと考えていた。

（B 18–19／九）

サルトルの評伝はしばしば、当該の作家そのものに関してよりも多くのことを自分自身について語っているように思われるが、このくだりもまたボードレールよりもサルトルにふさわしい気がする。

イディオリトミー

だが、本来の関心であるバルトの講義に戻ることにしよう。そこで提示されている概念として、「イディオリトミー」という、ややわかりにくいが興味をそそられる言葉がある。「固有の、特殊な」という意味の接頭辞「イディオ」と「リズム」からなるこの造語は、最初の授業（一九七七年一月二十七日）に現れ、共同体の各個人が、共同体に統合されながらも、自分のリズムで生きることができる事実を指し示す「彼のファンタスム」である、と説明されている。彼はこの言葉をジャック・ラカリエールの『ギリシャの夏』を読んで発見したという。もともと宗教用語であったイディオリトミーとは、各人が自分のリズムを保つことができるような共同体のあり方を意味し、その意味で、個人と共同体の間にある緊張感、孤独と社会性との間にある緊張を前提とするものだとされる。

ただし、ここでイディオリトミーとリズムを混同してはならないだろう。バルトは、イディオリトゥムとはほとんど同語反復であると述べる。なぜなら、〈リュトモス〉は定義上、個人的なものだからだ。それは「すき間、コードからの逸脱、個人が社会的（あるいは自然な）コードのなかに組み込まれる様態からの逸脱」（CVE 39／一三）なのだ。バルトは「イディオリトミー」という語は冗長だとしたうえで、「それは生活様式の微妙な諸形態を指します。気分、定まらない様態、一時的な落ち込みや興奮状態。つまり規則的なものが示す断固として有無をいわさぬリズムの対極ですらある。リズムという語が抑圧的な意味〔…〕をおびてしまったからこそ、それに〈イディオス〉の語を加える必要があった」（CVE 39／一三―一四）と説明し、「イディオスはリズムと対立し、リュトモスとは同じである」と述べる。

そのうえでバルトは、カップルにとってイディオリトミーは可能か、という問いを立てる。「ひょっとしたらイディオリトミックなカップルも存在するのか？　だが問題はそこにはない。変わることのない寝室、閉塞と合法性、欲望の正当性。そうしたものに少しも惹かれない欲望にとって、カップルの場所はファンタスムによって照らし出される場所ではない。集中式アパルトマンはイディオリトミックではありえない」（CVE 39／一四）。だが、バルトの考えでは、それは大きな共同体でもありえない。なぜなら、大きな共同体は必然的に「権力の構造にしたがって構造化されているからだ」。

要するに、小集団は各個人に対して、共同体の組織に最低限不可欠である集合的なリズムを強制するわけだが、イディオリトミーとは個人の、それゆえ小集団における主体的なリズムを分析することを可能にする概念と言える。その一方で、バルトが二つの主体の間のリズムのずれの問題を、ある母子の行動を使って説明する（CVE 40／一六）ことはたいへん意味深いように思われる。ある日、バルトは窓から、ある母子を目撃する。母親は子どもの手を引っ張り、自分のリズムにあわせて歩かせる。子どものほうはほとんど小走りに駆けていく。「子どもはまるで鞭打たれる動物か、サドの登場人物のようだった」とバルトは形容する。そこから、リズム、生のリズム、リズムの強制と、権力の問題が引き出される。「母親は自分のリズムで歩き、子どものリズムが自分とは違うことを理解していない」（CVE 40／一六）。ここでまさにイディオリトミーとは対極にあるリズムが問題にされる。権力はリズム不全（dysrythmie）ないしはヘテロリトミー（hétérorythmie）、つまり、異質的リズムを介して働きかける。バルトは注釈する。「二つの異なるリズムを一緒にすることで、人は深い混乱を作り出す」（CVE 40／一六）と。

バルトは、「イディオリトミー」の観念をさらに二月九日の講義で再び確認する。「イディオリトミック＝ともに暮らそう（互いにさほど離れずに）とする数名の人びとからなる、あまり人数の多くない、柔軟性のある集団で、各自は自分の〈リュトモス〉を保っている」（CVE 78／六九）。そのうえで、なぜ彼らが寄り集まるのか、その理由を問う。バルトによれば、イディオリトミーが集まる理由は、大文字の「理由」あるいは「目的《テロス》」にあると言う。そして、実際この「目的」こそ、バルトが十九世紀後半のいくつかの物語や小説を通して探ろうとするものなのだ。

各人が自分のリズムで、柔軟に、そして自由に生きることができるような生活が可能だとすれば、それは二つの極限的な状況、すなわち完全な孤独と大集団との間にある。バルトがこのような集団における共生の問題を考えることになった淵源には、彼のサナトリウム生活があったことは想像に難くない。だが、それよりも重要なことは、「いかにしてともに生きるか」という問いが単に倫理的なものではなく、物理的なものとして立てられている点である。三月九日の講義ではこの点が説明される。「「共生」、とりわけイディオリトミックなそれは、共に住む主体相互間の距離にかかわる倫理（ないしは物理学）をともなう」（CVE 110／一一一）。他人と一緒に暮らせば、当然のことながら、個人的なリズムは妨害される。しかしながら、共同生活が時間の管理に関して、構成員に最低限の妥協を強いることは不可避である。

はたして、サルトルにおいても、このイディオリトミーに相当するような概念を見出すことができるだろうか。残念ながら、同一の考えを認めるのは困難だが、少なくとも規制的に動く共同性に対する拒否については見てとれる。サルトルにとって、集団の発見はまずは高等師範学校の寄宿舎でであり、その後、第二次世界大戦時の捕虜収容所だった。実際、一九四〇年六月二十一日、つまり自分の誕生日にドイツ軍に捕まり、トリーアの捕虜収容所に入れられたサルトルは、見知らぬ他者との共同生活のなかで、ブルジョワ的個人主義を諦めなければならず、集団と社会的なものを発見したという。「戦争を通じて、私は戦前の個人主義、純粋な個人から社会的なものへ、社会主義へと移ったと言ってもよい」（Sit. X, 180／一六八）。彼のアンガージュマンに関する考えが生まれたのはまさにこのような状況においてであった。しかしながら、サルトルの作品を子細に眺めてみれば、そこに見出されるのは、個人を集団に優先させようとする考えであることも事実である。それは前期の『存在と無』のサルトルだけではない。まさに集団性、集列性、集合態、共同体が問題になっていた『弁証法的理性批判』においてもその基本的な姿勢に変わりはないのだ。そして、たいへん興味深いことに、そこにもリズムの問題が見て取れる。『存在と無』においてリズムは、集団を調整する要素として現れる。「共‐存在《ミットザイン》」あるいは、「主体としての「われわれ」」に先立つのは、第三者の視線にさらされた「客体としての「われわれ」」であることを強調したあと、サルトルは集合的なリズムに揺られる「われわれ」の経験について語る。

他の人のリズムによる私のリズムの包囲は、「側面的に」捉えられる。私は集団的リズムを用具として利用するのではない。それを傍観するのでもない〔…〕集団的なリズムは私を取り巻き、私にとっての対象となることなしに私を巻き込む。〔…〕私自身の目的は、「ひと（on）」の目的であり、これは、集団そのものの目的と異なるものではない。したがって、私が生み出すリズムは、私との結びつきにおいて、側面的に集団のリズムである。このリズムは、それが集団のリズムであるかぎりにおいて、私のリズムであり、また逆にこのリズムは、それが私のリズムであるかぎりにおいて、集団のリズムである。まさにそこに「主体‐われわれ」の経験、つまり「結局、それはわれわれのリズムである」という経験の動機がある。（EN 465／中五一八―五一九）

ここでも集団の経験がまずはなによりも身体性のレベルにあることが興味深い。リズムはまさに個人と集団をつなぐ紐帯のようなものと見なされている。この意味で、ここで問題になっているのは、まさに「主体性」の問題にほかならない。だが、ここでいう主体性とは、主体のもつ性質のことではない。むしろまったく逆なのだ。主体性とはまずなによりも「非‐知」であり、主体の無意識的なものである。これこそ、サルトルが一九六一年のローマ講演『主体性とは何か』において俎上に載せたものであった。人間は自ら主体的に行動しているにもかかわらず、しばしばその主体性そのものは無意識的なものに留まる。逆にそれを意識してしまうと、かえって行動することがうまくいかないことがある。リズムとはまさにこのような身体性において機能するものだからだ。

バルトにおいてもまた生活にメリハリをつける積極的な意味でのリズムの観念への言及があることは興味深い。「少年時代の読書」と題された晩年の対話でバルトは、バシュラールを引用しつつ、人生において持続をもたらすのはまさにリズムなのだと述べている。

隠遁はまさに死の反対のものです。隠遁とはリズムのはっきりした時間であり、あるいはこの言葉を聞いてうんざりしないなら言いますが〔…〕規律だからです。「生きながらにして死に入る」〔…〕とは、今までずっとやってきたことを可能なかぎり長く「続ける」ことではありません。むしろ反対で、拍子をとって、すなわちリズムに従って新たなことを考え実践すること。それこそ私が休息と呼ぶものです。

(OC III, 1248／十巻三九)

そうだとすれば、重要なことはまずなによりも、自分自身の固有なリズムを確保し、遅れたり、置いてきぼりを食っても気にせず、他の雑音に惑わされることなく泰然自若としていることではないだろうか。ここで、バルトの発言はサルトルのそれと共鳴するように思われる。実際、サルトルもまた、シンクロすることのユートピア的な状態を記述した後に、反時代的、反時間的であることを説く。

私が他の人びとともにある共同のリズムのうちに参加して〔拘束されて〕(engagé)おり、私がこのリズムを生み出すのに寄与しているという事実は、私がひとつの「主体－われわれ」のうちに参加して〔拘束されて〕(engagé)いるものとして自分を捉えるように、とりわけ私をそそのかすひとつの動機である。これこそ、兵士たちの歩調をとった行進の意味であり、ボートのクルーのリズミカルな作業の意味だ。注意しなければならないが、その場合、リズムは、自由に私から出てくるのだ。それは、私が自分の超越によって実現する一つの企てである。リズムは規則的な反復の展望において、未来と現在と過去を総合する。このリズムを生み出すのは私だ。だが、同時に、このリズムは私をとりまく具体的な共同体の作業ないしは行進の一般的なリズムと溶けあっている。それはこのような具体的な共同体によってしか、意味をもたない。まさにこれこそ、私がとるリズムが「時間《テン》はずれ《ポ》（à contre-temps）」のときに感じることだ。（EN 465／中五一八）

実際、全体的なリズムが、たとえテンポを刻むために重要だとしても、サルトルが愛したジャズにおいてとりわけ明瞭であるように、リズムに刺激を与えるのはシンコペーション（オフビート）という反リズムなのだ。全体的なリズムを背景にしながら、それの裏で拍を取ることの快感がここにある。

拍子にのって読むこと

フランソワ・ヌーデルマンは、『哲学者が音楽に触れるとき』と題された書のなかで、バルトがまさに主体的で特異なリズムの可能性としてピアノを弾いていたのではないかという刺激的な仮説を出している。ルバートに関するバルトのコメントは、右手に対して左手がわずかに遅れつつ演奏するこのあり方を、まさに遅延の欲望とそのユートピアと考えているのではないか(7)。

同様にサルトルにおいても、この遅延、シンコペーションへの欲望、ずれていること、人とは違うリズムに乗ることへの欲望がある。それは、まさにあの有名な『嘔吐』のラグタイム「いつか、ある日（Some of these days）」の場面である。

いまは、あのサキソフォーンの歌がある。だから、私は恥じるのだ。華々しい小さな苦しみ、標準型の苦しみが生まれたところだ。サキソフォーンの四つの音。それは行きつ戻りつする。「私たちのようにするべきだ。拍子にあわせて苦しむべきだ」と言っているかのようだ。たしかに、そうだ。私はそんな風に拍子にあわせて、自己満足も自己憐憫もなく、無情な純粋さで苦しみたかった。

（N 205–206／二八四）

ロカンタンは飽きることなくこの「いつか、ある日」のレコードを行きつけの店でかけてもらうのだが、そのことによって、彼がブルジョワたちで構成されたブーヴィルという港町の共同のリズムに背を向けて、それとオフビートで関わる固有なリズムに身を任せるのだ。そして、自分の隣にいる生身の人間とではなく、この曲を作った作者やこれを歌っている歌手という想像的な存在と、シンコペーションを通して交流するのである。

サルトルは、しばしば全体性の思想家と言われるのだが、実は、詩のうちに社会的なものに対する主体性の優位を強調している。そして、それは彼がジャズを愛したことと無縁でないように思われる。そもそも、サルトルにおける全体性はつねに脱全体化とセットになっているのであり、mesure（尺度、拍子）は démesure（常軌を逸すること）と、temps（時間、テンポ）は contretemps（不時の出来事、シンコペーション）と対になっている。その意味でサルトルにおいて支配的なのは、シンクロすることより、シンコペーションすることなのだと言ってよかろう。

バルトはと言えば、まさに音楽を参照項としながら、「イディオリトミー」が柔軟で、異様で、流動的なリズムを保護することのうちにある、と述べる。だからこそ、それはメトロノーム的なリズムとはまったくちがって、むしろスウィングなのだ（CVE 6957–58）。
これはサルトルにも通じる。というのも、このアフリカを起源とするリズムへの賛歌を、サルトルはまさにネグリチュードを論じる際にあらためて持ち出すのであり、西洋の現代詩とは異なり、ネグリチュードには独特の主体的なリズムがあると強調するからだ。

おそらく苦しみとエロスと歓喜とのこの分解しがたい統一を理解するためには、ハーレムの黒人が世界でもっとも痛ましい曲であるあの「ブルース」のリズムにあわせて熱狂的に踊りまくる姿を見ておく必要があるかもしれない。じじつ、リズムこそ黒人の魂のあれほど多様な側面を強く結びつけ、リズムを、この魂のニーチェ的な軽快さをあのディオニュソス的な重苦しい直感に伝達し、リズム――タムタム、ジャズ、これらの詩の躍動――ニグロの実存の時間性を象徴しているのだ。黒人の詩人が同胞に向かってよりよい未来を予言するとき、彼は同胞の解放をリズムの形式で描いてみせるのである。（Sit. III, 271–278／一九〇）

もちろん、サルトルは、黒人音楽の美しさに最初に打たれた作家ではない。バルトとサルトルがともに敬愛したアンドレ・ジッドは、二人に先駆けてシンコペーションについて美しいくだりを書いている。

ニグロの太鼓の音が私たちをひきつける。ニグロの音楽！　去年私は幾度それを聞いたことだろう！　幾度それを聞くために仕事をやめて立ち上がったことだろう。調子はなくて、リズムの音楽だ。メロディーの楽器はひとつもなく、全部が打楽器だ。胴の長い太鼓、タムタム、それにカスタネット。〔…〕彼らは三人で本物の音楽を奏でている。シンコペーションによって奇妙に切られた奇数のリズム(rythme impair)。それを聴いているると気もそぞろになり、体じゅうの肉が踊りだす。(8)

メロディーに力点を置くヨーロッパのクラシック音楽に対して、その対極として、リズムが全面に出てくる音楽を発見した西欧の文化人たちのアンビバレントな感情は、よく知られるようにアドルノのジャズ嫌悪に如実に表れているのだが、サルトルに戻ることにしよう。

ブルースのリズムへの賛歌を通して、サルトルがなによりも強調するのが、読書におけるリズムの重要性であることは興味深い。つまり、ここで問題になっているのは、ただ主体的なものでなく、むしろ主体-客体的なものだからだ。実際、本を読むときにわたしたちは、作者のリズムを感じながら、そこに自分のリズムを重ねるようにして、すこしずつシンクロすることを無意識のうちで試みるからだ。そして、他者のリズムが消えて、ひとつのリズムだけが時を刻みはじめる至福の瞬間がやってくる。

以上のことから結論を引き出すときがきた。そう、リズムという主題を読書に接続しようと思うのだ。というのも、読書こそ、バルトとサルトルを親密に結びつける紐帯のひとつだからだ。読書はいまでは孤独な営みだと思われがちだが、十八世紀のサロンでの読書が端的に示すように、あるいは子どもへの読み聞かせの際のように、共同的・社会的な経験でもありうるだろう。だが、サルトルは、一方で読書の共同体的側面を強調しながらも、各人が自分のリズムで読書をしながら、奇妙な共振が起こるような空間を想像する。そこでは著者さえも読者にリズムを強制することのないような架空の空間にいる読者たちの共同体である。サルトルは『文学とは何か』だけでなく、『嘔吐』においてもまた、このような読書の主体的な側面を重視していたし、それはまさに読者の自由と著者の贈与性《ジェネロジテ》の問題でもあった。あの有名な一節、「創造は読書のなかでしか完成しない。〔…〕あらゆる文学は呼びかけである」（QL 53／五九）はそのように理解されなければならないだろう。

一方のバルトは、フィリップ・ソレルスの『天国』について語る対話形式の小さなテクストにおいて、読書におけるテンポの問題を想起する。ソレルスが句読点を省略するとすれば、それはおそらく、読者に「ゆっくりと読むこと」を強いるため、「新たなリズム、新たなテンポ」があるからだ。バルトによれば、「句読点は時に、止まったメトロノームのようになることがある」（OC III, 974／『新たな生の方へ』一二〇）。

こうして、ここでもイディオリトミーの重要性に出会うことになる。音楽においてと同様、読書においてもテンポは最重要なものであり、それがなければある種の経験を味わうことができない。「テンポの問題」、これはまさにバルトが、リュセット・フィナスが、サド、ネルヴァル、マラルメ、バタイユ、デリダを論じた『虹の女神《イリス》の音』に付した序文のタイトルである。彼女の「読書」論が、理論であると同時に実践であることを強調しながら、バルトはまさに読書を構成するいくつかの側面のひとつとしてテンポの問題を分析する。

そこでわれわれはテンポこそは、読むことをめぐるあらゆる理論、あらゆる歴史が賭けていたものであることを発見します。古典主義（きわめて広い意味での）は、われわれが今なお生きる糧としているものですが、読む速度をめぐる一つの規範を確立しました。その規範とは、知性の宿る目に刻み込まねばならない最適のリズムのことで、それを超えてもそれに届かなくても狂気と無意味に陥るしかない基準です。

（RB OC III, 725／『ロマネスクの誘惑』二三六）

このように、二人のリズムが必ずしも同じではないとしても、バルトとサルトルを結ぶいくつかの稜線を見てきた。最後は、サルトルの『言葉』から、少年サルトルがいつの日か自分の遠い親戚の少年が彼の本を読むシーンを想像し、その人物に乗り移るという不思議なシーンを引用することにしよう。

大人しく読書を続けていると、光はついには消えてしまう。私はもはや一つのリズム、抵抗しがたい衝動しか感じない。私は始動しはじめる。始動し、前進し、モーターが唸る。私は自分の魂を感じる。

（M 135／一九八―一九九）

そうなのだ。読書が始まった瞬間、わたしたちは、自分のなかでカチッとスイッチが入るのを感じる。あるリズムが少しずつ、だが規則的に、まるで他者の心臓の鼓動のようにやってきて私の身体を満たす。もしひとつの物語をともに生きるということがあるとすれば、それはこのような侵入者を進んで受け入れることによってのみ可能になるのではなかろうか。

註

（1）ティフェーヌ・サモワイヨーはその浩瀚なバルト伝で二人の比較に一章を費やしている。とはいえ、内容は詳細な分析というよりは、挿話的なものに留まっている。Typhaine Samoyault, *Roland Barthes*, Seuil, 2015, p. 253–272.

（2）バルト自身がサルトルのジャンル横断性の意味と、自らのサルトル読書についても語っている Roland Barthes, «Roland Barthes s'explique», RB OC III, 1072.

（3）Typhaine Samoyault, *op. cit.*, p. 272.

（4）とりわけ『零度のエクリチュール』の出発点では『文学とは何か』の基本的な発想が前提とされている。

（5）Roland Barthes, «Comment vivre ensemble, simulations romanesques de quelques espaces quotidiens—Qu'est-ce que «tenir un discours»? Recherche sur la parole investie», dans RB OC III, 744.

（6）日本語では監禁と幽閉と異なっているが、原語はどちらも séquestré(e)(s) である。

（7）「〔バルトは〕他人のルバートが我慢できない。たとえばリヒテルのルバートに文句をつけているが、それはバルト自身の体内リズムとあわないからだ」。François Noudelmann, *Le Toucher des philosophes, Sartre, Nietzche et Barthes au piano*, Gallimard, 2008, p. 144. フランソワ・ヌーデルマン『哲学者が音楽に触れるとき』橘明美訳、太田出版、二〇一四年、一七六頁。

（8）André Gide, «Feuilles de route（1895–1896）» dans *Journal I 1887–1925*, édition établie, présentée et annotée par Eric Marty, Gallimard, «Bibliothèque de la Pléiade», 1996, p. 232. 『ジッドの日記Ⅰ　一八八九～一九一一』新庄嘉章訳、日本図書センター、二〇〇三年、八四頁。

第8章　集団、主体性、共同体

六八年五月とサルトル、ドゥルーズ＝ガタリ、ブランショ

はじめに

六八年五月は革命だったのか事件だったのか。いろいろと位置づけはあるかと思うが、その定義はとりあえず措くとしよう。同時代の出来事として、ベトナム反戦運動、プラハの春、ポーランド三月事件、メキシコ民主化運動、中国の文化大革命、日本の全共闘運動などがあったことを想起してみれば、そこには、社会の変革と、それに対する個人のあり方という問題構成が共通項として浮かび上がってくるように思われる。六八年五月のみならず、その前後の状況についても頭の片隅に置きながら、同時代の思想のステージで、変革期における個人と共同体という問題系がどのように扱われていたのかを概観してみたい。ただし、哲学者や思想家たちの六八年五月への直接的言及よりはむしろ、六八年五月がかいま見えるような思想の断片を接続することで、時代と思想の接点を探ってみたい(1)。俎上に載せたいのは、具体的な政治の次元におけるレーニン主義の原則の一つである「党の指導性」に対する反発と批判である。そして、

指導体制にとってかわる共同実践のあり方が、それぞれの仕方で模索されていたのではないかという仮説を出発点としたい。より具体的には、共産主義なき共同性の思考がいかに可能なのかを探る思想として、サルトル、ドゥルーズ＝ガタリ、ブランショのテクストを検討したい。

そのためにまず確認しておきたいのは、六八年五月に対する共産党の反応である。フランス共産党は当初から学生の運動を批判的に見ており、機関紙『ユマニテ』も学生を厳しく非難する論調を前面に押し出し、バリケードを構築しての衝突や街頭占拠を積極的に推し進めるアナーキストやトロツキストを「挑発者」として激しく非難した。その論調が変わるのは、学生の動きに労働者が呼応する形で運動が拡大したときからである。徐々に強まってきた党内の不満を抑えるとともに、党外に対しては面子を保つために、CGT（労働総同盟）はゼネストを許可、学生と労働者の連帯が明瞭になった。ストライキは開始されて数日のうちに全国に広がり、革命の気運が高まった。しかし、その労働者と学生を再び分断する役を担ったのも共産党だった。五月二十七日、ド・ゴール政権とフランス共産党およびCGTとの間でいわゆるグルネル協定が結ばれることで、労働者と学生の連帯は分断され、事件は収束に向かったからである。この間、共産党は一貫して、社会変革は自分たちの指導のもので行われるべきものという態度を変えなかった。だが、まさにこのような教条的な党の立場への不満と不信こそが六八年五月を準備し、その後、より広範に広がっていったのではないだろうか。つまり、ありていに言えば、その背景にあったのはスターリン主義に代表される左翼運動内部における全体主義的側面や抑圧性の問題であり、ここで取り上げる思想家の分析のみならず、後にバディウやジジェクにも引き継がれるものだと言える。(2)

ところで、このような指導性を信奉する共産党のアンチ・モデルとしてキューバ革命があることはよく知られている。これによって革命にイデオロギーが必ずしも必要でないことは明らかになった。他方、六八年五月の出発点は「三月二二日運動」だが、これがベトナム反戦運動に参加した若者数名の検挙への抗議集会だったことも偶然とは思われない。その意味で、六八年五月は、第三世界との関わり抜きに語ることはできないのである。

サルトルと溶融集団

まずは、サルトルと六八年五月の関係から見ていくことにしたい。サルトルはこの出来事に当初から強い関心と連帯を示した。五月二十二日にソルボンヌ大学に赴き、学生たちと対談したことをはじめ、具体的な関わりは多数あるが、ここではそれには触れない。むしろ、それに先立つ一九六〇年にサルトルが発表した『弁証法的理性批判』を取り上げ、そこで展開されている集団論が、ある意味で六八年五月の小集団の自発性を予見していることを指摘したいと思う。

『弁証法的理性批判』には、極めて示唆的な集団論や共同体論が展開されている。ここではとりわけ、その第二部「集団から歴史へ」で展開される集団論に絞って、その要点を検討する。サルトルは、人間の共同的なあり方を〈集合態（collectif）〉と〈集団（groupe）〉の二つのタイプに分けることから始める。集合態とは、きわめて単純化して言えば、社会構造を基本としたあり方を意味し、その典型が「集列（série）」というあり方である。「集列」とは外部に由来する目的や機能だけでたまたま結びつけられた雑多な人びとの集まりであり、物理的には一緒にいても孤立し、互いに無関心な他者たちである。その最もわかりやすい例は、都会のバス停でバスを待つ人びとの一団だ。(3) それに対して、このような集合態の対立物として、共通の目的、目標、投企をもつ共同的実践として形成されるものが「集団」と呼ばれる。「集団」はある出来事を契機に集合態が変化して生まれるが、その生成発展過程をサルトルは、溶融集団（groupe en fusion）、誓約集団（groupe assermenté）、組織集団（groupe organisé）、制度集団（groupe institutionnalisé）と段階的に記述分析する。これが『弁証法的理性批判』第二部の基本的な枠組みである。[4]

それでは、「集合態」から「集団」への変貌はどのようにして起きるのか。それは、共同の欲求（besoin）または危険をもとにして構成され、その共同の実践を決定する共同の目的によって規定される。サルトルは、「集団」の変遷過程を描くにあたって、一つの「たとえ」としてフランス革命の一場面をモチーフ[5]として取り上げ、「集団」の変遷を描くための具体的な舞台装置として一七八九年七月をとりだす（CRD 455 *sqq.*）。そのプロットは、ごく簡単にまとめれば次のとおりである。国王側はパリの反乱状態の群集をひとまとめに「盗賊」として名指したのだが、まさにこの外部からの視線によって、それまで「集列性」であった群集は、自分たちが「集合態」としてひとつのまとまりであることを意識する。つまり、同じように名指された他者の存在を認識し、互いが他者のなかに自身の未来を発見することにより、それまで有機的に結びつくことのなかった諸個人が結びつくことになる。この変化をサルトルは、群集が「集列性」を超克し内在化した結果、「共同的人格」という抽象的な「集まり」が具体的かつ特異なかたちで露わになる過程だと説明する。[6]

「集合態」から脱した、この具体的でかつ「無定形（amorphe）」な「集まり」を、サルトルは「溶融集団」と名づける（CRD 461）。「集合態」の統一根拠が外部からの規定であるのに対して、「溶融集団」は、外部からの「否定」を群集が内在化した結果として生まれたのであり、その統一的根拠は自らのうちにあり、その意味でも、自由を疎外する「他者性」の直接的反対物である。溶融集団の特徴を挙げれば、1．自由の回復、2．自発性ないしは自然発生性（spontanéité）、3．指導者の不在、というよりは、誰もが指導者であり従属者である平等の構造。それは、いわば個人の実践がそのまま集団の実践であるような稀有な瞬間である。サルトルは、このような状況においては各人がこの「集まり」を統率して共同の実践を組織する「主権者（souverain）」になると言う[7]。

さて、この段階では、集団における役割分担は行われておらず、各人は偶然に統一化された「集まり」のなかで自他の区別がなくなるとともに、自分自身の保全と他者たちの保全とをもはや区別しなくなり、各自の目標はそのまま「共同の目標」として生み出されることになる。つまり、「溶融集団」においては、「私」は「集団」内の自己と他者の類似的行動や相互的行動を一体化することで、「集団」の構成員の行動を自らの行動として同一化する（CRD 475）。別の視点から考察すれば、「集団」内にいる他者を自らの「同等者」とみなすことは、「私の実践的領野の「対象存在」と「主体存在」との一種の綜合的超克」として集団の現前を見ることである。その意味で「溶融集団」とは、「対象集団（groupe-objet）」と「主体集団（groupe-sujet）」との綜合によって、主体と対象が完全に一致する場であると言える。ここで注目すべきは、サルトルが、「第三者」を私にとっての「同一者（identique）」ではなく、「同等者（même）」だと規定する点である（CRD 479）[8]。それぞれの「第三者」のうちにあって、共同の危険に対抗して共同で立ち向かおうとする自由の性質は、他者を「同等者」として把握する。こうして、諸個人の自由は、個々の特異性によって集団の全体性を通じお互いに同等の自由として認識しあう。ここには、「第三者」の機能を介して、私や〈他者〉の特異性（独自性 singularité）を確保しながら同時に「遍在性（ubiquité）」をも見出す自由の特性が確認できる（CRD 502）。

しかし、この自然発生的な自由がそのままでは存続できないことに、サルトルはきわめて自覚的であった。というのも「組織集団」においては、共同の目標を達成するために、集団内では必然的に職務分担が起こるからである。個人は、「集団」内で目標を構想し意味づけを与えることによって、「集団」の再組織化の意義を見出しはするものの、分業を通じて孤立し、その結果、直接的に「集団」と結びつかざるをえず、「集団」そのものに自己同一化してしまう（CRD 632-633）。個人は、組織の一定の枠内でしか実践をおこなうことができないが（CRD 543）、「集団」もまた、各人のこうした実践によって共同実践が担われていることを認識するため、自らの実践的限界を見出すことになる（CRD 617）。かくして、理想的な溶融集団は、次第に制度へと転落し、自由の王国は失われることになる。

ところで、サルトルがこの突然現れた革命的集団を階級的なものとは見なしていないことに注目する必要がある。つまり、社会変革の主体は、共産党が主張するのとは異なり、プロレタリアである必要はない(9)。これこそ、まさに六八年五月で起こったことであり、あるいは、キューバ革命や、アルジェリアにおける農民闘争で起こったことだと言えるし、後にはサルトルから大きな影響を受けたアンドレ・ゴルツの政治的エコロジー論も、このような路線上にある。このように見ていけば、マルクス＝レーニン主義がつねに保持してきた階層序列に対し、サルトルは、それぞれの特殊性から出発しつつ、その特殊性を否定することなしに平等につながる可能性を素描していると言えよう。

六八年五月では、まさにこのような小集団が自発的に現れたわけだが、それは革命につながることなく、泡と消えた。それでは、集団的な行動は必然的に挫折へと運命づけられていると考えるべきだろうか。続いてこのことを、ドゥルーズ＝ガタリの集団論から見ることにしよう。実際、この溶融集団のアイデアは、フェリックス・ガタリによって批判的に継承され、『アンチ・オイディプス』の中で展開されることになる。そのことを明確に示すくだりを引用しておこう。

『弁証法的理性批判』におけるサルトルの分析はきわめて正当であるように思われる。それによれば、階級の自発性というものは存在せず、ただ「集団」の自発性のみが存在するにすぎない。それゆえ「溶融集団」と階級を区別する必要が生じてくる。階級は「集列的」に止まり、党や国家によって代表される。二つは、同じ尺度に属していない。

（AŒ 305／下八二）

ドゥルーズ＝ガタリの集団論

一九七二年に刊行された『アンチ・オイディプス』の背景には六八年五月がありながらも、直接的な言及は限られている。いずれにせよ、そこで言及される集団論は、精神分析家のガタリが主導したと思われる。というのも、その発想の多くが、『精神分析と横断性――制度分析の試み』と名付けられる論集に収録される論考でも展開されているからだ。のみならず、ガタリはリアルタイムで六八年五月に関わり、発言してもいた[10]。もともとトロツキズムの活動家であった彼は、六〇年代以降は、「制度のうちから制度を食い破ろうとする独自の実践的社会研究を開始し、さまざまなグループを結集しながら、政治変革と精神分析の変革の同時的遂行[11]」を試みていた。六八年五月は、それまでの彼の思索を深化させるような大きな出来事だったと言ってよかろう。当時のガタリにとっての政治的レベルでの関心事は、マルクスが述べる

「社会的主体」とは異なる形で、集団的主観性をどう考えるかであった。彼が「制度的治療法」との関係で培った考え、つまり、治療を「主体集団」が行うという実践（PT 61／一〇四）もそのひとつにほかならない。

ガタリはこの問題にアプローチするために、「主体集団（groupes-sujet）」と「隷属集団（groupes assujettis）」という、対立しながらも相互に入れ替え可能な概念を提示する。[12] 社会のいたるところで「隷属集団」が形成されるのみならず、ひとは生まれおちたときから隷属を強いられている――資本主義に、父親に、家族に、学校に、会社に。その隷属集団を、自由な欲望を中心とした、水平的で横断的な主体集団へと「生成変化」させることは可能なのか。個人レベルで言えば、主体が主体として何ものにも隷属することがない、水平的・横断的な社会を作り出すことは可能なのか。ドゥルーズ＝ガタリの答は、自由な欲望という原理に忠実であることによってそれが可能だということであり、この欲望のあり方を示すのが「分裂分析」に他ならない。まずはこの対概念を『精神分析と横断性』に寄せられたドゥルーズの前書き「集団に関する三つの問題」およびガタリのテクストに従って、図式化して見てみよう。

主体集団は、「自己の行動に影響力をもとうと努力し、対象を解明しようと企て、さらにその解明の手段を分泌する」（PT 76／一二五）集団であり、自己了解を伴い、階級的構造化から離脱し、集団の利害を超えた彼岸に向かって自己解放することが可能な集団のことである。主体集団は、パロールを発するという使命をもつ主観性の立場と、社会的他者性の中で無限に主観性が疎外される立場の間を揺れ動く。また、「全体性や位階序列を払拭するような横断性をもつ指標（coefficients de transversalité）によって定義される。主体集団は言表行為の担い手（agents d'énonciation）であり、欲望の支柱であり、制度的な創造の構成員

(éléments de création institutionnelle) である。主体集団はその実践を通して、みずからの無意味や死あるいは解消にいたる限界に挑戦してやまない」(PT vi／八) とされる。

一方、隷属集団は、階級的構造化からの離脱の展望に向かわず、「他の集団に適合しようとする際に階級的構造化を被る」(PT 76／一二五)。隷属集団は、「総体として隷属的であるだけでなく、それが自らに付与したり受け入れたりする主人との関係においても同様に隷属的であるという二重構造をなしている。隷属集団を特徴づける位階序列、垂直的もしくはピラミッド型の組織は、集団が無意味とか死あるいは分解などに内接するいっさいの可能性を払いのけ、創造的断絶の発展を妨げ、他の集団の排除の上になりたつ自己保存のメカニズムを確保するために作られている。隷属集団の中央集権主義は構造化、全体化、統合化という過程を経て作用し、真の集団的「言表行為」の条件にとってかえて、現実ならびに主観性から切断された型にはまった言表の配備をもたらす」(PT vi／八)。

だが、ドゥルーズが明確に解説するように、両者は「二種類の集団というよりもむしろ制度のもつ二側面」と見なすこともできる。いずれにせよ、『アンチ・オイディプス』はこの対概念を用いて、隷属集団が主体集団へと変容する過程、またその逆方向へと変容する過程、主体の脱隷属化と再隷属化の過程を、社会革命の局面においてのみならず、複数の特異性の生産の局面において素描する。

ガタリによって提唱され、ドゥルーズ＝ガタリによって十全に展開されたこの対概念が興味深いのは、これが単に実践のレベルのみならず、欲望、知覚、言説など、多次元的なレベルで考察されることによって、サルトルには見られなかった隠された次元が浮き彫りにされるからである。また、サルトルが、たとえ理論上であったにせよ、集団の形態を溶融集団→誓約集団→組織集団→制度集団→実践的惰性態という形で通時的に示したのに対し、ドゥルーズ＝ガタリの集団論はむしろ共時的に提示されている点も大きな違いである[13]。さらに大きな違いは、サルトルが欲求＝必要（besoin）を出発点としていたのに対し、欲望（désir）が切り口になっていることである。『アンチ・オイディプス』が提唱する「分裂分析」は、欲望を生産的機械として、それを社会的生産との関係として捉えるわけだが、そこを起点に、知覚、言説などへと接続するダイナミズムはサルトルには見られないものだ。

まず欲望について言えば、「隷属集団において、欲望はまだ原因や目標の秩序によって規定され、欲望それ自体が巨視的な関係システムを織り上げ、これらの巨視的な諸関係が、主権組織体（formation de souveraineté）の元に大きな集団を規定している」とされる。これとは逆に、「主体集団にとっては、因果関係の断絶が、革命的な逃走線が唯一の原因である。私たちは、因果的系列の中に、こうした断絶を可能にする客観的な因子を、つまり、最も弱い環を指定することができるし、そうしなければならない」（AŒ 452–453／下三〇〇）とされる。

別の言い方をすれば、主体集団は、自らが隷属する上位の審級を認めることがなく、水平的で横断的であるのに対して、隷属集団はつねに国民、民族、国家、資本主義などの超越的審級に隷属する、垂直な構造をとる。「主体集団は何かを言表すると言いうるのに対し、隷属集団は結審が終わっている」[14]（PT 76／一二五）。その結果、主体集団は、上位集団とみなされる国民、民族、国家、資本主義への帰属性を無視して、よそへとつながることができる。マイノリティ、第三世界、人種差別、女性問題、エコロジーへと接続可能なのは、そのためだ。

幻想についても、集団幻想と個人幻想を精査していくと、個人幻想は存在せず、むしろ「主体集団」と

「隷属集団」という二種類の集団があることがわかるとされる。「隷属集団」の成員は、自分たちが集団に所属していることを個人的に体験したり、幻想したりするように規定されているにすぎないとされる。ところで、重要なことは、この二つの集団は、相互に移行する状態にあるとされる点だ。「〈主体集団〉は絶えず従属の危険に脅かされているし、〈隷属集団〉が、ある場合には革命的な役割を引き受けることもありうる」（AŒ 75／上一二四）。

革命に関して言えば、ドゥルーズ＝ガタリは、革命的集団がそのまま主体集団ではないこと、社会的諸備給において、集団なり欲望の無意識的リビドー的備給と、階級または利益の前意識的備給とを区別しなければならないことを指摘する（AŒ 411／下二三七）。実際、革命の初段階には、さまざまな備給と逆備給が交錯する。革命の可能性を信じていない段階では、まだためらっている前意識的備給がある。それに対してモル的因果関係の秩序における革命観では、革命的な前意識的備給がある。この場合、革命集団はそれでも〈隷属集団〉に留まる。一方、欲望の秩序における因果関係の断絶が果たされる場合、革命的な無意識的備給があり、これが〈主体集団〉とされる。さらに面倒なのは、すでに述べたように、「主体集団」と「隷属集団」は法則と体制を異にするものでありながら、相互浸透する可能性もあるだけでなく、同一人物にこの二つの要素が現れる場合もあることである[15]。

以上、概観してきた『アンチ・オイディプス』で提示されたさまざまな隷属の問題は、後に『千のプラトー』において、「社会的隷属化」と「機械状隷属化」として発展的に論じられることになり、前景に現れるのはプロレタリアによる階級闘争ではなくなり、マイノリティによる公理闘争となる。その一方で、哲学が問題にすべき民衆については『シネマ2　時間イメージ』以降、「来るべき民衆」という表現によって変奏されることになるのだが、いまはこれらの進化について検討する余裕はない[16]。あくまでも、六〇年代における問題構成にとどまり、小集団についても簡単に触れておこう。

六八年五月の際に発せられた言葉の一つは、「われわれは小集団《グルピュスキュール》だ」という有名なフレーズだ。デモの最中に連呼されたこの言葉は、まぎれもなく六八年五月を象徴する新語だった。既成の左翼組織に帰属しない、小規模な集団に対する蔑称だったgroupusculeは彼ら自身によって積極的な意義を付加されて、自称となった。一九七〇年一二月に『イディオ・リベルテ』第一号に掲載されたガタリの論考は、まさに「われわれは小集団《グルピュスキュール》だ」と題されたものであるが、小集団の本質をついている。そこでガタリは、小集団を単に称賛するのではなく、自己分析を軽んじれば、小集団もまた党と同じ覇権の狂気に陥るであろうと警鐘を鳴らし、小集団をさらに一人一人へと引き戻すべきだとしている（PT 284／四四六）。

いま一度、党との関係に戻れば、ガタリは「左翼反対派の九つのテーゼ[17]」では、まさに労働組合が統一の名の下に大衆の隷属を求めていることを指摘した上で、自然発生的な闘争が生じた場合に、それをどのように方向づけ組織化するかは従来の発想を脱する必要があると考え、大衆が自発的に動き出すための革命路線の可能性を探るが、「極左小集団の熱狂的情熱や猪突猛進がこのプロセスに貢献することはほとんどない」という見解も示されている。つまりこの時点では、党の指導的役割は完全には否定されず、新しい党を創設すべきか否かとの問題提起に留まっている（PT 126／二〇二）。なぜかと言えば、大衆だけでは、自然発生的な闘争を多様な形態で具体化していくことができないと考えられている」からである[18]。

このように見てくると、ドゥルーズ＝ガタリにとっても、革命組織とその再編の行程をどう構築するかという問題が主要な関心事であったことがわかる。資本主義的生産の社会的諸関係を変えるために新たな政治的組織の創設が必要だが、共産党の採択する中央集権主義が行き詰まっていることは誰の目にも明らかだった。

ブランショの共同体論

最後にこのような集団による変革の可能性に対して悲観的であり、それらとは一線を画す形で共同体という方向性を探ることになるブランショの例を見ることにしよう。

ブランショは、サルトル以上に六八年五月にコミットし、マルグリット・デュラス、ロベール・アンテルム、ディオニス・マスコロらとともに、学生－作家行動委員会（Comité d'Action étudiants-écrivains）の中心的メンバーとして活動した[19]。この委員会が共同で、革命に関するテクストを読み下し、解釈し、批判し、推敲を重ねた上で、共同文書を作成するという、一見単調で不毛な作業を終わりなく続けたことは伝説的であり、ここでは繰り返さない[20]。

六八年五月に関してリアルタイムで書かれたブランショの文章は、ほとんどが共同で書かれたものである。ここでは、距離を置いて書かれたものを見ることにしたい。ジャン＝リュック・ナンシーの共同体論への応答として一九八三年に出版された『明かしえぬ共同体』である。その第二部「恋人たちの共同体」は、マルグリット・デュラスの小説『死の病い』を契機として書かれたテクストだが、閉鎖空間における無名の男女の濃密な関係を描いた小説の分析は、六八年五月に関する考察によって始まる。

六八年五月は、容認されたあるいは期待された社会的諸形態を根底から揺るがせる祝祭のように、不意に訪れた幸福な出会いの中で、爆発的なコミュニケーションが、言いかえれば各人に階級や年齢、性や文化の相違をこえて、初対面の人と彼らがまさしく見なれた‐未知の人であるがゆえにすでに仲のいい友人のようにして付き合うことができるような、そんな開域が、企ても謀議もなしに発現しうる（発現の通常の諸形態をはるかにこえて発現する）のだということをはっきりと示して見せた。（CI 52／六四）

ここでブランショが強調するのが「企てなしに（sans projet）」という点である。あらかじめ主導的な理念があり、それが実現されたのではなく、純粋な自発性が発露した稀有な瞬間としての六八年五月というイメージを、ブランショも共有する。権力の奪取ではなく、むしろ、権力を引き受けまいとする身振り、委員会の匿名性、さらにブランショが強調するのは、この共同体の短命さであり、持続や維持とは真逆のベクトルである。このテクストの前半で批判的に問い直される peuple（民衆、人民）という言葉の射程も見極める必要があるだろう。先ほどドゥルーズにおける民衆という形象について触れたが、私たちはここでその別バージョンに出会うことになる。濫用される「民衆の現前」という表現を問い質しながら、ブランショはあらためてその実相を探る。

「自分を限定しないために何もしないことを受け容れる無限の力としてある「民衆」の現前」。無数の群衆が、卓絶した規模でその圧倒的な姿を現したのであり、「数量化しうるもの、数えうるものとしてではなく、また閉じた全体としてでもなく、集団全体を超え彼ら自身を超えて、そこに静かに場を領する総体として、そっくりそのままそこにいた」（CI 55／六九）とブランショは形容する。

共同体という語が発せられるのは、まさにこの文脈においてである。

そのときそこには、私たちがすでにその性格は定義ずみだと考えていたものとは異なる共同体の一形態があり、共産主義と共同体とが結びついて、ふたつながら実現されるやたちまち消滅していくことをそれら自身が知らずにいるのを受け容れるという、稀有な瞬間があったのだと私は確信している。持続してはならない、何であれ、持続に加担してはならない。そのことがこの例外的な日に聞き届けられた。誰ひとり解散を指令する必要はなかった。人びとは、無数の人を集会させたその同じ必然性によって散って行った。またたく間に散ってゆき、何も残さず、闘争グループの形でそれを存続させると称して真実の示威行動を変質させてしまう未練がましい徒党を組織するということもなかった。民衆とはそのようなものではない。彼らはそこにおり、もはやそこにはいない。民衆は彼らを固定化するような諸々の構造を無視するのだ。（CI 56／六九―七〇）

訳者の西谷修氏は、このような存続維持を求めない集団を称揚するブランショのスタンスをサルトルの集団についての議論に対する批判だと評しているが（訳者解説、一二六頁）、私としては、むしろ、そこに共通の関心を読み取りたいと思う。だが、ここでは共同体というテーマをもう少し見ていくことにしよう。六八年五月のさなかに書かれた「遺産なき共産主義」を主題とする短文では、まさに後の共同体のコンセプトが明確に素描されている。

共産主義は既存のいかなる共同体をも締め出す（そうして、既存のあらゆる共同体から自分自身を締め出す）。プロレタリア階級とは、窮乏、不満足、あらゆる意味での欠如以外にいかなる共通項ももたない共同体

である。（EP 160／一七二）

ここではまだプロレタリア階級に限定されている、共通項をもたない共同体という発想こそ、後にジャン＝リュック・ナンシーによって、死との関わりで構想される「来るべき共同体」の中核となるものだ。『明かしえぬ共同体』においてブランショは、伝統的共同体に対して選択的共同体を対立させつつ、極小の、極限の共同体として、「恋人たちの共同体」というあり方を提示する。伝統的な共同体とは、私たちの自由な決定なしに私たちに課せられているものであり、社会や地縁・血縁、さらに周縁を拡げれば人類にまでいたる、私たちの事実性である。一方の選択的共同体は、ある選択のまわりに成員を糾合するひとつの決定によってのみ成立するような共同体であるとされる。その上で次のように断じる。

恋人たちの共同体は、彼らが望むか否かにかかわらず、彼らがそれを歓ぶか否かにかかわらず、また彼らが偶然によって結ばれているか、「狂気の愛」によってあるいは死への情熱（クライスト）によって結ばれているかにかかわらず、社会の破壊をその本質的な目的としている。二人の存在者がささやかな共同体を形成するところには、〔…〕、戦争機械があるいはより正確に言えば大災厄の可能性がつくり出されるのであり、分量自体は極小であるとしてもこの可能性のうちには全般的絶滅の脅威が含まれている。（CI 80／一〇一）

まさにこのような極小集団の内にブランショは、「否定的共同体、共同体をもたない人びとの共同体」を見出す。ところで、ブランショが論じるデュラスの小説において男と女は、社会に対して一丸となって闘うような強固なカップルを作るどころではなく、その反対に、二人のあいだに、通常の意味でのコミュニケーションすら成立しているとは見えないような特異な関係を作っていることを忘れてはならないだろう。実際、コミュニケーションの問題は、その端緒からコミュニズム、コミュニティの問題と通底しているのであり、だからこそ、「否定的共同体」と題されたバタイユをめぐる第一部においてもコミュニケーションの問題が通奏低音のように響き続けるのであり、それは直に、ブランショにとって主要な問題構成であるエクリチュールへと延長されている。六八年五月に書かれた短文「考えられるいくつかの特徴」では、自分たちの出版物に関して、その匿名性を強調しつつ、ブランショは書く。

> 匿名性というものはただ単に、筆者の書いたものに対する所有権を取り去るのでも、書かれたものを筆者自身（彼の来歴、彼の人格、彼の特殊性と結びついた気配）から解放することによってこれを非人称的なものにするのでさえなくて、集団的ないしは複数的な言葉、つまりエクリチュールの共産主義《コミュニズム》を構成することを目的とする。（EP 150／一五二）

このようにコミュニズムを、「エクリチュールのコミュニズム」と読み換えるブランショの所作が、ドゥルーズ＝ガタリのそれと共鳴することは明らかだろう。ここで想起されるのは、『明かしえぬ共同体』の第一部で考察されたバタイユのアセファル共同体、つまり頭なしの共同体である。ブランショは、アセファル共同体のありかたが、集合というものの法と縁を切ることだった、と指摘する（CI 37）。こうして、バタイユが重視した souveraineté の問題が戻ってくる。先に見たように、サルトルは溶融集団における

souveraineté の問題を重視しているし、ドゥルーズもノマディズムに関連して、共同体と souveraineté について触れている。[21] ルソーを想起するまでもなく、あらゆる共同体の形成は、個人がなんらかの形で、自らの主権＝自由を譲渡＝自己疎外する aliénation を前提としている。したがって、以上のような問題構成が souveraineté と密接に関係していることは明らかであるが、ここではそれに踏み込む余裕はない。[22]

知識人の位置

以上検討してきた集団論という問題構成は、ここまで触れなかった稜線の方向へと延ばすと、知識人の問題につながっているように思われる。指導者でないにしても、触媒あるいは起爆剤となる存在としての知識人のありようが、六〇年代に大きく変わったことを、多くの思想家が論じている。

一九六六年に来日したサルトルの日本での講演は知識人論であったが、サルトル的知識人論への批判として、フーコー、ブランショらがそれぞれの論を展開したとすれば、六八年五月の民主化した大学というそれまでとは異なる知識人養成の場でおこった出来事と連結しているからである。このことを端的に示すドゥルーズの言葉をフーコー論から引こう。

中心化され媒介された闘争ではなく、横断的で直接的な新しいタイプの闘争とはどのようなものか。普遍的ではなく、特殊ないしは「特異」な「知識人」の新しい役割とはどのようなものか。同一的ではなく、むしろ同一性なき新しい主体化の新しい様式とはどのようなものか。これらは、私に何ができるか、私は何を知っているか、私は何であるか、という問いの三つの根源である。一九六八年に至る一連の出来事はこれら三つの問いの「反復」のようなものであった。[23]

このように述べたうえで、そこに付された注では、一九六八年五月が、パリの知識人の頭の中だけに起こったことではなく、世界の一連の動向から生み出された出来事であることを強調している。長いので引用は避けるが、ドゥルーズは、それと関連した思想動向を「新しい闘争形態の登場と、新しい主体性の産出の結合」とみなしており、ルカーチから始まり、フランクフルト学派、イタリアのマルクス主義と「アウトノミア」、サルトルの周囲に生まれた新しい労働者階級についての思索（ゴルツ）、カストリアディス、ガタリ、フーコーなどの思想までを見据えており、それが共同体の新たな形態についての思索なのだとしている。

だとすれば、この集団論と知識人論の接点をなす地平は、私たち自身の学問のあり方や、大学の問題ともつながっているはずである。六八年五月以降をフランス社会がどのように生きたのか、日本の場合はどうだったのかを考察する必要があるだろう。たとえ、今この場がそれを直接的・明示的に議論する場ではないにしても、そのことをまったく意識しないのであれば、そもそもこのような議論そのものが意味をもたないはずだ。

安易に現在のフランスの政治文化状況に結びつけることは避けるべきだろうが、現状を見ると、政治のレベルでは、階級という大きな集団とそれを指導する党という幻想が潰え去った後に、個人をつなぐ新たな紐帯は見出されないまま今に至ったように思われる。二〇一七年の大統領選挙でのエマニュエル・マクロンの勝利は、左翼政党がもはや成立しないことを端なくもあばき出した。かつて隆盛をほこったフランス共産党は風前の灯火であり、ピエール・ロラン全国書記は党名の変更も辞さない抜本的改革を行うと述べていた。ひるがえって、スキャンダルまみれの安倍政権が長期化する日本の絶望的な政治状況については、反知性主義の台頭もふくめて、別途考えるべき問題であろう。

註

（1）サルトルの六八年五月関係の発言は、日本ではすぐに一書にまとめられて出版された。サルトル『否認の思想——六八年五月のフランスと八月のチェコ』海老坂武ほか訳、人文書院、一九六九年。

（2）さらには二〇一八年秋に始まった「黄色いベスト」運動につながっていると言えるだろう。

（3）『存在と無』において否定された都市生活などにおける「主体＝われわれ」に関する分析の延長線上にある。本例が最も直接的な集列性だが、その他に、サルトルはラジオを聞くという不在を土台とした間接的な形、自由競争市場における価格決定という複雑な社会的水準、世論という主体なき他者性が作る集列性など、複数のあり方を挙げている。集列性に関するサルトルの考察を、ガブリエル・タルド、ギュスターヴ・ル・ボン、デイヴィッド・リースマンなどが問題とする公衆や群衆といった社会学との関係で検討する作業は必要であろう。

（4）一九五〇年代以降からサルトルは、「諸個人」が集団化して闘う理論を模索しており、「共産主義者と平和」（一九五二、五四年）にもすでに「集合的主体（sujet collectif）」についての考察があり、「実践の主体（*sujet de la praxis*）」が俎上に載せられていた。そこでいう「集合的主体」とは、人びとが情況によって集められ、労働の分業によって差異化された後、自らが選んだ「指導者たち（dirigeants）」によって組織化されたものである。集団の固有の統一は指導者たちの人格のうちに見出され、各人に拡散していた「主権（souveraineté）」が、「首領たち（chefs）」の人格において集まって凝縮する。各人は、首領に隷属するかぎりにおいて、首領を通じて全体的な「主権」の保管者となると分析する。これは言うまでもなく、指導的な党のあり方そのものと言ってよかろう。

Cf. Sit. IV, 372-373, n. 1.

（5）この点に関しては竹本研史「サルトルの「応答」――『弁証法的理性批判』における「集団」と「第三者」」、澤田直編『サルトル読本』法政大学出版局、二〇一五年、を参照のこと。

（6）ここで、単なる集まりが共通の他者、言い換えれば「第三者」の視線によって「われわれ」へと変わることにサルトルが着目した点は、『存在と無』の「眼差し」の概念の延長線上にあると言える。

（7）ここでは、君主という意味ではなく、ニーチェが『道徳の系譜』第二論文で述べた意味、「自立的で持続的な、固有の意志をもつ人間、約束することのできる人間」という意味に近いように思われる。だが、この主権性は、その後、必然的に他者や制度のうちへと移行することが、その後の集団の変容の過程で描かれる。

（8）「溶融集団」における「同等者」に関しては、北見秀司『サルトルとマルクスII――万人の複数の自律のために』（春風社、二〇一一年）の分析が示唆的である。

（9）逆の観点からすれば、プロレタリアとはある特定の社会階級のことではない、と言ってもよいだろう。このことを指摘したアガンベン『残りの時　パウロ講義』上村忠男訳、岩波書店、二〇〇五年、五〇―五一頁を参照のこと。

（10）ガタリは、自然発生的に起きた五月革命のなかに、とりわけ創造性をそなえた三月二十二日運動の集団に理想を見出す。「三月二十二日運動のすぐれた例外性は、〔…〕それが、多くの青年労働者や学生大衆の「分析装置」として構成されたところにある」（PT 217／三四五）。だが、同時に次のような留保をつけることも忘れない。「他方、三月二十二日運動そのものはグルピュスキュールに変容してしまった。その自由な内発的表現、創造性は、たぶんこの運動がみずからの「歴史的責任」を突如自覚するにいたったために希薄化したのだ」（PT 218／三四五）。

（11）杉村昌昭の簡にして要を得た表現を借りる。『三つのエコロジー』（杉村昌昭訳、平凡社ライブラリー、二〇〇八年）の訳者解説、一四七頁。

（12）当初ガタリはこれを主体集団（自己の内的法則、自己の計画、他の集団に対する自己の作用を取り戻そうとめざす集団）と客体集団（他の集団から自己の諸規定を受け取る集団）という概念で構想していたようだ。（PT 156／二四七）。

(13) とはいえ、『アンチ・オイディプス』における集団論と『弁証法的理性批判』の集団論の共通性は、革命の主体という切り口をしばしば問題にすることからも見てとれる。実際、先に引用したサルトルの『弁証法的理性批判』に触れたくだりの直前でドゥルーズ＝ガタリは記している。「最も直接的な問題は、党や国家の中に具現化された階級意識が客観的な階級利益を裏切ることがあるかないかを知ることでもない。この客観的な階級利益と言われるものは、一種の自発性を潜在的に具えたものとされているが、この自発性は、この階級利益を代表すると主張する種々の決定機関によって窒息させられているからである」（AŒ 305／下八二）。

(14) ガタリは、次のようにも述べる。「主体集団は、アルチュセールとは違って、諸概念を生産する理論家ではない。それは意味作用を生産するのではなく、シニフィアンを生産するのである。それは党や路線を生産するのではなく、制度を生産し、制度化を生産するのである。歴史の全般的な方向性を修正しはするが、それを書こうとはしない。それは状況を解釈し、その真理の光によって、労働者運動のなかに共時的に共存している諸公式の総体を照らすのである」（PT 161／二五五）。

(15) 「同じ人間が、異なる関係のもとで二種類の集団に参加することができるということである（サン＝ジュストやレーニン）。あるいはまた、異なる状況が共存している場合、同じ集団が同時に二つの性格を示すことがありうるということである」（AŒ 418／下二四六）。

(16) 『アンチ・オイディプス』が、主たる権力形態が社会的隷属化である時代の書であったのに対し、『千のプラトー』は権力形態が社会的隷属化から機械状隷従化へと移行しつつあった時代の書であった、という佐藤嘉幸と廣瀬純の説明は示唆に富む。佐藤嘉幸・廣瀬純『三つの革命――ドゥルーズ＝ガタリの政治哲学』講談社選書メチエ、二〇一七年、一七七―一七八頁。「来るべき民衆」に関しては、黒木秀房の博士論文「ジル・ドゥルーズの哲学と芸術――ノヴァ・フィグラ」（二〇一七年、立教大学文学研究科）に詳しい分析がある。

(17) 集団的に書き上げられたものをガタリが敷衍し、六六年二月にパンフレットとして刊行されたもので、ここに後に見るブランショの場合と同じテクストの匿名性の問題が見られることは興味深い。

(18) この見解は、サルトルのそれと一致している。サルトルは、六八年五月に関して『イル・マニフェスト』紙へのインタビューに答えて、次のように述べていた。「大衆、党、自然発生性、集列化、経路、集団といった概念について私が指摘しようとしたことは、この問題に対する回答の萌芽を示すものなのです。〔…〕大衆に対して党は必要な現実であるが、それは大衆がそれ自身で自然発生性をもっていないからであり、それ自身としては、集列的なものに留まっている。だが、また逆に「党」が制度となるや、自分自身が咬したり創造するもの、つまり、溶融集団に対して――例外的な場合を除き――反動的になる。別言すれば、自然発生性と党というジレンマは、偽の問題なのです」(Sit. VIII, 264／一九二)。

(19) このテーマに関しては、以下の本に詳しい。Jean-François Hamel, *Nous sommes tous la pègre*, Minuit, 2018.

(20) 委員会は解散後「作家学生行動委員会、一年を経て」(«Un an après le Comité d'action écrivains-étudiants», *Les Lettres modernes*, juin-juillet 1969) というテクストを刊行。

(21) 「この規定された形態、ニーチェが「主権の組織体 formation de souveraineté」と呼んだような形態は一体何だろうか。これは全体化や統一化を行いシニフィアンの働きをし、組織や欠如や目標を定める対称性の役割を果たすものである。それは社会体の異なる様式を規定する充実身体であり、大地、専制君主、資本と言った、真に重々しい集合である」(AŒ 236) と『アンチ・オイディプス』では言われる。ドゥルーズは、「ノマドの思考」でも同じ表現を用いるが、ニーチェの Herrschaftgebilde の意味合いについては別途考えることにしたい。

(22) もちろん、先にみた溶融集団の主権者では、主体の自由のポジティヴな面が強調されるのに対して、ドゥルーズの場合は専制的な体制がイメージされ、むしろ否定的な面が強いという違いもあり、より緻密な検討が必要である。さらにこの問題を十全に考察するには、当然、フーコーやアガンベンなどを参照しつつ、この言葉の多様性のうちで展開する意味作用を総覧する必要があろう。

(23) Gilles Deleuze, *Foucault*, Minuit, 1986, p. 122–123. ジル・ドゥルーズ『フーコー』宇野邦一訳、河出文庫、二〇〇七年、二一六―二一七頁。

第9章　詩人ポンジュを読む二人の哲学者
デリダとサルトル

一九〇五年生まれのジャン＝ポール・サルトルと一九三〇年生まれのジャック・デリダ、この二人の間には四半世紀のタイムラグがある。その間、世界は大きく変化した。第二次世界大戦後の思想界に実存主義の旗手として君臨したサルトルと、二十世紀末から二十一世紀初頭にかけて脱構築の思想によってこれまた世界の思想界を席巻したデリダを取り巻く歴史的・社会的状況は大きく異なる。とはいえ、同時に、単なる偶然とはいえ、パラレルな状況も見られる。第一次世界大戦が勃発した時、サルトルが九歳だったように、デリダもまた第二次世界大戦の開始時に九歳だった。思春期に入る前の多感な時期に歴史を揺るがす出来事に直面した二人の思想家の上に戦争がその影をくっきりと落としていること、それは彼らの思想を理解する上で決して蔑ろにできない事実だと思われる。二人がともに社会の動向にきわめてアクティヴに関わった事実がそれを如実に物語っている。彼らの関わりを一言で「アンガージュマン」と呼んで構わないだろうが、両者の身振りは似ていると同時に、大きな差異も含んでいることは言うまでもない。

文学と哲学の分有

サルトルが第二次世界大戦後のフランスの思想界、さらには社会全体において巨大すぎる存在だったために——それはひとりの思想家である以上に、おそらくは社会現象だった——、フーコーをはじめとする次世代の思想家たち（ドゥルーズは唯一の例外だろう）は、その存在を徹底的に無視する戦略をとった。あたかも、思想上の対決は無用であると言うかのように……。実際、デリダの場合も長いあいだ——「人間の目的=終わり《ファン》」と『弔鐘』を除けば——論考や発表でサルトルを明示的に参照することはきわめて少なく、主題的な言及は一九九六年、サルトルが創刊した『現代《レ・タン・モデルヌ》』誌の五〇周年記念号にクロード・ランズマンに慫慂されて寄稿した「「彼は走っていた、死んでもなお」サリュ、サリュ」を待たなければならなかった。後続者であるデリダがサルトルを強く意識したことは疑うべくもないが、先行者に対するスタンスが見えにくかったことは確かであり、そのために二人の関係を包括的に論じるテクストはこれまでも決して多いとは言えない。日本の場合は例外的に、港道隆と生方淳子によるインタビュー「自伝的な〝言葉〟——pourquoi pas（why not）Sartre?」(1)のお蔭で、サルトルに対するデリダのスタンスを一九八七年という早い時期で知ることができていたのだが、両者を比較検討する論考は決して多くはない。デリダとサルトルが分有する領域は、現象学、自伝、政治的なものなど多岐にわたり、その全貌を描くことはとうてい本章の枠に収まるものではない。ここでは、二人の哲学者にとっての文学の位置を中心に考察してみたい。作家でもあるサルトルにおいて文学が若き日から中心的な関心事であったことは言を俟たない。一方のデリダもまた若い頃から文学に強い関心を抱いていたことが本人の証言から窺える。

「私のもっとも持続的な関心は哲学的な関心以前に遡ると言ってもよいだろうが――文学の方へと、文学的なエクリチュールへと向かっていた」[2]とデリダは国家博士号授与の審査の際に述べている。実際、目もくらむほど膨大なデリダのコーパスのうちで、文学に関係したテクストが占める場所は決して小さなものではない。いやむしろ、文学をめぐる考察は、生涯にわたってデリダの思想的営為の屋台骨となっていると言っても過言ではないだろう。だとすれば、この二人の思想家にとって哲学と文学との関係がどのようなものであったかを問うことは、倫理、政治、民主主義、マルクス、精神分析などの主題をめぐって問うことに優るとも劣らず重要な問いかけだろう。

啓蒙の世紀の思想家や、ドイツ・ロマン派、キルケゴールやニーチェといった例外を除けば、プラトンを思い起こすまでもなく、哲学と文学は長らく相容れぬものとされてきた。哲学者が文学について語ることの意味は何か？　そこにはもちろん、自伝的なものという問題構成も複雑に絡んでいる。だが、ここでは評論を中心に考察してみたい。二人の哲学者は数多くの文学評論――あれらを文学評論と呼びうるとしてだが――を残したが、そのうちの少なからぬ対象が重なりあっている。デリダが論じた作家たちが、サルトルが取り上げたそれと重なっていることは偶然ではありえない。ボードレール、フローベール、マラルメ、カフカ、ブランショ、バタイユ、ポンジュ、ジュネといった両者によって論じられた詩人、作家が提起する問題を糸口に、両哲学者のアプローチを追いながら、文学と哲学の分有について論じることはなされるべき研究課題であろう。

これらの作家や詩人に共通するものは何だろうか。それは端的に言えば、彼らがひとしく文学の危機の時代の作家であり、危機を通して新たな文学とは何かを問うた作家であることだ。実際、上記の作家について論じたのは、サルトルとデリダにとどまらない。バタイユ（ボードレール、ジュネ）、フーコー、ブルデュー、ドゥルーズといった二十世紀の主要な思想家、哲学者の関心を惹くある種の文学が確かに存在するのだ。さらにはランシエールなどがこぞってこれらの作家を取り上げていることからも明らかなように、

だが、いたずらにフィールドを広げるのは控え、サルトルとデリダそれぞれのコーパスを確認する作業から始めることにしよう。サルトルは、一九四七年刊行の『シチュアシオンⅠ』に収められることになる文学評論を三八年から四四年にかけて発表している。そこで扱われたのは、フォークナー、ドス・パソス、ニザン、モーリヤック、ナボコフ、ジロドゥー、カミュ、ブランショ、バタイユ、ポンジュ、ルナールといったフランスとアメリカの作家たちだった。これらの評論は『嘔吐』によって作家デビューしたサルトルを批評家としても世に売りだそうというガリマール社の方針が働いていたこともあるが、サルトル自身が評論という形式に水を得た魚のごとくごく自然に入り込んだことも確かである。一方、戦後の評論は、どちらかといえば知名度を背景に若手作家などの援護射撃的な「前書き」の類が増えるが、それでも、多くの場合、サルトルの批評活動には単なる「頼まれ仕事」を超えた熱意が感じられる。四七年には自ら主宰する『現代』誌上で、文壇を超えて大きなインパクトを与えた『文学とは何か』が発表されたが、これはアンガージュマン文学の宣言である以上に、シュルレアリスムを含めた従来の文学の総括であり、新たな地平の展望を切り拓こうとする野心的な試みであった。同年には、ネグリチュードを論じた「黒いオルフェ」の執筆、カフカに関する講演などが行われただけでなく、『ボードレール』論も刊行されている。その後、サルトルは政治の季節とも呼ぶべき時期に入り、文学は後景に退く観があるが、それでも一九五二年に発表された『聖ジュネ』は六〇〇頁におよぶ大著である。それと並行して、サルトルは大部のマラ

ルメ論も準備しており、執筆も五〇〇ページほど進められていたが、自宅がプラスチック爆弾によって破壊された際に焼失してしまった。晩年に『オブリック』誌に掲載された後、一九八六年に単行本となった『マラルメ論』はその一部である。そして、最後の仕事になったのが、失明のため未完に終わったとはいえ、一九七一年と七二年に三巻までが上梓された二六〇〇ページを超えるフローベール論『家の馬鹿息子』である。このように概観しただけで、サルトルにおける文学評論、評伝の重要性は明らかであろう。

一方のデリダもまた、文学に関する論考をコンスタントに発表している。出世作とも言える『エクリチュールと差異』には、アルトーとジャベス論が含まれるし、六〇年代から七〇年代初め、テル・ケル派に接近した時期に発表され、後に『散種』に収められることになるマラルメ論「二重の会」、ヘーゲルとジュネを同時に対象とした一九七四年の『弔鐘』があり、八〇年のフローベール論があり、さらには複数のツェラン論やブランショ論があることはよく知られるとおりである。

とはいえ、デリダもサルトルも通常の意味における文芸評論家ではないし、両者のアプローチはそもそも、いわゆる文学評論と呼ばれるものとは似て非なるものである。実際、サルトルのジュネ論にせよフローベール論にせよ、そこで問題となっているのは、作家ジュネ、作家フローベールである以上に、歴史的社会的状況のうちにある作家・人間であり、文学であると同時に倫理でもある。一方のデリダに関しても、『シボレート』を見ても顕著なように、そこで問われているのは、通常の意味での作品論でもなければ、作家論でもない。むしろ文学という制度のうちで、個々の作家が紡ぎ出すテクストがどのような特異性を放つのかが、独自なスタイルでアプローチされるのである。再度確認しておけば、彼らは作家や文芸評論家として論じているのではなく、あくまでも哲学者として文学について語っている。そのことの意味を問う必要がある。もちろん、デリダと文学を問題にするためには、制度としての文学を超えて、エクリチュール、ディスクール(3)を視野に入れなければならないが、本書の枠組みではより慎ましい試みで満足しなければならない。

ここでは二人のポンジュ論を取り上げることにしたい。その理由はいくつかある。第一には、比較的手頃な長さであるということ、より正確に言えば、二人のテクストの長さが近いということである。第二には、文学と哲学の関係そのものに触れるようなテクストであること、もう少し踏み込んで言えば、そこに現象学という問題系が横切っているだけでなく、世界について語る哲学が問題となっていること。そして、最後に、作品そのものの分析を中心に論が展開され、マラルメの影なども見てとれることである。

二つのポンジュ論

サルトルは「人と物」と題するポンジュ論を二回に分けて一九四四年『ポエジー』誌に発表した(後に『シチュアシオンI』に収録)。ポンジュが詩人としてデビューしたのは、第一次大戦後まもない一九二三年。『NRF』誌に「三つの諷刺詩」が掲載されたが、これを機に知り合ったジャン・ポーランの助力もあって、全三二篇からなる『物の味方』がガリマール社から上梓されたのはさらにくだって一九四二年である。この時点で、ポンジュは一部でこそ評価の高かったものの、高名な詩人ではなかったし、評価が定まっていたわけでもなかった。サルトルの論考の内容を図式的に要約すれば、ほぼ次のようになる。

詩人ポンジュの出発点にあるのは、第一次大戦世代に共通して見られる「言葉への不信」、「言葉への絶望」である。言語の危機状況に直面したポンジュは、シュルレアリスムに参加し、シュルレアリスム的な破壊に向かう[4]。だが、ポンジュがシュルレアリストと異なるのは、彼が、言語に対する新たな信頼を構築することへと向かう点だとサルトルは指摘する。それはまずは、言葉の垢取り（décrassage）という様相を呈する。このような作業のうちに、彼は、verbe（言葉／言霊）の不完全性を垣間見ることになる。その意味で、ポンジュが比べられるべきは、ヴァレリーやレリスではなくランボーである。「語の意味の密かな化学作用によって、人間の創作物が歪められ、反り返り、人間の手から逃れ去ろうとするまさにその瞬間に語を捉えなければならない。一言で言えば、語が物になろうとする瞬間を捉えることが重要なのだ」(Sit. I, 232／二二七)。

つまり、ポンジュの特徴は「物としての言葉」にある。その詩的試みにはシュルレアリスムをはるかに超える射程があるが、それはポンジュにおいては人間的な意味が退き、人が物化し、人間的な意味が剝ぎ取られる、つまり、そこに人の観点に取って代わって物自身の観点があるからである。言いかえれば、言辞を陳腐な用法から引き離し、私たちの視線を新たな対象に向けさせるというわけだ。その新たな対象とは、他ならぬ事物である。「物は実在する。それを運命として甘受し、物に荷担すべきである。したがってわれわれは、断固として語り出すべく、あまりにも人間的な性格をもつ言辞を放棄するであろう。物、すなわち非人間的な意味について語り出すために」(Sit. I, 234／二二九)。

別の観点から言えば、それは言葉から実用的な意味を引き剝がすことである。実用性という態度表明を括弧に入れ、物そのものを純粋に記述すること。かくして、ポンジュは現象学に引きつけられることになる。現象学が哲学的に事象そのものにアプローチしたのと同様に、ポンジュは詩的営為によって物そのものへと向かうというのだ。その意味で、ポンジュの詩は、人間が閉め出された世界である。サルトルはポンジュの作品を縦横に引用しながら、物が人間に先立っていることを示す。とはいえ、ポンジュは観察するのでも描写するのでもないし、対象の性質を究明することも定着することもしない。なぜなら、「物は彼にとって、カントにおける感覚的な性質を支える極Xのように見えないからだ」(Sit. I, 257/二三九)。

その結論は有名である。「詩人ポンジュは「自然の現象学」の基礎を打ち立てた」(Sit. I, 270/二五一)。こう断言して、サルトルは論を閉じる。いかにもサルトルらしい極めて明解な論の仕立てである。ところで、このポンジュ論には、他のサルトルの論考と比べて、いくつかの際だった特徴が見られる。

まず、気づくことは、作品からの引用がきわめて多いことである。サルトルはテクストを論じるよりも、作者の伝記的事実から出発して作者の実存の分析を中心に行うという批判がしばしばなされるが(これは必ずしも事実ではない)、ここでは人間ポンジュについてはほとんど語られることがない。あくまでもテクストが中心である。当時、刊行されていたポンジュの詩集は『一二の小品』(一九二六)と『物の味方』(一九四二)の二冊に過ぎなかったが、サルトルはカミュ[5]経由で、ポンジュから未刊行の詩篇も入手し、それらを多角的に引用し、論を組み立てている。余談になるが、バタイユ論「新しき神秘家」の辛辣さを見て、ポンジュはサルトルに原稿を渡したのを後悔したそうだ。だが、ポンジュに対しては、いくつかの留保こそあるものの、全体的には称賛と積極的な評価に満ちている。

このサルトルの論考は、いまだ確立していなかったポンジュの詩人としての立場を堅固にすることに貢献したが、その一方で、ある種の固定的な解釈を押しつけたことも否めない。

それに対して、デリダのポンジュ論は一九七五年ポンジュに捧げられたスリジーでのシンポジウムで発表されたものである（つまり、サルトルとデリダの論考のあいだには三十年のタイムラグがあり、この時点でポンジュはすでに聖別されていた）(6)。詩人自身参加の上で催されたこのシンポジウムは、八月二日から十二日の十日間にわたった伝統的な旬日会で、八月五日の発表者はデリダひとりで午前・午後を通して、『シニェポンジュ』として刊行される長いテクストを読んだ。デリダのテクストもまた二部からなっているのだが、ここでは比較的、まとまった論理展開が見られる前半部を中心に見ることにしたい。

デリダはポンジュに呼びかけることから始める。だが、直接二人称ではなく、三人称で、「フランシス・ポンジュ――ここから私は彼を呼ぶ、彼に挨拶し、そして彼を賞賛するために」（SI 9／三）と。そして、appeler（呼ぶ、名づける）の多義性を中心に、ポンジュを意図的に模倣しながら、「フランシス・ポンジュが今日、私の問題（事物 chose）であるだろう」（SI 15／一二）と述べ、その帰結は何かと問うて、複数の答えを出す。

1　ポンジュから署名を盗む。だが、いかにして、一つの署名は盗まれるままになるのか。
2　事物の法の試練にわれわれが曝らされるということ。
3　自分がリスクを冒して行うことが、ひとつの出来事となるのでなければならない。

デリダは、署名の問題から出発して法へと移り、そこからさらに le propre（清潔さ、固有なもの）へと横滑りしていく。

彼は誰よりもよく固有なもの、固有な仕方で書くということ、そして固有な仕方で署名するということに関して思索した〔に対して投機した〕ということになるだろう。その際、彼は固有なもののなかで、清潔《プロプルテ》さと固有性《プロプリエテ》という二つの茎をもはや分け隔てることはない。（SI 28／三四）

propreté と propriété のあいだにあるのは、i という小さな verge（茎／棒）でしかない、とデリダはコメントする。そして、この二重に propre なものが、なぜ署名となって生じるのかと自問しつつ、デリダは、署名の三つの様態を区別する。

1　固有な意味で署名と呼ばれているものは、ある言語のなかで分節され、それとして固有名を表象する。

2　署名とは、署名者が彼の創り出すもののなかに図らずも残すような、それとともに打算的に企てる固有語法的な刻印である。

3　入れ子構造がなす襞を一般的署名、署名の署名と呼ぶことができるが、エクリチュールの入れ子構造により、そこには他者こそが、他者としての事物こそが署名することになる。

それゆえ、署名は残ると同時に消え去らねばならない。それは消え去るために残り、あるいはまた残るために消え去るのでなければならないとデリダは断言する。このようなダブルバインド、つまり署名の二重性が問題になる。「署名が欠けている、だからこそ署名がなければならない」（SI 48／六五）というのである。

その後デリダは、ポンジュの名前をエポンジュ(スポンジ)へと変換し、それを変奏し、消し去り、吸収するスポンジ効果を見てとる。さらに、それが詩人のファーストネームであるフランシスから、フランス語、フランス化と結びつけられ、前半をほとんど呪文のような宣言によって終了する。

このようにデリダのポンジュ論は要約するのがきわめて困難だが、頻出する署名と固有(性)を中心に、ポンジュの主要な問題系が分析される、というより、展開され変奏されるのである。

共通点と差異

このように対照して見てみると、サルトルとデリダのテクストにはほとんど接点がない印象をもつ。デリダは、サルトルのポンジュ論を熟知していながら、それにはまったく触れない(もちろん、名前を挙げない当てこすりは散見される)。まずは、すぐに目に着く共通点から確認しておこう。まずは、アタック(攻撃、冒頭)という表現である。デリダは言う。


私はこのようなアタックをあえておこなう。〔…〕今日の私の賭け、それは、アタックのこの人を捉える力はひっかき傷 griffe 言いかえれば、なんらかの署名の場面なしには決して立ちゆかないということである。

(SI 10-11/五—七)


サルトルもまたアタックについて語る。

この強烈なアタックのあとで第三の文は一息つき、同じ命令を多少形を変えて提示することができる。

（Sit. I, 251／二三四）

扱われる詩はどうだろうか。彼らは同じ詩句を引用する。たとえば、「ミモザ」がそうであり、「なぜ書くのか」、「牡蠣」あるいは「小石序説」、「幸福に生きる理由」などが重なっている。なかでも、洗濯器に関しては、両者ともかなりの紙幅をとって分析をおこなっている。[7]

すぐに気づくことは、名づけること（nommer, appeler）への両者の注目である。もちろん、これはポンジュ自身のうちにすでに見られるものである。すでに指摘したように、デリダは、冒頭からポンジュを「呼び／名づけること」から始める。[8] デリダは『グラマトロジーについて』において、名づけることの暴力性について述べていたが、ここでもその姿勢に変化はない。名づけこそが原初的な書き込みであるというデリダの立場からすれば、この始まりは当然であろう。

サルトルの論文もまた冒頭から、「ポンジュの本来の関心は命名ということにある」（Sit. I, 226／二一三）と述べ、やはり詩人にとって語ることが名指すことであるということを出発点とするのだ。名指すことは、きわめて人間的な行為だとサルトルは考える。というより、これが神からアダムに与えられた権限であることを思い出せば、神的な行為の模倣というべきか。いずれにせよ、人が何を名指すのかといえば、世界の諸事象を名指すのであるが、ポンジュの場合はなによりも事物を名指す点にサルトルは着目する。それゆえ、当然のことながらchose（物）がキーワードとなる。すでに見たように、サルトルはポンジュの詩的営為を有用性からの乖離と見なしている。ポンジュは道具として用いるために事物を名づけるのではない。人間が事物と切り結ぶ関係こそがポンジュにとっての関心事なのである。つまり、サルトルによれば、その際ポンジュは事物の立場を取り、それゆえ、事物を非人間化するという。

だとすれば、「物の本性」とは何かということが、ここでは問われていることになるのだろうか。実際、ポンジュは「小石序説」で、ルクレティウスの著作名を挙げながら「私は一種の『物の本性について *De natura rerum*』を書きたいのだ。現代の他の詩人たちとの相違は明瞭である。私が作りたいのは、幾篇かの詩ではなく、たったひとつの宇宙発生論なのだ」（Sit. I, 239／二二三）と述べている。サルトルはこの一文を引きながら、しかし、ポンジュの試みは宇宙発生論にまでは至っておらず、むしろ「後日これらを結合して、もっと複雑な存在物を創り出し得るような基本的存在を指定すること。いわば、一種の普遍記号学」（Sit. I, 239／二二四）の試みだと言う。サルトルがポンジュの石に共感を示していることは興味深い。『嘔吐』におけるロカンタンの石に対する関心を思い起こすからである。「人間は不在である。客体〔対象〕が主体に先行し、主体を押しつぶす。小石の統一性は小石からやってくる」（Sit. I, 261／二四二）とサルトルは言う。

デリダのほうは、このDe natura rerum（物の本性）をまずは、lex natura rerum（事物の法）へと接続したあと、さらにそれをsignatura rerum（物の署名）へと接続することで、ポンジュにとって重要なのは「物の本性」ではなくむしろ法であり、署名であると転調する。

ここで、問題なのは、ポンジュがしばしば語る事物の本性（natura rerum）ではなく、事物の法である。事物の秩序を統制する法、科学とか哲学がよく知っているあの法ではなく、口述筆記によって書き取られた法である。私は、事物があたかも一人称で、妥協のない厳格さでもって、容赦のない掟のように口述し書き取らせる法について語っている。（SI 16／一四）

すなわち、デリダによれば、ポンジュは世界の本質を問うような、これこれの事物とは何かという問いを立てるのではない。事物そのものに迫るというよりは、事物のほうがわれわれに迫ってくるのであり、呼びかけるのであり、口述する。事物の声を書き取ることなのだ。

だとすればここにあるのは、事物（chose）・原因（cause）をめぐる二つの対決であり、それは言いかえれば、現象学をめぐる対決である。実際、サルトルはポンジュの態度を、フッサールを引き合いに出しつつ、「事象そのものへ」だと述べた。「かくしてポンジュは、それと知らずに全〈現象学〉の起源にある公理、「物そのものへ」を実行する。彼の方法は愛であろう。この愛には欲望も狂熱も情念もない。だが、それは全的承認である、全的な敬意である」（Sit. I, 242／二二六。サルトルはわざわざ注に、An die Sache selbst. と記している）。

これに対してデリダは、ポンジュの擬人化をめぐって、現象学だとか、物への回帰だとか、人間的な意味の投影だというのは、問題の本質を完全に踏み外したものであり、ポンジュにとって、物とは書いたり、記述したり、認識したりするものではなく、したがって、客観的ないしは主観的に語るべき法に適応した何ものかではないと断じる。なぜなら「事物とは他者であり、法を口述ないしは書く全くの他者だ」（SI 19／一七）からである。その法は、無言のまま、われわれに不可能を命じるものであり、譲歩がなく、妥協もない、非常なものだとされる。このように事物は、われわれに命じるものであり、われわれは事物に対して無限の負債があるゆえに、デリダは「事物は客体＝目的＝対象 objet ではないし、そうなることもありえない」(SI 19／一九)と断言する。

むろん、だからと言って、事物は主体＝主題 sujet というわけではない。事物の命じる「汝すべし」は、主体の命令でもないからである。ここにはデリダの初期から一貫した態度を見てとれるだろう。実際、その処女作『声と現象』の最後でデリダは述べていた。「現象学――それはつねに知覚の現象学である――がわれわれに信じさせようとしたことに反して、われわれの欲望が信じずにはいられなくなっていることに反して、事象そのものは、つねに逃げ去るのである(9)」。

名づけること、名づけられること、そして名の下に、署名すること。

このように見てくると、現象学をめぐる対決は、哲学全般との関係と見なすこともできるだろう。ポンジュがヘーゲルに代表される哲学者に対して示す留保をデリダは敷衍しつつ、それは哲学が清潔でないからだと説明する。要するに、物ないしは世界を説明しようとする哲学に対して、説明を拒否する文学が対比される。芸術が世界の模倣であるというのは、言い尽くされた議論だが、哲学のように現実を解釈し説明するのではなく、ここでは、いまひとつの現実としてわれわれに迫ってくる文学作品が問題となっている。

先にも述べたように両者ともに「ミモザ」を引用するのだが、デリダはそれをミメシスに結びつける。デリダは「二重の会」のマラルメ論においても、ミメシス、ミミックの問題をきわめて精緻に扱っていたが、ミメシスに関する議論はここでも、当然のこととしてプラトンへと、そしてイデアの問題を参照項とする。ところで、言語が指示しているのが物なのか、それとも物の観念なのか、という問いはサルトルが発するものでもある。かくして、両者の関心は事物そのものではなく、言葉ですらなく、むしろ観念であることが明らかに見えてくる。サルトルは、「物に名を与えるという行為そのものによって、観念が物となり、客観的精神の領域に登場することを意味する」(Sit. I, 244／二二八)という。これこそが、サルトルの考えるポンジュの世界だ。

物の存在の把握において、これ以上先へ進んだ者は、かつてなかったように思われる。ここでは唯物論も観念論ももはや季節はずれだ。われわれは諸々の理論をはるかしりえに、今や物自体の核心にいる。そしてわれわれの目には物が突然思想のごとく、己の対象がごってり詰め込まれた思想のごとくに思われるのだ。

(Sit. I, 241／二二五)

このくだりは、デリダのあるくだりを思い起こさせる。それは『シニェポンジュ』ではない。「フローベールのあるひとつの観念」だ。めずらしく、サルトルに明示的に言及したこのテクストをデリダはフローベールの書簡の引用から始める。

〈物質〉と〈精神〉というあの二つの実詞が何を言わんとしているのか、私にはわかりません。ひとが一方を他方よりもよく知っているということもありません。おそらく、それらは私たちの知性の抽象物にすぎないでしょう。要するに、私は〈唯物論〉も〈唯心論〉も、どちらも等しく不適当だと思うのです。

デリダは、ここでフローベールにおける観念（idée）を問題にして論を展開するのだが、その文脈でサルトルを引用する。

サルトルはまさにフローベールについて語りながら、「第一〔審〕級の愚かさ、それは物質となった〈観念〉であり、〈観念〉の猿真似をする物質である」と言っている。このサルトルの言葉をさらに研ぎすます必要があるだろう。この〈物質となること〉は待ったなしであり、それは観念性を待ち伏せし、観念の形式そのものをその第一審級において、その最初の瞬間において襲うということを示す必要があるだろう。そこから愚かさへのあの引力が、最も明晰な精神のあの愚かさが出てくるのである。また唯物論と唯心論とが対立するに至るとき、どちらもが等しく不適当であるということも、ここから出てくる。（PSY 307／四四九）

（PSY 305／四四六）

実際、サルトルが長大なフローベール論の冒頭で問題にするのはまたもや命名であり、さらには言葉と物の関係である。『家の馬鹿息子』は「ひとつの問題」と題された章から始められるが、そこで取り上げられるのが、ギュスターヴ少年が最初に出会った挫折、つまり読み書きの習得に際する困難である。言葉と物の混同、言語というものに対する違和感といったテーマは、ジュネ論でも自伝『言葉』でも執拗に繰り返されたものであり、サルトル自身の問題なのだと言えるが、じつはより広く哲学と文学の蝶番に位置しており、それゆえにこそこの問題系はサルトルとデリダの文学観（哲学観）の分水嶺となるものであるように思われる。

デリダにとって観念＝理念（idée）とは何か。デリダの全仕事に通底するこの問いに簡単に答えることはできないが、デリダの博士論文の最初のタイトルが「文学的対象の理念性」（L'idéalité de l'objet littéraire）だったことを想起しておこう。理念的対象、つまり、対象のさまざまな経験的書き込みや写しとも混同されないあり方で、自己との同一性をもつ対象に、文学的エクリチュールがどのような条件でなりうるかを解明したいというのが彼の思索の出発点だったとデリダ自身が証言している。彼が後に音声中心主義ないしはロゴス中心主義批判の思想に到達するのは、このような問いからだったのである。

文学と立場表明　アンガージュマンの問題

ここまで素描してきた、サルトルとデリダのポンジュ論の比較から読み取れることは何だろうか。それは一言で言ってしまうと、parti-pris（先入観、断固たる決意）の違いだと言える。サルトルの評論のスタイルは、良くも悪くも、ひとつの観点から対象とする作品や作家を明確に切り取り、ある角度からそれにアタックすることによって、対象をくっきりと浮き上がらせる。それとは別の角度からのアプローチがあるということを忘れさせてしまうほど、サルトルはそれを巧妙にやってのける。サルトルの批評には、あらゆる意味で parti-pris がある。[10] 一方、デリダは周到にこのような parti-pris を避ける。むしろ、作品や作者自身の立場に立つという parti-pris を行うことで多元性をどこまでも保つのだ。それはミメーシスにまで至るのだが、それでも語っているのがデリダであることは明らかであり、そこにはデリダの爪痕（griffe, marque）が明瞭に読み取れる。実際、デリダはサルトル的な parti-pris をずらし、崩し、別の

parti-prisに至る。

デリダは、すでに述べたように『現代』誌の創刊五〇年記念特集号にサルトルへのオマージュ「「彼は走っていた、死んでもなお」サリュ、サリュ」を寄せ、長年の沈黙を破って、サルトルについてかなり率直に語っている。留保に満ちているとはいえ、このテクストは本質を言い当てたきわめて良質のサルトル論である。このテクストにおいて、デリダがサルトルから自らを分かつもっとも重大な分水嶺、境界線として語っているもの、デリダがサルトルに対して留保をつけるもの、それがまさに文学に対する態度に他ならない。サルトルの「アンガージュマン」への根本的な連帯感にもかかわらず、サルトル的文学観、アンガージュマン文学という文学観こそが問題視されるのだ。

『嘔吐』以外のほぼすべての文学作品が問題だ。とくにサルトルにとっての文学と言語の経験が問題なのだ。

（PM 204／七八）

このテクストでデリダは、明示的に、サルトルの『文学とは何か』、そしてそこから漏れたテクストである「自らの時代のために書く」という論考を取り上げ、長々と引用し、詳細に批判的な注釈を施す。すでに「二重の会」の冒頭で、デリダは暗示的な仕方で（サルトルの名前を出すことなく）『文学とは何か』に対して疑義を呈していた。「文学とは何か」という問いにおいて、「何か？」という問いかけによってすでにある種の「権威」が想定されているのであるが、問題にされるべきは、むしろ、文学と真理との「あいだ」、文学と、「何か？」という問いに答えるべき何かの「あいだ」なのだとされる。(11) その意味でデリダがサルトルに対して批判するのは、文学の本質を想定させるような「何か?」という問いかけのあり方であり、それに答えようとする態度である。さらに言えば、アンガージュマン文学という考え、つまり、文学によって、文学において、何かを到来させ、何かを起こそうという発想だとまとめることができよう。文学のアンガージュマンというものがたとえあるとしても、それはサルトル的な意味でのアンガージュマンではない、というのがデリダのスタンスだ。

だからこそ、『シニェポンジュ』ではアンガージュマンがここでも正面切って(ということはデリダの場合は斜めからでもあるのだが)扱われるのではないだろうか。実際、ポンジュの詩「カーネーション」をデリダは引用する。

> 言語に対する事物の挑戦を受けようではないか〔…〕ポエジーはそこにあるのだろうか。〔…〕私にとってそれは欲求であり、アンガージュマンであり、怒りであり、自己愛に関わる事柄であって他に言うことはない。
>
> (SI 41/五三)

アンガージュマンをイタリックで強調するのはデリダである。彼はすでに、その数ページ前にも何度かアンガージュマンという語を忍びこませていた。「文学とは何か?」が引用である以上に、「アンガージュマン」はそうであろうし、サルトルを参照することなしにこの語を文学と哲学の文脈で語ることは難しいだろう。デリダは、ポンジュの態度を「自身の名の虜となって、彼は作家-主体としての-ある言語-の内への自己のアンガージュマンが作品となって作動していることを考慮に入れたのである」(SI 27/三一)

と述べていたのだった。かくして、サルトルのアンガージュマンの内容を批判しながらも、デリダがサルトルのアンガージュマンを継承したこと、また責任の問題に対する別様な答えを模索したことは、先に引いたサルトル論からも見てとれる。

「「アンガージュマン」という語を絶対に使い続ける必要があること。この語はいまなお新しい美しい語で、抵当、賭け、言語、「状況《シチュアシオン》」、無限の責任、他のすべての装置に対する批判の自由などの意味を含んでいます」（PM 200／七一―七二）とも述べているが、ここでもサルトルの鍵語である「状況《シチュアシオン》」がわざわざ括られている。だとすれば、文学やアンガージュマンという語のサルトル的な意味を批判しながら、それを受け取り、その身振りに（その内容にではなく）同意すること。そこにこそデリダのサルトルに対する態度があると言ってよかろう。さらに言えば、サルトルを批判しながらも、デリダはサルトルのスタンスをきわめて的確に理解しているように思われる。たとえば、ポンジュ論をめぐってジェラール・ファラースと行われた対話では、デリダは『嘔吐』への親近感を語りながら次のように述べている。

> サルトルは、おそらく自らのエクリチュールをはみ出すようなもの、いわば彼自身が行わないものによって魅了されつづけたのだろう。これはジュネについてもそうだ。サルトルは文学的試みに戦慄を覚える哲学者だ。したがって、彼はここで、詩人として同じようなことを言ってきた誰かと関わっているのであり、それは彼が現象学の時期において言おうとしたこと以上なのだ。しかし、ポンジュもまた哲学に魅了されている。ポンジュは哲学を拒否し、揶揄するが、哲学的言説に霊感を与えたことに満足してもいた。(12)

その一方でデリダは、文学についての別の考え方が、そして正義と贈与についての別の考え方が必要だともサルトル論で述べる。デリダが贈与をめぐって精緻な議論を巡らしていることはあらためて指摘するまでもないが、サルトルもまた『倫理学ノート』をはじめいたるところで「贈与」という問題系にこだわり続けたことは想起されるべきであろう。実際、『文学とは何か』では、まさに贈与性としての文学がきわめて明瞭な形で語られているのである。文学に関するデリダの精緻な考察をサルトルと結びつけながら包括的に見ていく紙幅はもはや残されていない。本章を閉じるにあたって、デリダの態度を表明（示唆）するようないくつかの引用を、それぞれサルトルの引用とならべて示すことで満足しよう。

「なぜ贈与を語るときには、一篇の詩から始めなければならないのだろうか。そして、なぜ贈与はつねに、マラルメが言ったように、「詩の贈与」のように思われるのだろうか[13]」

「かくして具体的な文学は、与えられた物から身を引き離す力としての〈否定性〉と、未来の秩序の素描としての〈投企〉との綜合であろう。また、それは〈祝祭〉であり、そこに反映するあらゆるものを焼く炎の鏡であり、それと同時に、鷹揚さ、すなわち自由な発案であり、贈与であろう」（QL 162／一五〇）

「エクリチュールの「主体」を、書く者の崇高な〔主権的な〕孤独のようなものとして理解するなら、そのような「主体」は存在しない[14]」

「非反省的な次元においては「私」はない」（TE 32／三五）

「文学なしには民主主義はないし、民主主義なしには文学もない[15]」
「散文の芸術は、散文がそのなかで意味を保つことのできるただ一つの制度、民主主義と結びついている」
（QL 71-72／七二）

本章の冒頭で問うたのは、文学と哲学との分有（partage）という問いかけであった。partageには共有するという意味と、分けるという意味があるわけだが、サルトルとデリダは、ここまで見てきたように、ポンジュを、さらには文学を分割＝共有（partager）する。それは、哲学にとっての文学の意味を問うことでもあるし、より広くエクリチュールの射程を考えるためであると言ってもよいだろう。デリダは、サルトルの論の内容に同意することなく、サルトルに同意する。あるいは、デリダ自身の言葉を用いれば、「同意するとしても、さまざまな瞬間に反対の言葉を呟きつづける」（PM 1690／一四）。その意味でデリダはサルトルという署名に抗して（contre）、自らの作品を署名してきたのではないか（つねにとは言わないまでも、少なくとも、しばしば）。サルトルという署名を消し去りながら、そこに副署していったのではないかと思われるのだ（Derrida contresigne Sartre）。

註

（1）ジャック・デリダ「自伝的な『言葉』——pourquoi pas（why not）Sartre?」港道隆訳、『現代思想』第一五巻八号（一九八七年七月号）、五八—八一頁。その後、以下に再録された。『精神について——ハイデッガーと問い』

平凡社ライブラリー第二版、二〇〇九年、二七五―三二三頁。

（2） Jacques Derrida, « Ponctuations : le temps de la thèse », *Du droits à la philosophie*, Galilée, 1990, p. 443. デリダ「句読点　博士論文の時間」宮﨑裕助訳、『哲学への権利 2』（みすず書房、二〇一五年）所収、一六八頁。デリダはこの件について、日本での公演の際にもサルトルに言及しながら述べている。『他者の言語　デリダの日本講演』高橋允昭編訳、法政大学出版局、一九八九年、二〇八頁以降。

（3） デリダ自身が述べているように、エクリチュールへの関心はその最初の仕事、『幾何学の起源』のうちにすでにあった。

（4） この分析の背景にジャン・ポーランの『タルブの花』におけるテロリスムの議論があったことは言うまでもない。

（5） カミュとポンジュの親交に関しては現在では書簡集によって、その具体的な交友を知ることができる。Albert Camus, Francis Ponge, *Correspondance* (1941-1957), édition établie par Jean-Marie Gleize, Gallimard, 2013.

（6） ポンジュ研究者の他には、スタインメッツや哲学者マルディネの名が見られる。七〇年代、ポンジュはソレルスから評価され、二人の間には対談も行われたが、それは奇しくもデリダがテル・ケル派に接近していた時期でもある。

（7） 洗濯器という奇妙な装置をめぐるポンジュの詩そのものも興味深いし、それをめぐる両者の分析も詳細に比較したいところだが、その紙幅はない。

（8） 『グラマトロジーについて』において、デリダは言語の暴力性について述べる。「実際、名づけるという最初の暴力があった。名づけること、口に出すことが禁じられることになるかもしれない名前を与えること、そうしたことこそ、呼格でしか表せないものをひとつの差異のうちに組み込み、分類し、宙づりにするという言語活動の根源的な暴力なのだ。唯一的なものを体系のうちで考え、体系に組み込むこと、それこそ原初的書き込みという振る舞いなのだ。つまり、原的暴力という、固有なもの・端的な近さ・自己への現前を失うこと、本当は生じたことがなかったものを失うことである、というのも自己への現前は決して与えられることがなく、ただ夢見られ、つねにすでに分割され反復されており、消失することによってのみ現れうるようなものであるからだ」。*De la grammatologie*, Minuit, 1967, p. 164-165.

(9) Jacques Derrida, *La voix et le phénomène*, P.U.F., 1967, p. 117.『声と現象——フッサールの現象学における記号の問題入門』林好雄訳、ちくま学芸文庫、二〇〇五年、二三四頁。

(10) サルトルはポンジュ論においてポンジュの詩集のタイトル partis-pris des choses の三重の意味を語っている。「人間に対抗して物に加担すること、(世界を表象に還元する観念論に対抗して) 物の実在を甘受すること、物について美的決意を行うこと」(Sit. I, 234/二三〇)。

(11) Jacques Derrida, « La double séance », in *La Dissémination*, Seuil, 1972, p. 219.

(12) Jacques Derrida, *Déplier Ponge, Entretien avec Gérard Farasse*, Presses Universitaires du Septentrion, 2005, p. 38.

(13) Jacques Derrida, *Donner le temps*, Galilée, 1991, p. 59.

(14) Jacques Derrida, *L'Ecriture et la différence*, Seuil, 1967 ; rééd. coll. « Points », p. 335.『エクリチュールと差異』合田正人・谷口博史訳、法政大学出版局、二〇一三年、四五六頁。

(15) Jacques Derrida, *Passion*, Galilée, 1993.『パッション』湯浅博雄訳、未來社、二〇〇一年。

第Ⅱ部　サルトルの提起する問い

第10章　イメージ論とは何か

不在の写真をめぐって

図版1　射的に興じるサルトル，1929年夏，個人蔵

射的に興じているサルトルを撮った写真がある（図版1）。片眼を閉じ、的を見つめる真剣な表情。一九二九年夏、サルトル二十四歳。場所は当時パリに多数あったケルメスと呼ばれる遊技場で、おそらくパリ市南端の場末ポルト・ドルレアン。この写真、いったい誰が撮ったのだろうとつねづね不思議に思っていたが、最近、疑問が氷解した。むろん専門家の方は先刻ご承知、ケルメスで流行っていた写真射的（tir photographique）だ。引き金を引くと、その瞬間にシャッターが落ち、ショットした自分がショットされる、という人気の遊びだ。ショットする自分自身をショットする、というのは絶妙の発想で、サルトルも人並みにそれをやっているの

図版 2　アンリ・カルティエ゠ブレッソン撮影,《ポン・デ・ザールのサルトル》, 1946 年, カルティエ゠ブレッソン蔵　© Henri Cartier-Bresson / Magnum Photos

がおもしろい。

ルノー工場の前で樽の上に乗って演説しているものをはじめサルトルの写真は夥しい数が流布しているものの、有名な写真家が撮ったものは存外少ない。アンリ・カルティエ＝ブレッソンによるポートレート（一九四六年）はそのひとつだ[1]（図版2）。後ろにアカデミー・フランセーズのクポールがかすんで見え、場所はポン・デ・ザールだと分かる。サルトルは写真嫌いだったのではないかと私が思うのは、いつも憂鬱そうな視線ゆえだ。

ロラン・バルトの『明るい部屋』に「サルトルの『イマジネール』に捧ぐ」という献辞が掲げられているために、サルトルが先駆的な写真論を表していたと考える向きもあるかもしれないが、『イマジネール』には写真に関する記述はごくわずかしか見られない。それだけでなく、全般的に写真への関心は希薄だと言わざるをえない。本章の曖昧な副題はそこに由来する。不在の写真論とは、サルトルには写真論が不在であることを意味すると同時に、その一方で数少ない言及から読み取ると、サルトルにとって写真の特徴は不在ということに収斂するのではないか、ということでもある。この二つの不在を絡ませつつ、サルトルが写真嫌いだったのではないかという仮説を展開してみたい。

初期のイメージ論

一九四三年に出版された『存在と無』によって実存主義の思想家として知られることになるサルトルだが、初期の哲学研究は現象学を出発点としながらも、フィールドとしては心理学にきわめて隣接しており、当時のドイツの先端的な心理学の成果を多く含んでいる。実際、一九二七年に彼が高等教育修了論文として提出したのは、「心的生におけるイメージ、役割と本性」と題するものであり、それを母胎として、イメージに関連した論考が二冊の著作として結実した。一つは一九三六年に彼の最初の単著として出版された『想像力』。一五〇頁ほどだが、イメージに関する理論的な新機軸を打ち出そうとする野心作で、デカルトからスピノザ、ライプニッツ、ベルクソンまでのイメージに関する理論を概観したあと、それらの理論に対するフッサールの優位が断言される。従来の哲学が多かれ少なかれイメージを事物の劣化したものだと考えてきたのに対して、フッサールの志向性の概念によって、イメージは心的内容ではなくなり、むしろ志向的構造と捉えることができたと敷衍しながら、サルトルは次のような結論を記す。「意識のなかにはイメージはないし、ありえない。イメージとは意識のある種のタイプなのだ。イメージはひとつの行為であって、ひとつの事物ではない。イメージとは何ものかについての意識である」（I 162／一六六）。

四年後の一九四〇年に刊行された『イマジネール』でも、基本的なスタンスは変わっていないが、内容は格段に濃くなっており、戦後の美術論に連なる芸術作品に関する綿密な考察も含んでいる。とはいうものの、その中核は芸術論でも美学でもなく、やはりイメージを意識と捉える発想だ。つまり、知覚（perception）と想像（imagination）がともに意識の二つの様態であるという主張が要点である。サルトルによれば、知覚が実在の事物を対象とする意識であるのに対して、想像とは不在の事物を対象とする意識であり、何ものかについての意識であるという志向的あり方自体は変わらない、違うのは志向性の様態だという。だが、不在の対象を意識するとはどういうことか。それは端的に言えば、現実否定の可能性である。言い換えれば、想像力が可能なためには、意識は世界を無化（néantiser）することができるのでなければならない。これが主導的な観念である。サルトルはさまざまな心理学の理論をいったん退け、イメージの「現象学」を試みている。つまり、自らの心のうちに生じるイメージの経験について省察し、それを記述し、その特徴を数え上げる。それらは端的に目次に見てとれる。すなわち、第一部「確実なもの」で述べられる四つの特徴がそれだ。

(1) イメージは一つの意識である。フッサールの記述する意識は、通常とは異なり、ひとつの入れ物のようなものではなく、対象存在を構成する意識の働き（ノエシス）と、志向される対象の意味／内容（ノエマ）という二つの側面から考えられるからだ。(2) 準観察という現象。知覚においては観察がなされるが、想像においてなされるのは準観察である。(3) 想像的意識はその対象物を無として措定する。通常、意識はその対象を存在するものとして措定するが、想像的意識はそれを不在ないしは非在として措定されている。(4) 自発性。知覚的意識は受動性として現れるが、想像的意識はイメージとしての対象を生み出し、さらにそれを保つ自発性として現れる。

ここまで問題となっているのはもっぱら想像力の問題であって、写真の話はまったく出てこない。写真が出てくるのは、さまざまなイメージを取り上げる第二章「イメージの仲間」であり、ここではじめて、サルトルは心的イメージと外部世界にあるイメージの関係を問うことになる。

イメージと呼ばれる意識のいくつかの形態をここまで記述してきた。だが、イメージという集合がどこで始まり、どこで終わるのかはわかっていない。たとえば、外界にもイメージと名づけられるものは存在する（肖像画、鏡に映った姿、物まね、等々）。それは単なる同形異義語なのか、それともそれらを前にしたときの意識の態度は、「心的イメージ」という現象で意識がとる態度と同一視できるのか。

(IM 40／六六)

このように問うて、サルトルは素材が事物の世界から借りて来られた物質的イメージ（絵画、素描、挿絵、写真、戯画、物まね）と、素材が精神の世界から借りてこられたイメージ（運動の意識、感情）を区別すると同時に、そこに共通するものは何なのかを考察する。

ここで注目すべきは、サルトルが写真をカリカチュアや物まねと同列に扱っていることだ。のみならず、肖像写真は、類似や想起という観点からするとカリカチュアに劣っているとすら言うのだ。ここにいないピエールを思い出すという具体的な状態を設定して、サルトルは写真を見ながら相手を思い出す場面を描く。「それはピエールのみごとな肖像写真だ。そこに彼の顔の細部のすべてを見出すばかりか、見逃していたものまで見出す。だが写真には生気がない。写真は完璧にピエールの顔の外的特徴を与えてくれるが、ピエールの表情を伝えてくれない」（IM 41／六七）と指摘した後、それに比べて、腕のいい画家が描いたピエールのカリカチュアは、かなりデフォルメされているにもかかわらず、「写真には欠けていた何か、つまり、生命ないしは表情」があり、そこにこそ「私」はピエールの「面影を見出す」とされるのだ。

イメージ論における写真の位置

こうしてみると、サルトルはきわめて十九世紀的な写真観に囚われていたようにも思われる。しかし、ここでの議論の力点は相違点ではなく、共通点のほうに置かれていることに注意しなければならない。というのも、サルトルはつづけて、「心的表象、写真、カリカチュア。ここで挙げた三つの大いに異なる実在は、同一過程における三つの段階、ただ一つの作用の三つの契機として現れている。初めから終わりまで目的は同じで、そこにいないピエールの顔を私に現前させることが目指されている」(IM 41／六七)と述べるからである。つまり、さまざまな物質的イメージは、その違いにもかかわらず、特権的に不在と関わる点が強調されるのだ。

サルトルの有名なアナロゴン(類同代理物)という概念が現れるのはまさにこの文脈である。アナロゴンとして機能する点であらゆるイメージは同じなのであり、その素材が事物の世界から借りて来られたイメージ(挿絵、写真、戯画《カリカチュア》、物まね)であるのか、精神の世界から借りてこられたイメージ(運動の意識、感情)であるのかは副次的な違いにすぎない。

イメージとは、ある不在ないしは非実在の対象をその身体性(corporéité)において目指す作用であり、その際、その対象は、目指された対象の「類似的な代理表象物」の資格で現れ、自身としては現れないような物的または心的内容を通して目指される。(IM 46／七二)

換言すれば、私がある人物のイメージ(絵、写真、頭のなかで思い描いた像)を見ているとき、見ているのはそのイメージだが、そこで目指され、思念されているのは、そこにはいない不在の人間そのものだということだ。また、観点を変えてみれば、写真や絵を見ているとき、私は紙の上にある色の点や線を見ているのではなく、それを越えた像を見ているということだ。「私はピエールの肖像写真を眺める。写真を通して、私は身体的個別性をもったピエールを目指す。写真はもはや、知覚が私に与える具体的対象ではなく、イメージの素材の役割を果たしている」(IM 47／七五)。

このように敷衍してみると、この本でサルトルが問題にしているのが写真一般ではなく、肖像写真(portrait)に特化していることもある程度は納得がゆくだろう。この後、サルトルの分析はイメージと記号(ここでは話を単純にするために言葉と言おう)の違いへと移る。記号(言葉)とそれが指示する対象との関係と、イメージとそれが参照項《レフェランス》とする対象との関係の相違は約言すれば、次のようなものである。(1)イメージはそれが表象するものと類似している(アナロジックな関係)であるのに対して、記号はそれが指示するものと類似性はない。(2)言葉は意味を召還しても、そこに新たな発見や観察はありえないが、イメージの場合はつねに新たな細部が付加されうる。(3)記号的意識の場合、措定作用は必ずしも伴わないが、イメージの意識は多かれ少なかれ措定意識を伴う、つまりそれが参照項とするものの措定を伴う(とはいえ、それは実在する場合もしない場合もあるが)。(4)イメージを見るとき、私が思念するのがイメージそのもの(絵、写真)ではなく、その参照項(ピエール)である限り、イメージはその参照項を直接与える(ただし不在なものとして)、それに対して記号は、記号の対象を与えはしない。記号は空虚な思考によって記号として構成され、心的総合作用によって、意味作用が満たされる。

記号とイメージに関するこのような相違が、ロラン・バルトの前期の映像論に引き継がれ、写真は事物のアナロゴンとして、現実をそのまま縮小・還元したものであり、テクストとは異なり、コードなきメッセージであるとされるのはよく知られるところである。[2] 後期のバルトが『明るい部屋』で引用する一節はこの考察のすぐ後に位置する。

私が新聞の写真を見つめているとき、その写真が「私に何も語らない」ということが大いにありうる。つまり、私は実在を定立することなしにその写真を見つめる。そのとき、たしかに私が目にしている写真の人物には、その写真を通して到達されるが、実在的定立はともなわない。それはちょうど、〈騎士〉と〈死神〉に、デューラーの版画を通して到達するが、〔実在として〕定立はしないのと同じである。そのうえ、写真を見ても、「イメージ化」すらしない無関心の状態に留まる場合もある。写真は漠然と対象として構成され、人物はたしかに人物として構成されているが、それは人間と似ているからにすぎず、特別な志向性は起こらない。それらは知覚の岸辺、記号の岸辺、イメージの岸辺のあいだをたゆたい、どの岸にもたどりつくことはない。

反対に、われわれが写真を前にして生み出す想像的意識は一つの作用であり、この作用は自発性としての自らについての非-措定的意識を含んでいる。われわれはいわば、写真を活性化し、写真に生命を与え、写真をイメージにする、という意識をもつのである。（IM 55／八三）

ここでデューラーの版画が出てくるのは唐突な感があるが、それはフッサールの『イデーン』が参照されており、そこでは中立的変様と想像力の問題が論じられているためだ。というのも、サルトルが現実の知覚と想像力のイメージを峻別することの背景には、意識の措定作用というものが、まず一義的には世界の実在としての定立作用、つまり世界の実在を信じる態度を含むというフッサールの志向性の考えを理論的背景にもっているからだ。いずれにせよ、サルトルにとって写真がイメージ化されるためには、現実の参照項が必要であることを示している。そして奇妙なことに、この後、写真の話はまったく出てこなくなるのである。

要約すれば、『イマジネール』でサルトルが問題にしようとしているのは、なによりも多様な意味をもつイメージを貫通するものへのアプローチであり、それがアナロゴンという鍵概念を通して模索される。だが、この著作のうちに固有な意味での写真論を認めることはできない。バルトが『明るい部屋』で試みたような、写真がいかなる固有な特徴をもっており、それがいかに他の外的イメージ、絵画や映画と異なるのかというような固有の写真論はサルトルにはないと言わざるをえない。もっとも、『イマジネール』で述べられた、芸術作品とは非現実であるという主張は姿を微妙に変えながらもその後のサルトルの芸術論に現れることになるし、『文学とは何か』の文学論にも通じるので重要であり、それを写真の場合に引きつけることは可能かもしれない。もう一点、補足しておこう。現実の事物を参照項としてもつイメージという発想がその後のフランス思想においては批判され、自律的イメージという方向に取って代わられることだ。その意味で、サルトルのイメージ論は、古典的なイメージ論と現代思想との蝶番的な場所に位置していると言えよう(3)。

サルトルの文学作品に現れた写真

それでは、文学作品ではどうなのだろうか。プルーストやブルトンを強く意識していたにもかかわらず、作家サルトルには写真を巧妙な小道具として用いるという発想がほとんど見られない。長編小説『自由への道』では、第一巻『分別ざかり』で主人公マチウ・ドゥラリュの恋人マルセルが若かったころの写真を見せる場面、第二巻の『猶予』で戦争勃発直前の状況で死の恐怖に駆られるピエールという青年が戦争で変形した顔ばかり集めた写真集をマラケシュの露店で見つけ、それを思わず買ってしまう場面、第三部『魂の中の死』で、フランスの敗北後、兵士や将校が自分の妻の写真を燃やす場面などがあるが、どれも物語全体に大きな影を落とすほどの重要なモチーフとはなっていない。

一方、『嘔吐』ではもう少し印象的な用いられ方がされている。それは世界各地を旅行したという設定の主人公アントワーヌ・ロカンタンの過去と関わっている。ロカンタンは独学者から頼まれて、自らが撮った世界各地の写真を見せる約束をし、自室でその来訪を待ちながら写真をぼんやりと見る。(4)

無数の死んでしまった話に対して、それでも一つか二つは生きた話がある。この生きている話を磨り減らすのが怖いので、あまり頻繁ではないが用心深くそれを思い起こすことがある。〔…〕起きあがってテーブルの下に押し込んであった箱のなかのメクネスの写真を探そうか。しかしそれが何の役に立つだろう? こうした催淫剤も、記憶にはもうほとんど効果がない。このあいだも吸い取り紙の下から、色褪せた一枚の小さな写真を見つけた。池のわきで一人の女性が微笑んでいる。ちょっとのあいだこの人物を眺めたが、誰だかわからなかった。裏返してみると、「アニー、ポーツマスにて、一九二七年四月七日」と書かれていた。

(N 41／五八)

最愛のかつての恋人でさえ、写真のなかでは色あせてしまい、誰だかわからなくなってしまうとはどうしたことだろう。このくだりのまえには、「鏡の罠」という話もあるので、ここではまさにイメージと現実の関係が問題になっていることがわかる。また、この後では「特権的な瞬間」の挿話でアニーが、「挿絵」について語る部分もあり、じつは剝き出しの存在が引き起こす嘔吐感と、イメージの虚しさが対比されている。ここで、旅行の写真が比喩的に体現しているのは、ブーヴィルで剝き出しの存在の啓示を受ける前のロカンタンが探し求めていた「冒険」だと言ってよかろう。その意味で、独学者との長い対話の場面が写真を媒介にしていることは兆候的だ。写真はかつての冒険を想い出させるどころか、過去の無残な残骸でしかないのだ。

ロカンタンが冒険から持ち帰ったのが結局のところ世界各地の写真でしかなかったことは、ゴダールの映画『カラビニエ』を思い出させるが、この場面で〈冒険〉を無邪気にも信じる独学者への近親憎悪的な不快を通して、ロカンタンは自らの〈冒険〉をはっきりと否定するに至る。実際、ロカンタンは結局のところフランスの植民地主義の枠を用いて世界を旅行していたにすぎない。それを〈冒険〉と呼べないことは彼自身がよく知っている。だからこそ、本物の冒険家になりたいという欲望を、ロルボンという〈冒険家〉について書くことで代行しようとしたのだが、遂にはそれも放棄して、小説を書こうという決意で小説は閉じられる。

『嘔吐』において、もうひとつの示唆的なくだりは、写真と記憶をめぐるロカンタンの独白である。ブーヴィルの市民《ブルジョワ》たちが自らの記憶の場として、自宅や市の美術館をもっているのに対し、根無し草であるロカンタンには自らの痕跡を留める場がまったくないことに思いいたる。「いったいどこに私は過去をとっておくことができようか。過去はポケットに入らない。過去をしまっておくためには一軒の家を持つ必要がある。私が所有しているのは自分の肉体だけだ。まったく独りぼっちの男、ただその肉体しか持っていない男は、想い出を固定することができない」(N 79／一一二)。そして、同じカフェにいるやはり世間から取り残されたかのような小男(アシル氏)を見ながら付け加える。「彼もまた過去をもっていないのだ。よく探してみれば、もうつきあっていない親戚の家に、誰かの結婚式で撮った彼の写真が見つかるかもしれない。〔…〕私にかんしては、そんなものすら残っていないだろう」（N 79／一一二）。一枚の写真すら残っていないロカンタンと、彼が世界各地で撮った写真のコントラストは興味深い。

自伝『言葉』もきわめて興味深い写真のエピソードを含んでいる。[5] 冒頭に置かれた、サルトルが一歳にもならぬうちに亡くなった父親のエピソードから始まり、要所要所に写真が出てくるのだ。[6] なかでも最も興味深いのは、芝居気たっぷりに振る舞う祖父についてのくだりだ。

彼はその頃発見されたばかりの二つの技術の犠牲者だったのだと思う。つまり、写真術と祖父である術だ。写真うつりが良いのは彼にとって幸運であると同時に不幸でもあった。家には彼の写真がいたるところにあった。その当時はまだ一瞬では撮影できなかったから、ポーズを取り、活人画を演じる癖がついた。彼にとっては、どんな出来事も仕草を止め、美しい格好でぴたりと静止し、石化する口実になった。自分自身の彫像となるこの永遠の一瞬が彼は大好きだった。（M 11／二〇）

サルトルは、祖父について覚えていることは――この活人画への好みのせいで――幻灯画の動かない像ばかりだ、と続ける。家中にたくさん祖父の写真があったというが、祖父が写真を撮られることを好むのは、身近に迫る彼の死の後にも自分の姿を永遠の相の下に残すため、とサルトルは言わんばかりだ。

夕方になって、祖父を街道まで迎えに行くのだが、ケーブルカーから降りる乗客のなかで、背が高く、まるでダンスの教師みたいな歩き方をするので、祖父の姿はすぐ見つかった。遠くにいる私たちを見とめた瞬間から、祖父は目に見えないカメラマンの指示に従うかのように「ポーズをとる」。風に髭をなびかせ、背筋を伸ばし、足を直角にし、胸をはり、腕をいっぱいに拡げる。これを合図に、私は不動になる。（M 12／二一）

ここにあるのは、サルトルが演劇論で論じる、行為（acte）と仕草（geste）の違いであると同時に、対自と即自の違いにぴたりと相応している（EN94-95／上一九九）。カフェのギャルソンがギャルソンであることを演じているように、祖父は祖父を演じているのだ。『存在と無』の「自己欺瞞」の章でサルトルは、カフェのギャルソンがまさにその典型的な仕草を機械的に行ない「アナロゴンとしてのこの仕草を通じて想像上のギャルソンであることを目指す」と述べていた。だとすれば、サルトルにとって写真は、真実からは遠い、自己欺瞞の世界であると言ってもよい。

図版3　金髪巻毛のサルトル少年，1907年頃，個人蔵

最後に『言葉』にはもうひとつ、自らの容姿の醜さを暴露するものとしての写真というモチーフがある。このことは自分のことに触れる部分ではっきりと現れている。「写真をたくさん撮ってもらい、母が色鉛筆で彩色してくれた。今も残っている一枚を見ると、私はふくよかな薔薇色の頬と金髪

の巻き毛をして、その眼は既成の秩序に素直に従っているように見える」(M 14／二三)。そんなサルトル少年は、幼年期が終わるころ自分の醜さに気づく。それとともに写真は背景に退くようにも見える（図版3）。

このように見ていくと、サルトルにとっての写真はもっぱら肖像写真と観光写真という当時の二つの最もポピュラーな分野に限られていたと言える。どちらも現実の事象をレフェランスとしている点に特徴がある。

「一つの中国からもう一つの中国へ」——唯一の写真論？

サルトルは多くの文学論や政治的論考のほかに少なからぬ芸術論を残しているが、音楽、映画、美術に関するものはあっても、いわゆる写真論は見あたらないことについてはすでに述べた。しかし、論とまではいかなくても、写真を主題としたテクストとしては、五四年に出版されたカルティエ＝ブレッソンの『一つの中国からもう一つの中国へ』に寄せた序文がある。[7] この写真集は、カルティエ＝ブレッソンが一九四八年十二月から四九年九月まで中国に滞在して撮影した作品を収めている。中共軍が北京に入場する数日前に始まり、蔣介石の台湾への撤退、国民党の敗北、毛沢東の主席就任、中華人民共和国の成立という文字通りの激動の時代の記録だ。サルトルはこの序文を、少年時代の記憶を辿りながら、彼にとって中国の表象がどのようなものだったかを語ることで始める。

絵になる風景の根源には、戦争があり、敵を理解することの拒否がある。事実、アジアに関するわれわれの知識はまず苛立った宣教師や兵士たちによってもたらされた。その後、旅行者（証人や観光客）がやってくるが、彼らは冷静になった兵士たちだ。彼らの略奪は「ショッピング」と名づけられ、強姦は専門店で有償で行われる。

（Sit. V, 7／一五）

したがって、『嘔吐』と同様ここでもイメージと植民地の問題は密接に結びついているわけだが、サルトルは写真家たちが多くの場合、紋切り型によって戦争や植民地主義に荷担していることを告発する。彼らはいかにも中国人らしい風貌の中国人を探し求め、いかにも型どおりの中国風のポーズをとらせ、そのまわりに中国趣味の品物をあしらうことで、現実の中国人を写すのではなく、「中国という〈観念〉」を写すのだ、とサルトルは説明する。それに対して、カルティエ＝ブレッソンの写真集は、このようなエグゾティスムの脱神秘化だとサルトルは指摘する。言い換えればカルティエ＝ブレッソンの写真は、現実を現出させるがゆえに、高く評価されているのだ。この発想は、『文学とは何か』[8]のなかで作家について指摘されたこと、すなわち、「世界を開示すること」と呼応している。作家が状況を暴露（開示）するのだとすれば、それは状況を変革するためだとされていたが、既成の観念に則って撮られる写真とはちがい、カルティエ＝ブレッソンの写真は現実をそっくりそのまま露わにするという点で評価されるのである。

カルティエ＝ブレッソンの写真は、ぜったいにおしゃべりしない。それは観念ではない。それはわれわれに観念を与えるのである。ことさらそうしようとして、するのではない。彼の中国人たちは面食らわせる。その大部分は、あまり中国的ななりをしていないのだ。才気ある旅行者ならば、どうやって中国人はおたがいを識別しているのか、といぶかるだろう。私はこの写真集を見てからは、むしろどうしてわれわれが彼らを混同しているのか、同じ項目のもとに分類しているのかを怪しむのである。中国という「観念」は遠ざかり、色褪せる。それはもう便宜上の呼び名に過ぎない。後に残るのは、人間であるかぎり、たがいに似通った人間たちである。登録された呼び名を未だ持たぬ、現身の生ける存在たち。カルティエ＝ブレッソンの唯名論に感謝しなければならない。

（Sit. V, 9／一五）

つまり、個体が個体的存在であることをまざまざと示す点でカルティエ＝ブレッソンは卓越している。あるいはこの写真家のイメージが唯物的であるという点、観念的でない点がサルトルの注目する点なのである。それはいわば写真家がその主観をできるかぎり掻き消して、そのことによって他者を他者として顕わにしていることに対する評価だろう。その意味でこのような写真家の姿勢にサルトルはアンガージュマンのひとつの例を見ていると言える。しかし、ここに固有な写真論の可能性は必ずしも見えない、というのが正直な印象だ。

視線の彼方に

ここまで見てきたように、サルトルにおいては、写真は二重の意味で不在だと言える。写真がコーパスのなかではさほど重要な位置を占めることはないという意味で不在であるとともに、写真がなによりも現実の不在のオブジェとの関わりでのみ語られるという意味で、不在のイメージとなされているからである。このようなサルトルの立ち位置は、彼がイメージと知覚を峻別したことの論理的帰結と言えるだろう。

「ピエールが私にイメージとして現れるかぎり、ロンドンにいるピエールのほうは私には不在のものとして現れる。イメージされた対象が原理的に不在であること、本質的に無であること、それだけで、イメージの対象と知覚の対象を区別するのには十分である」（IM 346／四〇二）とサルトルは明言する。このことが意味するのは、イメージ的なものはつねに現実的なものを含意しつつも、それが不在であるという形で現れるということである。その意味で、写真とはおそらくサルトルにとって現実界を脱現実化することなく非現実化することであり、その点でイメージ的でありながらも、現実のしっぽを引きずりすぎているものである。

サルトルに見られる写真嫌悪の理由をまとめておこう。個人的な出発点としてはおそらく、『言葉』で表明される自分の容姿の自覚ということがあるだろう。だが、より重要なのは、サルトルの抱く実存思想と関わっていると考えるべきだろう。スーザン・ソンタグは「写真を撮るということは、あるがままのものごとに、そして変わらないでいる現状（statu quo）に興味をもつことであり、被写体を興味あるものにし、撮るに値するものならなんであろうと、それが興味の対象なら他人の苦痛や不幸であろうと、共犯関係を結ぶことである」(9)と述べたが、サルトルが嫌悪するものは、まさにこの現状なのだ。というのも、『存在と無』で詳細に展開されたとおり、人間存在にとっては未来こそが重要なファクターだからであり、現在はまさに未来に向けて乗り越えられるべきものでしかない。その意味で、ロラン・バルトが「それはあった」という形で要点をまとめた写真の機能は、サルトルにとっては美的にも倫理的にも興味を惹かなかった可能性が高い。いやむしろ否定的に捉えられてきたことは、『言葉』の例で見た通りだ。写真に撮られることで、対他的であるはずの生体験（vécu）は、決定的に固定され、即自存在に堕してしまうかにも思われる。だが、これは写真だけではなく物語全般に関して、サルトルが見てとった問題だ。生きられた人生と、語られた人生の間の越えがたい溝。これこそ『嘔吐』以来晩年の『家の馬鹿息子』にいたるまでの重要なテーマであり、それを回避するためにこそ「想像的なもの」というモチーフが召還されたのだった。

若きサルトルもまたロカンタンのようにカメラ片手に旅行したのだろうか。サルトル自身の撮った写真は残っているのだろうか、残っていたとしたら、それはどんなものなのだろうか。それはほとんど知られていない。ぼくが見つけたカメラを手にしたサルトルの唯一の写真は日本旅行のときのものだ（図版4）。カメラに目をあてるサルトルの視線の先に何があったのか、知るすべはない。サルトルは日本旅行について何も書き残していないからだ。斜視だったサルトルの視線はいつも彼方に向けられているように見える。だが、その彼方とは過去なのか、それとも未来なのか。あるいはむしろ、想像界《イマジネール》なのかもしれない。

図版4　日本人のように写真を撮るサルトル，1966年，個人蔵

註

（1）他にはブラッサイの写真が数点ある。

（2）たとえば、「たしかに、映像《イメージ》は現実ではない。しかし少なくともその完璧なアナロゴンであって、常識的に写真を定義するものはまさしくこの類似の完全性なのである。こうして写真映像の特殊な位置づけがでてくる。写真はコードのないメッセージであるという位置である」。バルト「写真のメッセージ」（Roland Barthes, « Le message photographique », *Œuvres Complètes*, tome 1, Seuil, 1993, p. 939.『映像の修辞学』杉本紀子訳、ちくま学芸文庫、五三―五四頁）。

（3）この点については別の場所で詳しく論じたので、以下を参照していただければ幸いである。澤田直『ジャン＝リュック・ナンシー――分有のためのエチュード』白水社、二〇一三年。

（4）独学者は、市立図書館の本をアルファベット順に読破することで世界に関する全体的な「知」を獲得しようとしている人物で、この学習が終わった暁には、世界旅行に出かけようと考えている。

（5）ボーヴォワールの自伝は、自分の写真についての記述で始まっている。自伝と写真の関係はさまざまな作家について研究すべき重要なモチーフであることはよく指摘されるとおりである。

（6）「数年の間、私のベッドの上には、純真無垢な目をした、丸顔で髪が薄く、口髭をはやした小柄な海軍士官の肖像が掛けられていた。しかし、母が再婚すると写真ははずされた」（M 9／一七）。サルトルにとって父親の記憶はこの写真一枚に集約されている。

（7）引用出典は以下の通り、*Situations* V, Gallimard, 1964.「ひとつの中国からもう一つの中国へ」多田道太郎訳、『植民地の問題』所収、人文書院、二〇〇〇年。

（8）『文学とは何か』のなかには、マスメディアとの関係でイメージについて語ったくだりもある。QL 266–277／二五三参照。

（9）Susan Sontag, *Sur la photographie* (trad. par Ph. Blanchard), Christian Bourgois, 2008, p. 28. スーザン・ソンタグ『写真論』近藤耕人訳、晶文社、一九頁。

第11章　文学と哲学の草稿研究

『カルネ』を中心に

ひとくちに草稿研究と言っても、ジャンルや時代によってその内容は必ずしも同じではなかろう。特に、哲学思想と文学の場合では、フローベールやプルーストの草稿研究とニーチェやフッサールの場合とを比較してみればわかるように、状況も課題も大きく異なる。作家にとって草稿がしばしば、画家にとっての習作やデッサンに似たものであるとすれば、哲学者にとって、思索のためのノートや覚え書きはむしろ制作中の大理石の彫刻のようなものかもしれない。前者が目指すのはあくまでも最終的な一筆によって、画竜点睛を果たすことであろう。一方、後者はあくまでもすでに石のなかにある何かを切り出す作業、夾雑物を除き、削り続けていく作業。あるいは数学者や物理学者にとっての数式メモの類にも似て、断片それ自体は動かしようのない何かを書きとめることに似ているかもしれない。たとえば、ミシェル・フーコーは、自分の死後すべての草稿を破棄するように言っていただけでなく、ひとつの著作が完成すると、草稿を自らすべて破棄したという。彼にとって、中間段階は完成の暁には抹消されるべきもの、建築のための足場のごときものでしかなかった。何をもって完成稿と見なすのかという点からしても、文学と哲学の場合を等し並みに扱うことはできないだろう。

文学と哲学で草稿がもちうる意味はどのように異なるのか、あるいは決定稿とは何か。この問題を考察するのに、思想家であると同時に作家・劇作家としても活躍したサルトルを手がかりにすると何が見えてくるだろうか。プルーストやフローベールと比べると、日本ではサルトルとその草稿研究に関しては一般に知られることが少ないから、まずはその概観を見ておくこととしよう。

サルトル草稿の概要

サルトルに関する文献は、プルーストには及ばぬとはいえ、膨大な数にのぼり、研究書や論文は文字通り汗牛充棟の観がある。そのなかで生成研究は比較的立ち後れており、研究点数から見ても盛んとは言い難い分野であるが、それにはいくつかの理由が考えられる。

第一の理由は、テクストに対する作家のきわめて淡泊な態度である。サルトルは一度仕上がった作品に執拗に加筆修正するタイプではなかった。小説家としてのサルトルは決して速筆でも、すらすら書く質《たち》でもなかった（いや、むしろ苦労しながら書くほうで、『嘔吐』や『言葉』は何度となく書き直されている）が、ひとたび刊行された後は、新たに手を入れることをほとんどしなかった。『嘔吐』を除けば、校正刷での直しも多いほうではなく、その点でもあまり見るべきものがないと言える（むしろ、サルトルは校正で誤植を見つけることが少なく、後の校訂者が自筆原稿に照らしてその間違いをしばしば指摘しているほどである）。のみならず、自筆稿を大切に保管することもなかった。彼にとって草稿はあくまでも印刷のための必要な一段階、ないしは手段にすぎず、一度出版されれば、それを手元にとどめる意義を認めなかった。むしろ、それが手を離れることを望んでいたふしがあり、自筆稿を自ら蒐集家に売却したり、知人に友情の徴として惜しげもなく与えたりした。そして、もらった方はしばしばそれを売って現金化した。かくして、長い間、自筆原稿の多くはその行方すらわからない状態だった。一九七九年に競売にかけられた『嘔吐』の自筆原稿がフランス国立図書館に購入されて以来、少なからぬ草稿が図書館に入ったとはいえ、いまでも個人所蔵のものが少なくないのである。

第二の理由は、サルトルが活躍した分野の多様性による。サルトルの著作は、小説、戯曲などの創作、高度に専門的な哲学書、評伝や時評などの文芸評論、政治や社会問題に関する時事的エッセイなど多岐にわたるが、それらの執筆態度は決して一様ではなかった。サルトル著作の両輪とも言える小説と哲学に話を限っても、両者ではまったく異なるエクリチュールを用いただけでなく、その執筆のスタンスも大いに異なった。小説の場合、サルトルはたいていマス目のあるルーズリーフを用いて、訂正や変更をする場合は新たな用紙に書き足していった。このような作業のため、原稿は完成されるまでナンバリングされることはなく、ワープロ的な表現を用いれば「上書き」をするように構築されていった。いっぽう、哲学的著作の場合は、文体にこだわることなく、着想があるかぎり一気呵成に書いていくのがサルトルの流儀であり、こちらの場合はときには綴じられたノートを用いる場合もあった。つまり、ここでは執筆は概ねリニアーに、時間軸に沿って進められたと推定され、これは多くの証言からも、残っている草稿からも窺える（前期の主著『存在と無』に関しては自筆草稿もタイプ原稿も見つかっていない）。多忙なサルトルが薬物を使用して執筆した『弁証法的理性批判』の場合は、ほとんど書きなぐりと言える部分も散見され、校正すらきちんとした形跡は見られない。そしてまた、当時飛ぶ鳥を落とす勢いであったサルトルの原稿をガリマール社は丁寧な校正も行わずに出したために、初版では章立てすら整合性を欠いたものになった。いずれの場合でも、サルトルは周到にプランを立てたあとに、それぞれの部分のエスキースを何度も作りあげるといった仕方はほとんど取らないのであり、その意味でも、前テクストと決定稿の比較はプルーストやフローベールなどの場合とは異なり、資料の観点から言っても貧弱と言わざるをえない。このような事情のため、哲学の領域ではテクストの変遷よりは、未公刊の著作の内容が既刊で表明された思想内容とどのような関係にあるのかという点に関心が集中したのである。

第三の理由は、諸般の事情によりフランス国立図書館に入ったサルトルの草稿に関してすら、内容のわかる目録が長らく存在しなかったためである。もちろん、草稿に関する情報はさまざまな形で報告されていた。まずはボーヴォワールやサルトルに近しい人びとの証言があったし、サルトル自身がインタビューなどで触れることもあった。また、一九八〇年に発足した国際サルトル学会（Groupe d'Etudes Sartriennes）が一九八七年以来、毎年刊行している『サルトル年報（*L'Année sartrienne*）』（二〇〇〇年まで の名称は *Bulletin d'information du Groupe d'Etudes Sartriennes*）は世界中で発表されたサルトル関連の著作や研究論文の書誌とともにサルトルの草稿に関する情報も掲載してきた。その他に、ミシェル・コンタが主任研究員を務めていた近代草稿研究所（ＩＴＥＭ）のサルトル班の研究成果や、死後出版の単行本に附された草稿に関する簡単な情報などもあった。しかし、草稿の全体像を見通すことを可能にするような目録はどこにもなく、研究者はそれぞれ手探りで、またお互いに情報交換をしながら取り組む以外にはなかったのである。

このような事情は、二〇〇八年冬に遂に解消された。ジル・フィリップ（Gilles Philippe）とジャン・ブルゴ（Jean Bourgault）が中心となったサルトル班が総合カタログをITEMのホームページ上で公開したからである。この快挙によって、サルトル作品の生成研究は活発に行われるようになった[1]。

サルトルの遺稿作品群

わが国ではサルトルの草稿研究はおろか、遺稿を基にした死後出版についての全般的な紹介すら十分にされているとは言い難い状況であるから、まずはサルトルのコーパス全体の見取り図を簡単に描き、その後、代表的な研究を紹介することにしたい。ここでは便宜的に、誰にでもアクセス可能な死後出版などの刊行物、続いて図書館などに収蔵された草稿の順に説明しよう。

サルトルの著作を整理する作業は、生前からミシェル・コンタとミシェル・リバルカの両ミシェルによって始められた。その最初の結実が大部のサルトル文献書誌 *Les Ecrits de Sartre*（1970）である。これは一九六九年までに発表されたサルトルの全テクスト（インタビューも含む）に梗概を附して網羅すべく企画された綿密な書誌であり、その後もこれを超える類書は編まれていない[2]。付録（Appendices）として、単行本に収められなかった作品がいくつか収録されている点でも画期的なものであった。それに続くのが七〇年代初めにやはり両ミシェルを監修者として企画され、サルトルの死後一九八一年に刊行されたプレイヤード版『小説集』（*Œuvres romanesques*）である。処女小説『嘔吐』、短編集『壁』、長編小説『自由への道』の他、補遺として『壁』からはずされた短編「デペイズマン」や単行本化されなかった『自由への道』の断章が収められている。だが、なによりも、自筆原稿に基づいて『嘔吐』につけられた詳細なヴァリアント、ガリマール社からの要請で削除された部分、新発見された構想ノート（後に触れる『デュピュイ手帖』）などの資料によって、研究者にとって不可欠かつ不可避な武器庫となっている。このプレイヤード版は存命であったサルトルの全面的な協力を得て進められ、著者の承諾を得た上で多くの校訂が施されている点にも特徴がある。

ここまでが、少なくともサルトルの意志が少しは関わったものであるのに対して、この後は作者の意図が絡まないものである。とはいえ、サルトルはいったん自らの手を離れたテクストを公共空間のものと考えていたし、自分の死後に関しても草稿のなりゆきは後世に託し、明確な遺志は示さなかった(3)。

サルトルは多分野で活躍しただけでなく、きわめて多産であったが、死せるサルトルは生前よりも多産と評されるほど、死後多くの遺稿が公刊された。まず『奇妙な戦争――戦中日記』（一九八三、増補版一九九五）、ボーヴォワール宛の手紙を中心とした二巻本の書簡集『女たちへの手紙』（一九八四）といった伝記的な資料が公刊され、若きサルトルの思想形成や生活の実相が明らかになった。哲学の分野では、『倫理学ノート』（一九八三）、未完に終わった『弁証法的理性批判』第二巻（一九八五）、『真理と実存』（一九八九）など、以前からその存在の知られていたノートの類が公刊された。これらはサルトルの養女にして、著作権相続人のアルレット・エルカイムが編者となって刊行されたものである。創作のほうでは、ジョン・ヒューストン監督のために一九五八年に書かれたシナリオ『フロイト』（一九八四）、デビュー前の中短編小説、エッセイ、ノートを集めた『青年期作品集』（一九九〇）、中年期の『嘔吐』としてその存在を知られていたイタリアをめぐる独特な紀行文『アルブマルル女王もしくは最後の旅行者』（一九九一）などが公刊され、これによってサルトル研究のステージは一変し、それまでには見られなかった包括的な研究が現れた。その後も、サルトル生誕百年にあたる二〇〇五年にプレイヤード版『全戯曲集』（*Théâtre complet*）、二〇〇七年にジェラール・フィリップとミシェル・モルガン主演映画『狂熱の孤独』（一九五三年、イヴ・アレグレ監督）の原案となった未発表シナリオ『チフス』の出版と続いた後、二〇一〇年には、『言葉』『戦中日記』『アルブマルル女王』などを中心に、三冊目のプレイヤード版、『「言葉」および他の自伝的著作』（*Les Mots et autres écrits autobiographiques*）が出版された。以上のようなガリマール社による単行本化のほかにも、『現代』誌、『サルトル研究』（*Etudes Sartriennes*）などの雑誌にも多くの重要な未刊資料が掲載されてきた。

一方、草稿そのものに関して言えば、総合カタログが作成・公開されたとはいえ、それぞれの作品に関しても、また、全体像に関してもいまだ不明な点が少なくない。それはひとつには、すでに述べたように個人所蔵のものが少なくないため、全容を見通すことが難しいということがある。今後も、これまで知られていない、あるいは失われたと思われていた原稿が現れる可能性もあるだろう。実際、一九六二年にサルトルの自宅がプラスチック爆弾によって破壊されたときに多くの草稿が失われたと信じられてきたが、それらの一部は後に出てきたし、思いがけない発見もこれまで何度もあったからである[4]。ここでは、図書館に所蔵されている主要な草稿、今後の生成研究に何らかの成果をもたらす可能性を含んだものだけを簡単に列挙することにしたい。

これら公刊された遺稿の元になっている草稿の多くは個人所蔵であるが、現在では少なからぬ草稿が公共機関に収められ、研究者が参照できる環境が整いはじめている。そのなかで最も重要なのは、フランス国立図書館のサルトル文献コレクション（Fonds Sartre）である。そこには、『嘔吐』の浄書原稿、自伝

『言葉』の自筆草稿と前テクスト、『弁証法的理性批判』第一巻の草稿と前テクスト、さらには『文学とは何か』、戯曲『神と悪魔』、『アルブマルル女王もしくは最後の旅行者』や膨大な『家の馬鹿息子』の草稿群、『戦中日記』や、第一戯曲『バリオナ』(5)などもある。最も重要なのは、『嘔吐』の浄書原稿と自伝『言葉』の草稿であるが、この二つについては後ほど触れる。

それに対して、今後の研究に俟つのは、哲学では『弁証法的理性批判』第一巻である。一七〇〇葉におよぶ最終稿とかなりの量の前テクストがあり、最終稿のなかには刊行本未収録の部分もあるからである。この膨大な草稿を、テキサス大学ハリー・ランソン・センター所蔵の構想プランを含む草稿や、個人蔵だがその一部が公刊されている前テクスト(6)などをも参照しつつ検討すれば、豊かな成果を生むことはまちがいない。その他には、『倫理学ノート』も、刊行本との異同がかなりあるようなので興味深いが、残念ながら収蔵されているのはタイプ原稿のみで、自筆原稿のほうは個人蔵の状態なので、現段階でできることは限られている。

文学系では、分量的にも重要な前テクストが見つかっている『文学とは何か』や戯曲『神と悪魔』、刊行本との異同が想定される『アルブマルル女王もしくは最後の旅行者』などが挙げられる。しかし、何と言っても注目すべきは、晩年のフローベール論『家の馬鹿息子』の草稿である。これは、ミシェル・ヴィアン、ボーヴォワール、アルレット・エルカイム旧蔵のさまざまな束からなり、六〇〇〇葉に及ぶ前テクスト群は量的にも圧倒的なものであり、いまだその整理もできていない状況である。(7)そもそも『家の馬鹿息子』そのものがほとんど研究の対象となっていないと言っても過言ではないのである。(8)

フランス国立図書館以外では、イェール大学バイネッキ貴重書・手稿図書館に『自由への道』の草稿、ティントレット論の草稿などがあるほか、伝記作家ジョン・ゲラシがサルトルに対して行ったインタビュー資料もある。また、テキサス大学オースティン校のハリー・ランソン・センターも、革命期を描いた映画のシナリオ『ジョゼフ・ル・ボン』などいくつかの重要な草稿を収蔵している。

つづいて、これらの資料を駆使して行われてきた主な研究を概観しておこう。

代表的な生成研究

これまでの生成研究の中心は文学作品、とくに処女小説『嘔吐』と自伝『言葉』の二つである。どちらの場合も中心となって研究を行ったのは長年サルトルの草稿に取り組んできたミシェル・コンタ。特にこの二つが選ばれたのは、文学作品の主著であるということと同時に、資料が豊富にあったためである。

国立図書館に所蔵されている『言葉』関係の草稿は千枚に達するが、大まかに四つに分けられる。『土地なしジャン』（五五年のタイプ草稿、四四葉）、ミシェル・ヴィアン旧蔵草稿（自筆草稿四五三葉とヴィアンによるタイプ原稿六九葉）、ジャック＝ロラン・ボスト旧蔵草稿（四一七葉、これは旧ミシェル・ヴィアン草稿と同じ段階のもので、その破棄されたページ）、その他（出所の異なるいくつかのカードや草稿など合計で約一二〇葉）。この他にもかなりの草稿があると推測されるが、それらは蒐集家の手にあったり、散逸したりしており、国立図書館に収蔵されているのは『言葉』関係のおよそ三分の二にあたると見られる。

これらの膨大な資料と、ＩＴＥＭサルトル班が所有する『土地なしジャン』の自筆草稿のコピー（四四葉）やボーヴォワール旧蔵自筆草稿のコピー（四八〇葉）を用いて多角的に問題を検討したのが、ミシェル・コンタ編『サルトルはなぜ、そしていかにして『言葉』を書いたか（*Pourquoi et comment Sartre a écrit*

«Les mots»: genèse d'une autobiographie）』（一九九七）である。補遺としていくつかの「前テクスト」のトランスクリプションと写真複写も収めるこの本は、サルトル関連の生成研究の嚆矢であるのみならず、大部のものとしては今のところ唯一の研究書である。フィリップ・ルジュンヌの論考「生の秩序（L'ordre d'une vie）」をはじめ、どれも説得的な重要な論文である。

一方、『嘔吐』に関する研究はまとまったモノグラフィーという形ではなく、プレイヤード版の資料編といくつかの論文という形でコンタによって発表されている。一九三八年に出版された『嘔吐』が当初デューラーの版画に想を得た『メランコリア（Melancholia）』というタイトルであったことはよく知られている。そもそもは「偶然性に関する弁駁書（Factum sur la contingence）」というタイトルで書きはじめられたこの作品は、ボーヴォワールの証言によれば一九三一年ごろに構想され、二度の全面的な改稿（三三～三四年、三五～三六年）を経て、一九三六年初めに脱稿。同年春ニザンによってガリマール社に推薦されたものの、出版を拒まれ、秋に再度シャルル・デュランとピエール・ボストを介して持ち込まれて、翌年の四月にようやく受けいれられた。ところが、このときに出版社は大幅な削除を条件としたため、サルトルはしぶしぶロカンタンの過去、プランタニア・ホテルやブーヴィル市の情景、暴行シーン、アニーとの再会場面など五〇葉ほどを削除改変した。さらにはタイトルをめぐって数度のやりとりがあり、結局ガリマール社長がタイトルを『嘔吐』と決定し、翌年春に出版の運びとなったのである。かくして、私たちの知るサルトルの代表作は、じつは作家自身の意図を離れ、さまざまな要因による改変を受けたテクストだと言える。

すでに述べたように国立図書館には『嘔吐』の自筆原稿、およびそれに基づいたタイプ原稿（三二九葉）が残されている。自筆原稿は二三×一八センチ、マス目のあるルーズリーフで五一三葉、元来は三つのファイルに別れていたものが、一九八〇年に一冊にまとめられ、見事な装幀を施された（図版1）。テクストは、ガリマール社の要請による削除以前の段階であり、この自筆草稿に基づいて、プレイヤード版の註には詳細な異同が記載されたことはすでに述べたとおりである（『嘔吐』はサルトルが最も推敲を重ねたテクストである）。しかし、削除を受けた部分を復元した決定版を作ることをサルトルは望まず、初版を定稿と見なした(9)。出版社による削除の経緯とその理由に関しては、コンタが「『メランコリア』から『嘔吐』へ(10)」という論考で具体的な変更箇所を検討しながら主な理由を追っているが、サルトル自身は結局のところこの削除によって作品が冗長さを免れ、引き締まったものになったと評価していたという(11)。これもサルトルの創作態度を知る上でも興味深いエピソードである。いまひとつ、『嘔吐』の生成研究に欠かせない資料として、一九三二年頃に用いられていたと推定される『デュピュイ手帖(12)』がある。これは黒いモレスキン装

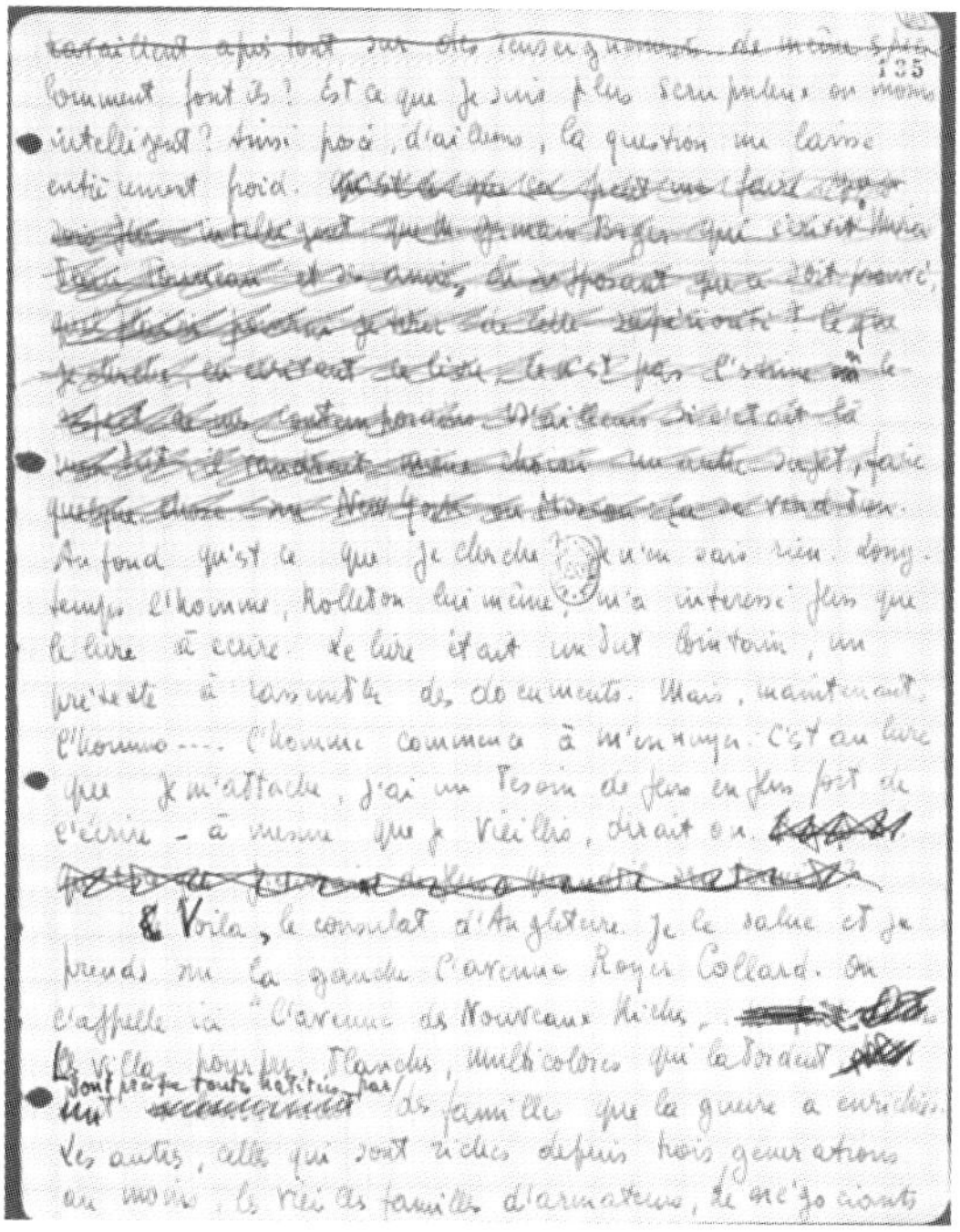

図版1　『嘔吐』の自筆草稿，フランス国立図書館蔵

幀の手帖で、生徒の評価をはじめとする雑多な内容を含むが、まとまった記述として、前半には哲学に関するノート[13]、後半には小説の構想メモが記されており、『嘔吐』の内的生成・外的生成の一斑がこれによって明らかになった。「冒険」が最初は主導的なテーマであったこと、またロビンソン・クルーソー、ジュール・ヴェルヌ、モーリス・ルブランなどが意識されていたことがわかるこのメモの部分はプレイヤード版に収録されている（OR 1678–1686）。

その他の草稿研究としては、後に触れる『自由への道』に関するイザベル・グレールの論考や、ジル・フィリップによる『家の馬鹿息子』に関する論文などが重要なものとして挙げられる[14]。

以上が、サルトルをめぐる草稿・生成研究状況のごく簡略なサーベイである。私自身はこれまで狭義の草稿研究をほとんど行ってこなかった。むしろ、死後刊行テクストを通して、サルトルの倫理思想の変遷の意味を跡づけ、そこから新たな読解を試みることが中心であった。したがって、狭義の生成研究としてここで披瀝するほどの新発見はない。ここでは私が関わった翻訳『言葉』『自由への道』との関係で草稿研究が作品理解に寄与するものを見ることにしたい。

サルトルの草稿の特徴をここでいくつか挙げておこう。サルトルの自筆草稿は大まかに作品原稿、カイエ、カルネの三つに分けることができる。作品の自筆原稿は、例外を除けばマス目のあるルーズリーフにほとんど余白を取らずに小さな文字で書かれている。単語単位で訂正するときは、該当箇所を塗りつぶして行間に修正を書き入れることもあるが、多くの場合は、変更箇所の前で行間に横線を引き、その下が削除部分であることを菱形や斜線を引いて示し、別の紙にすっかり同じ文章を書き写して訂正するのである。これは小説だけでなく、他の原稿の場合も同じであるが、エッセイなどの原稿は比較的訂正なしで書かれていることが多い。小説の場合はこの手の書き直しが多いため、chutesと呼ばれる破棄された原稿が多数生まれる。つまり、一葉がすっかりすべて消去されるのである。サルトルはこれをゴミとして捨てることが多かったようだが、それが第三者によって回収されて保管される場合も少なくなく、このようなchutesが多数残っている。

「カイエ」は、主に哲学系のテクスト執筆のためのメモないしは下書きであり、『倫理学ノート』や『真理と実存』(公刊はされているが、どちらも個人蔵のため、現物の詳細は不明)などがそれにあたり、大判のノートが用いられている。一方、「カルネ」は備忘録、アイデア帳、旅行時のメモなどで、多くの場合は小型のモレスキン装幀の手帖である。現存するカルネは、「ミディ手帖(Carnet Midy)」、「デュピュイ手帖(Le Carnet «Dupuis»)」「戦争手帖(Carnets de la guerre)」(全十五冊のうち現存が確認されているのは六冊で、『戦中日記』として刊行された)などであり、これらはすべて全体ないしは一部が刊行されている。[15] いくつかのテクストにはタイピストや友人によるタイプ原稿があり、それにサルトルの自筆の書き込みがある場合もある。一方、校正刷の類はほとんど残っていない。すでに述べたようにサルトルは校正時に加筆修正をさほど行わなかったが、具体的な校正状況がわからないのはまことに残念である。ただ、今後それらが発見される可能性がないとは言えない。

ここで対象とする「戦争手帖」は一九八三年に五冊の手帖が『奇妙な戦争の手帖』(邦訳『奇妙な戦争――戦中日記』)として出版された。その後、一九九一年には第一手帖が新たに発見され、国立図書館に買い上げられた。その第一手帖をも含んだ増補改訂版が一九九五年に刊行。そして、プレイヤード版『「言葉」および他の自伝的著作』に収録されている。本稿では、このプレイヤード版に基づき考察を行うこととする。

『カルネ』執筆の背景

「戦争手帖」(以下『カルネ』と略記)に焦点を絞って、草稿研究の問題を考察するのには、すでに述べたようにいくつかの理由がある。その最大の理由は、『カルネ』がいわゆる〈作品〉ではないにしても、通常の意味でのノートでもなければ下書きでもないという独特な位置にあり、「作品とは何か? 草稿とは何か?」という問いに恰好のトポスを提供してくれると思われることである。第二の理由は、『カルネ』が、日記、哲学著作のためのメモ、読書ノート、自伝への萌芽など、ひとつのジャンルには収まりきれない稀有なテクストだからである。第三には、サルトル研究に内在的な視点から見ても、サルトル著作の生成過程を知るための豊富な鉱脈を提供しているからである。そして最後に、邦訳『奇妙な戦争——戦中日記』が一九八三年版に拠ったものであり、「第一手帖」はいまだ邦訳されておらず、重要な手帖にもかかわらず、内容がほとんど知られていないからである。

「戦争は私の人生をまっぷたつにした。戦争が始まったときは三十四歳だったが終ったときには四十になっていた。そしてそれは青年期から壮年への移行だったのだ」(Sit. X, 180/一六七)とサルトルは後に述べているが、戦争という出来事によって、自分の存在を全面的に問い直さざるをえないような危機に面したサルトルが、頭に去来するすべてのことを記したのがこの『カルネ』であった。「第一手帖」の表紙には「戦争日記　一九三九年九月〜十月」と記されている。書き出しは一九三九年九月十四日である。

一九三八年九月、英仏独伊の四大国によって締結されたミュンヘン協定によって、一度は戦争の危機は回避されたものの、ナチス・ドイツはその後も野心を日増しに露わにし、ヨーロッパはいつ戦火が起こってもおかしくない状況であった。一九三九年九月一日、ドイツはポーランドに電撃侵攻、これに対して、フランスとイギリスが宣戦布告、第二次世界大戦が始まった。翌九月二日にはフランスでも国民総動員令が出され、南仏でヴァカンスを楽しんでいた当時三十四歳のサルトルもまた動員され、三日にドイツ国境に近いロレーヌ地方のナンシー郊外にある駐屯地エッセ＝レ＝ナンシーで配属部隊に合流した。翌日、部隊はサントレイ（ムールト＝エ＝モーゼル県）に移動、十一日にはさらにマルムーティエ（バ＝ラン県）に移る。このような移動生活のなかでサルトルは一冊の手帖を購入する。ボーヴォワール宛の手紙で「革装の手帖を一冊買い求めた」（LC I, 297／II 三〇）と書き送っている。実際には革ではなく、疑似革装のモレスキン装幀の黒い手帖で、大きさは手軽にポケットに入れられる一〇×一五センチ。小さな升罫のあるこの手帖の一頁におおむね三七行ほどのペースで、一八七頁にわたって黒いインクで余白もとらずぎっしりと書き込んだ。断章のタイトルが記されることもあるが、大きな文字で書かれ、下線が施された日付がむしろタイトルのようにも見える。訂正はほとんどなく、ていねいに書き込まれている。サルトルはこの日から本格的な戦闘が始まるまでの八ヶ月ほど書き続けた。[16] 手帖は全部で十五冊に達したが、その後、友人に預けたものがフランス軍潰走の際に紛失したり、六〇年代に自宅がプラスチック爆弾で破壊されたときに焼失したりして、現存するのはそのうち六冊にすぎない。その内訳は、手帖1（一九三九年九月十四日～十月二十四日）、手帖3（三九年十一月十二日～十二月七日）、手帖5（三九年十二月十六日～十二月二十三日）、手帖11（一九四〇年二月一日～二月十九日）、手帖12（一九四〇年二月二十日～二月二十九日）、手帖14（一九四〇年三月六日～三月二十八日）である。

一見して驚くのは、日々書かれた文章の桁外れの量である。毎日の頁数はもちろん一定してはいないが、多い日にはプレイヤード版で一〇頁以上にもなる。いったいこれほどの量をサルトルは、どのように戦場で執筆しえたのだろうか。じつは、宣戦布告こそされたものの、フランス軍はマジノ線の背後で、ドイツ軍はジークフリート線の背後で待機し、仏独両軍は砲火を交えることなく八ヶ月間にらみ合ったままだったのである。この状態は当時から〈奇妙な戦争〉と呼ばれ、兵隊たちは絶対的な無為のなかでだらだらと日々を過ごした。とりわけ、子どもの頃から視覚障害があって片目がよく見えないサルトルは気象班に配属されていたこともあって、毎日風船をあげて風向きを調べる他はこれといった仕事もなく、ひたすら読書に耽り、日記を書き、論文と小説を執筆三昧という、平時には想像もできなかった余裕のある生活を送った。そのうえ、毎日ボーヴォワールに長文の手紙を、一日置きに母親と、新たな恋の対象であったワンダに、その他の友人、知人には数日置きに手紙を書き送っている。

ボーヴォワール宛の手紙には「結局、私はここで、パリにいたときよりもたくさん仕事をしている」(LC I, 291／II 二四)。「私には、平時よりも戦時のほうが物を書くための時間がずっと多くあるということを認めねばならない」(LC I, 321／II 五四)とか、「もし戦争が、このゆっくりとした微睡むような調子のまで続くなら、平和が戻った暁には私は三つの小説と一ダースの哲学作品を書き上げているだろうと思う。こんなにたくさん物を考えたことはこれまで一度もなかった」(LC I, 374／II 一一〇)などと書き送っている。『カルネ』がサルトル研究にとって第一級の資料であるのは、ボーヴォワール宛の手紙としばしば内容的に重なっており、それらを重ね合わせ補うことで、多くの伝記的事実を知ることができるという側面もある。そうはいっても、『カルネ』は日記であり、習作手帖であり、備忘録だっただけでなく、戦争記録の証言でもあり、その点にサルトルはきわめて自覚的だった。この戦争の証言という側面によって、『カルネ』は当初からいわゆる日記という内面性、あるいはプライバシーとはまったく異なる次元のものとして、公共空間に属するものとして構想されていたのである。

「私のことばかりを語っているこのメモ〔『カルネ』の内容のこと〕には、それでも個人の内面のようなものはまったくないし、私自身そのようなものと見なしていない。私に起こったすべてのこと、私の考えるすべてのことを、私はカストール〔ボーヴォワールのこと〕に即座に知らせたいと思う。出来事が起こるやいなや、すぐさまそれを語るのだ。私が感じるあらゆることを、私は他人のために分析するのだ」(CDG 190)。この言葉を裏打ちするように、手帖は一冊が書き上げられるとボーヴォワールの手に渡り、彼女が読んだだけでなく、近しい友人たちの間でも回覧された(戦中に失われた手帖は友人の手にあったものだった)。サルトルはこの日録を、作家の日記ではなく、一兵士の証言としたい(CDG 191)と述べているが、公開を想定して執筆していたふしもある。戦後の名声とは比較にならないとしても、『嘔吐』によってすでに文壇での地歩も確立していたサルトルだったから、後世の読者を意識していたとしても不思議はない。

『カルネ』の特徴

『カルネ』は、すでに述べたように、通常の意味での日録でも日記でもない。サルトルには日記を付ける習慣はまったくなかった。この点、パートナーのボーヴォワールが生涯にわたって日記を書き続けたのとはなんとも対照的である。『カルネ』は日付こそ記されているものの、それはあくまでも書かれた日を表す指標にすぎない。タイトルが付けられている場合もあるが、全般的にはランダムな形で記されている。

「手帖1」の冒頭を見てみよう（図版2）。

マルムティエ、三九年九月一四日、木曜日

ストイシズムとオプティミズムの奇妙な関係。このことはすでに、世界が善であると信じる必要があった古代ストア派の思想家のうちに認めることができる。これは理論的な関係というよりは、心理学的な仕掛けなのだ。つまり、これもまた自分を落ち着かせるためのひとつの手管、非本来性の罠のひとつである。（CDG 145）

この冒頭部には、これから日記を書きはじめようとする決意表明もなければ、どのような状況下で手帖を使う気になったのかを記す気負いも見られない。備忘のための覚え書きのようにして、しかし、場所と日付をもって始まる。引用した文に続いて、彼自身がまさにこのようなストア主義者であったことが告げられ、これまでの自分についての批判がつづく。そして、後に批評「デカルト的自由」で展開されるような「諾《ウイ》」という自由と「否《ノン》」という自由の相違に関する短い考察を経て、「私は「諾《ウイ》」と言うことと「否《ノン》」と言うことの間で選択できずにいた。私は客観的な状況に関心をもっていなかったのである」とまとめた後、とつぜん転調し、「幸いにも、私はポール伍長とつきあうようになった。彼は社会主義者で、それゆえ、現状に不満でありながら立ち往生している。「否《ノン》」と言う人間ではなく、不安に怯え、とげとげしくなる」（CDG 145–146）。

このように、出だしからほとんど思いついたことを書き連ねるような仕方で書かれているのだが、このスタイルが『カルネ』の独自の魅力をなしている。戦争について考えることとハイデガー思想について考

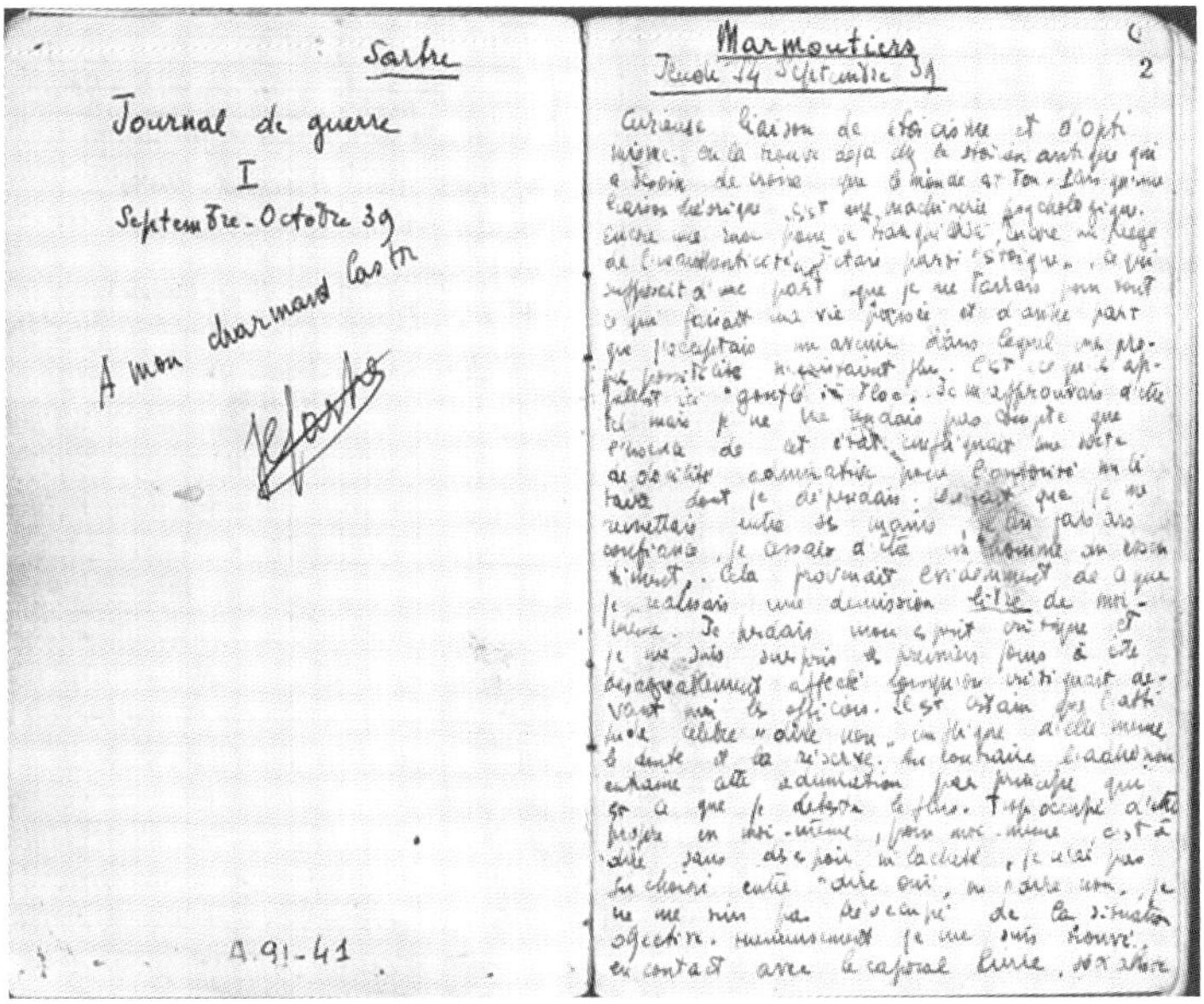

図版2　『カルネ』手帖1の最初の頁。左頁には「戦争日記　I　39年9月〜10月」と記されている。「カストールへ」の献辞とサルトルの署名は後からのものだろう。フランス国立図書館蔵

えることは別々のことではない。一般的な哲学問題を考察することと、自らの来し方を思い、人生の決算を行うことも別物ではない。〈作品〉や〈思索〉の出発点には、つねに個別と普遍が未分化である混沌とした場があり、『カルネ』はまさにそのような空間なのである。典型的なくだりを引用しよう。

いわゆる〈影響を受ける〉ということの中で、自由と宿命の分け前はどのようなものなのかを理解したいと思うなら、私の場合は、ハイデガーが私に及ぼした影響について、考えてみることができる。最近になって、ときどきこの影響が天佑であったと思えることがあった。なにしろ、彼によって私は、本来性と歴史性を教わったのだが、それはまさに、戦争に

よってこの二つの概念が不可欠になろうとしていたときだったからだ。この二つの道具がなかったら、私の思想はどうなっていたか想像すると、想い出すだけでぞっとする。これのお蔭で、どんなに時間を得したかしれない。これがなかったら、まだ今ごろ、フランスとか〈歴史〉とか死とかの、とっかかりのない大きな観念を前にして、足踏みしていたことだろうし、もしかしたら、まだ戦争に腹をたて、全身全霊で戦争を拒んでいたかもしれない。

（CDG 466／二二四―二二五）

このように、駐屯地におけるサルトルの考察を啓発する源泉は、戦争体験であり、読書体験であり、過去の自分である。それらが入れ替わり立ち替わり現れる。このように『カルネ』はきわめてハイブリッドなテクストであるが、あえてその内容を整理すれば、四つに分類することができる。第一は戦争体験の証言としての日々の記録、第二は読書ノート、第三は哲学的考察、第四は決算としての自伝的側面である。それらがばらばらのものではなく、有機的に結びついている点にこそ『カルネ』というテクストの特徴があることは強調されなければならないが、ここでは便宜的にこの四つの側面を一つずつ眺めてゆこう。

第一の戦争体験に関しては、すでに述べたように、自ら証人となって戦争を伝えたいという思いがあり、共同生活を送っている兵隊たちや軍隊の様子が事細かに記述されていて、たいへん興味深い読み物となっている。サルトルは、兵営の食事はまずくて耐えられないと言って、レストランに通って気ままに食事し、そこで原稿や手紙も書いているが、そのさまは、パリのカフェのテラスで執筆するのとほとんど変わらず、われわれが想像する戦時下の兵隊とはまったく異なることには驚くばかりだ。また、召集されてから数ヶ月で休暇を得て、パリに戻って過ごしたり、ボーヴォワールが密かに駐屯地までやってきて、暗号で手紙を書いて密会したりするなど、子どもの遊びのようなところもあって、およそ戦争の切迫感が感じられないのが、サルトルの軍隊体験である。戦争を恐れながらも、この思いがけない休暇を満喫しているようにも見える。

そして、ありあまるほどの時間をもてあましていたサルトルはボーヴォワールに多くの本を送ってもらい、貪るように読み、感想を記している。これが第二の読書の側面だ。サルトルが読んでいたのは、前出のハイデガーだけではない[17]。手帖をつけはじめてから一月半ほど経った十月二十九日、サルトルはそれまでに読んだ本のリストを書きとめている。

カフカ『城』『審判』『流刑地にて』、ダビ『日記』、アンドレ・ジッド『日記』、ジュリアン・グリーン『日記』、レーモン・クノー『リモンの子供たち』『きびしい冬』、ジュール・ロマン『ヴェルダンへのプレリュード』『ヴェルダン』、カスー『一八四八年　二月革命の精神史』、アラン『裁かれた戦争』、ピエール・マッコルラン『女騎士エルザ』『冷たい光の下で』、シェークスピア全集（プレイヤード）第二巻、サン＝テグジュペリ『人間の土地』、アーサー・ケストラー『スペインの遺言』、ダニエル・デフォー『ジャック大佐』などである（CDG 343／七五）。

さらに十二月十九日にはその後読んだ本として、ポール・モラン『夜ひらく』、マリヴォー『戯曲選集』、メリメ「モザイク」「コロンバ」、フローベール『感情教育』、キルケゴール『不安の概念』、ロラン・ドルジュレス『木の十字架』が記され、この日に受け取った本として、アンドレ・モーロワ『一九三九年の戦争の起源』、マッコルラン『霧の波止場』、ルサージュ『びっこの悪魔』、ラルボー『A・O・バルナブース全集』などが挙げられている（CDG 424／一六六）。

このリストから見てとれることは、読んだ本の多くが戦争に関連した書物だったことである。こうして先達がどのように彼らの戦争（普仏戦争、第一次世界大戦）を経験したのかを知ろうと努めたサルトルだが、それまでは戦争に関する書物にまったく興味をもてなかったとも「手帖1」で記している（CDG 197）。それは戦争という〈神話〉が嫌いだったためだ。そのために、有名な戦争小説を読むことを意図的に避けてきた。しかし、自らが戦争に直面して、この態度を改め、憑かれたように戦争小説や戦中日記に読みふけることになる。第一次大戦は、死者二千万人をかぞえる未曾有の規模の戦争であった。リストに名の挙がっているドルジュレスの『木の十字架』は、この過酷な戦争を描いた有名な小説のひとつであり、サルトル自身がかつては読むのを拒否したと記しているものである。ジュール・ロマンの『ヴェルダンへのプレリュード』『ヴェルダン』は、全二十七巻からなる『善意の人々』の第十五巻、十六巻であり、この年に出版されたばかりだった。それを取り寄せて読んでいる。その他にも、アンリ・バルビュスの『砲火』、レマルクの『西部戦線異状なし』などの重要な戦争小説についての記述も見られる（cf. CDG 197）。

同じ関心から、第一次大戦時の作家たちの日記も精力的に読み、自分の境遇との比較を行っている、とりわけ熱心に熟読していたのが、アンドレ・ジッドの『日記』である。つまり第一次大戦をジッドがどのように体験し、証言しているかを参照しつつ、今回の大戦の証言をすること、それがサルトルの意図だった。コメントは戦後に執筆されるジッド論に活かされることになる。ジュール・ルナールの『日記』も同様であって、こちらはルナール論「縛られた男」のほとんど梗概と見なすことができる。このように、戦後になってサルトルが執筆する多くの文芸評論は、この『カルネ』のうちに萌芽として見いだされるのである。

第三の哲学的考察について言えば、哲学的主著『存在と無』へと発展する多くのモチーフを『カルネ』に見いだすことができる。本格的な執筆は四一年に民間人という偽の申告で捕虜収容所から脱出し、パリに戻ってからのことだが、中核になるテーマはこの時期にほぼすべて出そろっている。三九年の時点でサルトルは文壇で嘱目されていたとはいえ、哲学者としては論文「自我の超越」と『想像力』という小冊子を発表していたものの、独自の思想を確立するにはいたっていなかった。しかし、戦争体験によって、人間的現実の構造を中心的テーマとした新たな哲学、後に実存主義と呼ばれることになる思想が形成される。『カルネ』は、四年後の一九四三年ドイツ軍占領下のパリで出版されることになる『存在と無』の具体的な下書きも多く含んでおり、書簡集も併せて参照することによって、サルトルの個人的な生が、いかに哲学へと昇華してゆくのかを目の当たりに見ることができるのである。

　多数ある例から一つだけ挙げておこう。九月二十四日の「動機《モチーフ》と動因《モビル》の違い」と題されたくだりである（CDG 269）。ここで、サルトルは前日に起こったちょっとしたいざこざを語りながら、人をある行為に駆り立てる原因をほとんど同義語である motif と mobile にわけて、一一頁にわたって分析する（さらに記述は続くのだが、手帖1はそこで終わっている）。このくだりはより客観的な記述へと発展され、『存在と無』の第四部、第一章第一節「行動の第一の条件は自由である」における動機《モチーフ》と動因《モビル》の違いの分析に用いられることになる。

　戦争がこの省察のきっかけであることは、すでに繰り返して述べたが、『存在と無』ではまさに、「責任」をめぐって、「私の戦争」ということが何度も強調される。しかし、これらの哲学的考察は『存在と無』へと発展されるだけでない。いくつかは後期の哲学的主著『弁証法的理性批判』や最晩年の評伝作品

『家の馬鹿息子』にさえつながっているのである。

第四の自伝的側面は、『カルネ』の中でも最も重要な主題である。戦争によって、サルトルはこれまでの自分の生き方を問い直さざるをえなくなった。自分の作家としてのキャリアのことしか考えず、社会にも政治にも無関心だった態度を見直すことになった。どう生きるべきかというモラルの問題は自らの人生の決算の問題と密接に結びついている。サルトルはそれまでの人生をいくつかの時期にわけて、その特徴をまとめ、その意義の分析を交えて記述するのだが、これらのくだりの多くは、一九六四年に刊行される自伝『言葉』へとつながっているためにきわめて重要である。実際、『カルネ』のなかでは、後に『言葉』で語られるのとまったく同じエピソードが、おそらくはより事実に近い形で記されており、サルトルが『言葉』という決定稿を執筆するにあたり、いかなる改変を施したかがよくわかるからである。この例に関しては、次節で詳しく見ることにする。

その他に、以上の四つの範疇には入らないが、三九年の初め頃から書きはじめた長編小説『自由への道』との関係についても付言しておこう。作者の分身であるマチウ・ドゥラリュという高校の哲学教授を主人公としたこの作品は多分に自伝的なものであるが、その第一部『分別ざかり』は一九三八年六月中旬、パリを舞台に展開し、中年に差しかかった男の内面の葛藤、そして自由とは何かが主要なテーマであり、戦争は当初の構想の中に入っていなかった。ところが、小説を書いている最中に戦争が勃発し、小説の中にも戦争を導入せざるをえなくなったのである。これは第一次大戦の勃発によって、戦争が否応なく小説世界のなかに介入してきたプルーストの『失われた時を求めて』の場合と似ているが、この作品の生成過程を知るために、『カルネ』はボーヴォワール宛の手紙とともに不可欠の資料である。[18] また、一九四

○年六月のフランスの敗北以後を描いた第三部『魂の中の死』で描かれている軍隊生活は、まさにサルトル自身が経験したものであって、『カルネ』に書きとめられている情景が活かされている場面も少なくない。また、第二部『猶予』で駆使される同時的コラージュ手法の発想の源泉のひとつも見いだすことができる[19]。このように、『カルネ』が『自由への道』の執筆を大いに助けたことはまちがいないのである。

以上概観してきたことからも明らかに見てとれるように、『カルネ』は作家・思想家サルトルのエッセンスが凝縮しているテクストだと言っても過言ではない。次に『カルネ』がどのような形で前テクストとなっているのか、『言葉』の例に則して具体的に検証しよう。

前テクストとしての『カルネ』の具体例

一九六四年に刊行された自伝『言葉』の生成の経緯はきわめて複雑であるが、大枠だけを示せば以下のようになる。その構想は五〇年代に遡り、一九五三年ごろのインタビューで、「私の物語を通して、自分の世代の物語を書き留めてみたい[20]」とサルトルは述べていた。その時点では、『自己批判』という政治の季節にふさわしいタイトルで構想されており、批判的スタンスがその基本的トーンだった。『言葉』の決定稿では、語られているのは十代までの少年時代だけだが、一九五四年ごろ執筆されたカイエ「リュテース」では、青年期以降が一九三〇〜三九年（戦前）、三九〜四四年（戦中）、四五〜五四年（戦後）の三時期に分けられて構想されていた[21]。その後、五〇年代半ばに幼年期のことを中心に集中的に書き進められ、タイトルは『土地なしのジャン』*Jean sans terre* へと変更された。これはイギリス国王ジョン失地王を指す表現でもあるが、サルトルが自らの根無し草的土壌を意識して選んだものだった。この時点で作品の力点は人格が形成された背景と幼少時へとシフトしたと言えよう。執筆はかなり進んだが、『弁証法的理性批判』などを完成させるためにいったん放棄され、六〇年代に入って大幅に手直しされることになって仕上げられた。『言葉』は、社会的なものへと目覚めたサルトルの文学への訣別の辞である。それまでの文学を信じていた時代の自分にたいする総決算であるがゆえに、逆説的にもサルトルが最も文体に心を砕いた作品であり、その推敲の過程はすでに見たように執拗なものであった。われわれは、『カルネ』と比較考察することで、『言葉』がいかにフィクショナルな自伝であるかを見てとることができるのである。いくつかの例をあげよう。

『カルネ』のなかでサルトルは、自らの幼年時代において、第一次世界大戦がどれほど重要な意味をもっていたかを語ったのち、戦争に結びついた想い出を以下のように記している。長くなるが引用しよう。

それからしばらく後、パリでのこと、ピカール夫人から革装の小さな本をもらった。好きなものや嫌いなものについての質問が書かれた本だった。私は、自分にとって最も大切な願いは、「兵隊になって、死者たちの弔い合戦をすること」と答えを書いた。私はこの場面を恥ずかしさを覚えずには想い出すことができない。それはル・ゴフ街〔パリの祖父の家〕の書斎兼居間でのことだった。この本をくれたピカール夫人の面前で答えを書くことが礼儀にかなっていた。私は祖父のデスクに座って(いまでもデスクマットや、赤いインクの染みのついた緑の吸いとり紙が眼に浮かぶ)、「ご婦人がた」がおしゃべりしているあいだ、自分の義務を意識し、すぐさまみんなに読まれることを確信しつつ、すでに大いなる感情で仰々しくなりながら、これを書いたのだった。私が答えを書き終えると、彼女たちはみんなうっとりした。私は彼女たちのあいだをたらい回しにされ、次から次へと口づけを受けた。私は同じころ、戦争小説も書いた〔…〕。そして最後にはノワレタ－ブルで行われた兵隊さんたちのためのチャリティーショーに出演した。それは私の祖父が創作した英雄譚だった。私の役は「ドイツっぽ」によって故郷の村を追われたアルザスの青年だった。彼の父はフランス兵として狙撃隊に所属し、占領された村を奪還するのだが、青年は最後にようやくこの父親に巡り会うことになる。私は悲劇的な場面で、腕を伸ばし、「さらば。さらば、麗しのアルザスよ」と呟いた。それがなんともメランコリックだったので、フランスの大聖堂の学芸員だったシモン氏が私の姿を「スケッチした」ほどだった。私の母はいまでもこの水彩画を大切に持っている。（CDG 194）

『言葉』ではこの二つの挿話は順序を入れ替えられ、段落を分けて（戦争小説を書いたことは言及されない）、次のように発展されて描かれることになる。

九歳の時のことで、外は雨だった。ノワレタ－ブルのホテルにいた私たち子どもはみんなで十人、まるで一つの袋に入れられた十四の猫のようだった。私たちの面倒を見るために、祖父が十人の登場人物からなる愛国的な芝居を書いてくれ、それを上演することになった。一番年長のベルナールが、根は善良だが愛想のよいストユホッフ爺さんを演じた。私はアルザスの青年で、フランスを祖国に選んだ父の後を追って国境を密かに越えるという役まわり。見せどころの台詞もあった。腕を伸ばし、頭をかしげ、肩のくぼみに細面を隠し「さらば。さらば、麗しのアルザスよ」と呟くのだった。稽古のときに何度も可愛いねえと言われたが、別段驚きもしなかった。上演は庭で行われた。ホテルの壁を背に舞台が作られ、庭の二本の大きな檀《まゆみ》の樹が舞台の袖の部分になった。親たちは籐の椅子に並んで座った。子どもたちは凄まじい勢いではしゃいだが、私だけは別だった。芝居の成功が自分の双肩にかかっていると思いこんでいた私は、集団の利益のために気に入られようと懸命になった。観客のすべての眼差しを一心に集めていると思っていた私はやりすぎた。軍配は、ベルナールのほうにあがった。彼はくどくやらなかったのだ。私はそれを理解したのだろうか。上演が終わり、募金が始まったとき、ベナールの後ろに忍び寄って髭をひっぱると、取れてしまった。それはスターがやるおふざけだった。笑わせるためだった。私はうっとりとして、戦利品を掲げてスキップしたが、誰も笑わなかった。母は私の手を引っ張って、離れたところに連れていき、悲しげに訊ねた。「いったい、どうしたの。立派なお髭だったのに。みんな唖然として〈ああ〉と叫んだわよ」。すぐに祖母がやってきて、私が嫉妬心からやったとベルナールの母親が言っているという最新情報をもたらした。「目立とうとすると、どうなるかわかったでしょ」。私は逃げだし、走って部屋に戻り、たんすの鏡に向かって長いこと百面相をした。

一九一五年十一月、彼女〔ピカール夫人〕から、赤革で装幀され小口が金の小冊子をプレゼントされた。祖父はおらず、私たちは書斎に陣どっていた。女たちは活発に話をしていたが、戦争中だったから、前の年に比べると低めの声だった。窓には黄色い汚い霧がべったりと張りつき、冷えきった煙草の匂いがした。手帖を開いてちょっとがっかりした。小説かお話だと思っていたのに、色ちがいのページには同じ言葉が記されていた。「あなたの言葉をここに書きましょう。そしてお友だちにも書いてもらいましょう」。私はみんなをあっと言わせるチャンスを提供されたことがわかった。すぐさまそれに応えようと、祖父のデスクに座ってデスクマットの吸いとり紙のうえに手帖を置き、軸がプラスチックでできたペンを赤いインク壺に浸し、大人たちが興味津々で目配せを交わすなかで、書きはじめた。私は「年よりもませた答え」を探して、ひとっ飛びに自分の魂よりもずっと上にのった。しかし、質問はあまり助けにはならなかった。私の好きなものや嫌いなものが尋ねられている。好きな色は何ですか、好きな香りは何ですか。気乗りもせずに好みをでっちあげていたとき、輝くような機会が訪れた。もっとも大切な願いは何ですか。私はためらうことなく答えを書いた。「兵隊になって、死者たちの弔い合戦をすること」。興奮しすぎて、後を続けることはできず、私は椅子から飛び降りて、大人たちに作品を見せに行った。みんなの目が輝いた。ピカール夫人は眼鏡をずりあげ、母は私の肩越しに覗き込んだ。二人ともからかい気味に唇をとんがらせた。二人が顔をあげたとき、母の顔は薔薇色に染まっていた。ピカール夫人は私に手帖を返しながら言った。「ねえ、ぼく、ほんとうの気持ちを書かなければ、意味はないのよ」と。私は死ぬかと思った。過ちは火を見るより明らかだった。神童を待っていたのに、私は崇高な子どもを演じてしまったのだ。私にとって不幸だったことは、この二人の女性には前線に出征している身よりがいないことだった。彼女らの通常の魂にとって、軍事的な崇高さはまるで効果がなかった。私は部屋を出て行き、鏡の前で百面相をした。

（M 57–59／八一―八四）

エピソードの内容自体の共通性と、それを語る調子の相違が、ここには明らかに見てとれる。『カルネ』においては、ニュートラルないしはポジティヴであったエピソードがきわめて否定的に語られ、最後は同じように「百面相をする」という言葉で結ばれている。この二つの話は五〇年代の草稿であるタイプ原稿「土地なしのジャン」にも『言葉』と同じ順序で語られており、ことにピカール夫人とのエピソードは完成稿とほぼ同じである。[22]

いまひとつ、今度は宗教に関する記述の例を見てみよう。

私は十二歳のときに信仰を失った。祖父はプロテスタントで、祖母はカトリックだった。しかし、彼らの宗教感情は私が見たかぎりでは、控えめで冷たいものだった。〔…〕私にはほとんど宗教的な想い出がない。それでも、七、八歳の頃、ル・ゴフ街で、窓辺の平織りのカーテンをマッチで燃やしたときのことは今でもまざまざと想い出す、そしてこの想い出は、なぜかはわからないが、神さまと結びついている。それはおそらく、そのとき私のことを見ていたものは誰もいなかったにもかかわらず、私は「神さまが見ている」と思ったからだろう。もうひとつ覚えていることは、私がディビルドス神父が行う公教要理（ボスュエ小学校内のことだった）でイエスについての作文をして、紙製の銀メダルをもらったことだ。私はいまでも、この作文とメダルのことを考えると感嘆と悦楽の気分に浸るが、それは宗教的なものではまったくない。（CDG 352／八四）

同じ部分が『言葉』では、二つの挿話《エピソード》の位置がやはり逆転し、次のように描かれる。

私はカトリックであると同時にプロテスタントだったし、従順の精神と批判精神とを結びつけていた。無信仰になったのは、理論同士の衝突のためではなく、祖父母の無関心のためだった。そうはいっても、私は信仰していた。寝間着姿で寝台の足下にひざまずき、手を合わせて毎日お祈りをした。だが、しだいに神さまのことは考えなくなった。毎週木曜日になると、母に連れられてディビルドス神父のところに行き、見知らぬ子どもたちに混じって宗教教育を受けた。〔…〕祖父は友人である神父に私を預けることを自分で思いついておきながら、木曜日にそこに出かけることで私がカトリック教徒になるのではないかと事態を不安げに見守っていた。私の目に教皇主義の進展を伺い、機会があると私をからかった。しかし、この偽の状況は半年と続かなかった。ある日、私はキリストの受難をテーマにした作文を提出した。これは我が家では好評を博し、母が手ずから清書してくれたものだった。ところが銀賞しかもらえなかった。この失望のために私はさらに不信心になった。病気になったり、ヴァカンスのためにディビルドス神父のところに行かなくなり、新学期になったときにはもうやめたいと突っぱねた。そのあとも数年間は公の場での全能の神との関係は続いたが、プライベートでは関係は切れた。ただ一度、私は彼が存在するのを感じたことがある。私がマッチで遊んでいて小さなカーペットを焦がしてしまったときのことだ。この過ちを隠そうと画策していると、とつぜん神に見られた。彼の視線を私の頭のうちに、私の手に感じた。あまりにあけすけに生ける標的となった私は風呂場の中をぐるぐるまわった。憤慨が私を救った。私はこの下品な覗きに対して怒りはじめ、神を呪詛し、祖父のように呟いた。「まったく、なんてこった、こん畜生」。それ以降、神は私を見るのをやめた。(M 54-55／七八―七九)

このようにサルトルが『言葉』で多くのエピソードに否定的な調子を加えたことが『カルネ』を参照することによって明瞭に見てとれる(こちらの挿話も「土地なしのジャン」のなかでは『言葉』により近い形で見ることができる)[23]。だが、ここで注目したいのは、『言葉』という作品がなければ、『カルネ』は必ずしも草稿とは思われず、これ自体を固有なテクストとして読むことができるという点である。

『自由への道』をめぐって

『自由への道』(一、二巻は一九四五年、三巻は一九四九年刊)は、戦後のサルトルが発表した唯一の小説である。全四巻の予定だったが、最終巻は一部雑誌に発表されたものの、未完に終わり単行本化されなかった。第一巻『分別ざかり』は一九三八年六月中旬、戦争の予兆を感じさせるパリを舞台に、マチウ・ドゥラリュ（三十三歳）を中心に展開する。発端は七年前からつきあっているマルセルの妊娠である。堕胎を決めるがその費用が手元になく、自由と独立を信条とする彼が日頃ブルジョワとして軽蔑する兄や金回りのよい友人ダニエルのところに金策に行かねばならない。だが、それも功を奏さず、かつての教え子ボリスの情婦で歌手のローラから金を盗むことになる。その間、マチウはボリスの姉のイヴィックに仄かな恋情を抱くが相手にされず、自分が確実に中年に差しかかっていることを意識する。一方、マルセルは密かにダニエルと会っており、マチウと別れた後、男色者であるダニエルと（そのことを知らずに）結婚し、子どもを産むことにする。マチウは自らがそれまで信じてきた自由が内容空虚なものであり、風雲急を告げる歴史の転換点では何の役にも立たないことに次第に気づいてゆく。

第二巻『猶予』は第二次大戦勃発前夜、一九三八年九月の一週間の出来事がコラージュ手法で描かれる。マチウをはじめとする主要人物九人の他に、新たに十八人の副次的人物、ヒトラー、チェンバレン、ダラディエをはじめとする歴史上の人物約三十人、エキストラ的人物五十人、総勢百人以上が、ヨーロッパのさまざまな都市で、激変する歴史に翻弄される姿が万華鏡のように映し出される。ここではもはや通常の意味での主人公はおらず、マチウも特権的な位置を占めずに、ほとんど〈その他大勢〉に近い扱いを受ける。各人が迫り来る戦争を前にいかに自分を生きるのか、そのさまが同時多発的に展開するのだ。そこに見られるのは同時代性へのこだわり、世代の問題でもある。出自も傾向も階級も異なる人びとが戦争によって否応なく同時代を生きることになるのだ。ミュンヘン会議によって、戦争は回避されたように見えるが、それはたんに先延ばしにされただけにすぎない。

第三巻『魂の中の死』の第一部は、一九四〇年六月、フランスの敗北を背景とする。ニューヨークに亡命したかつてのスペイン市民戦争の勇士であり画家のパブロ、ドイツ軍のパリ入城に際して南仏に逃れるマチウの兄ジャックとその妻オデット、結婚したイヴィッチ、戦場で負傷し入院中のボリスなどが次々と描かれるが、誰もがかつての生彩を欠いている。ロレーヌ地方の村で敗戦を迎えたマチウの部隊の兵士たちは自暴自棄におちいっている。同じ状況にありながら、戦友たちのように酒や女や宗教に逃げることができず、冷め切っているインテリのマチウは孤独感を募らせる。昨晩までの一体感が敗戦によって失われてしまったのだ。だが、その村にドイツ軍に対して最後の徹底抗戦をしようとする一団の兵士たちがやって来て、行きがかりでマチウもそれに参加することになる。ドイツ軍への無意味な抵抗という試みで戦友たちと結ばれた幸福感に満たされるマチウが死を覚悟して敵に向かって撃ち続ける場面で第一部は閉じられる。第二部は、保留収容所を舞台としているが、マチウは登場しない。代わって第一巻でマチウに入党を進めた共産党員のブリュネが中心となる。彼は収容所内で反独抵抗運動を組織しようとするが、そこに謎の人物シュネデールが現れ、共産党批判を展開する。つまり、ここで主題はさらに先鋭な形で、個人と集団、歴史認識の問題へと傾斜していくのである。

以上が、第三巻までの概要であるが、この小説は、現在日本のサルトル研究では語られることが極めて少ない(24)。一九五〇年代初めに人文書院が「サルトル全集」の第一巻として刊行した事実が端的に示しているように、当時はサルトルの代表作のひとつと見なされていた。それはこの「主題小説」*roman à these* がアンガージュマンの問題と直結していたためである。そして同じ理由で近年は敬遠されてきたのだと言えよう。だが、この長編小説の内容はきわめて豊かであり、今や草稿資料を駆使した別の視点からの読解が可能である。第一巻『分別ざかり』に関しては、これまでのところ、自筆原稿もタイプ原稿もまったく見つかっていない状態[25]なので、草稿に即した研究は無理だが、執筆の状況に関しては『戦中日記』や『書簡集』の公刊によって多くの補足情報がある。第二巻『猶予』に関しては、プレイヤード版の校訂時に監修者が存在を知らず参照されなかった自筆最終稿（八二三葉）がイェール大学バイネッキ貴重書・手稿図書館に収蔵されている。第三巻『魂の中の死』に関しては、フランス国立図書館にミシェル・ヴィアン旧蔵の自筆最終原稿（五四四葉）、イェール大学バイネッキ貴重書・手稿図書館にジョージ・バウアー旧蔵の前テクスト（自筆草稿三六〇葉、サルトルによる修正のあるタイプ原稿一〇葉）がある。未完に終わった第四巻の断片も、イェール大学バイネッキ貴重書・手稿図書館にバウアー旧蔵の「青いカイエ」および自筆草稿（三三四葉）が収蔵されているだけでなく、他の草稿の存在も確認されている。ちなみに、これらのバウアー旧蔵の資料に関しては、バウアーも編集に参与したプレイヤード版に収録されているが、その他は未公刊の状態である。

これらの資料を用いて、イザベル・グレールは『自由への道』の生成を綿密に跡づける博士論文を提出した[26]。モデル問題の解明や、義姉オデットへのマチウの恋愛感情のうちにサルトルの母親への愛情を読み取るなど刺激的な読解も提示している。しかし、この小説には他にもさまざまな角度から研究の余地がまだまだあると思われる。

『自由への道』への新たなアプローチ

ここで『自由への道』へのアプローチのいくつかの糸口を指摘することにしてみよう。

第一は、この小説を自伝という視点から包括的に再検討することである。『自由への道』は、マチウ・ドゥラリュを主人公とした大河小説であると形容されることも多いし、第二巻以降の真の主人公は歴史そのものだなどとも言われる。確かにこれは前期サルトルの中心テーマである自由の問題を扱った主題小説であり、歴史という巨大な歯車と、そこに否応なく巻き込まれた人間の姿を描いた作品ではある。だが、少し冷めた目で読めば「大河的」という形容はあまりふさわしくなく、むしろ自伝的要素がさまざまな意味で色濃い作品ではあるまいか。サルトルが基本的に私小説しか書かない作家だと言ったら奇妙に響くかもしれないが、『嘔吐』のロカンタンが自分だったとサルトルが言った以上に、マチウはサルトルの分身である。それはマチウが一九〇五年生まれの独身、パリの高校哲学教授という設定であり、第一巻の物語が作家自身の行動半径でもあるモンパルナス界隈を中心に展開するということのためだけではない。多くのエピソードが作者の実体験から取られているだけでなく、登場人物のほとんどにモデルがいることはこれまでもよく知られていた。だが、そのような事実以上に興味深いのは、たとえば、物語の時間と現実の時間の同時性である。より正確に言うと、その構想時と物語の時間がほぼ一致するのだ。第一巻の執筆は三十九年の前半に始まったが、その構想は『嘔吐』出版直後すなわち三十八年に遡る。[27] そして、それぞれの巻の時間設定は作品構想の時間とほぼ同時だと資料的に跡づけられる。[28] その意味でも、『自由への道』は『嘔吐』の続編として執筆されたと言えそうである。『嘔吐』の日付が、作家自身の構想執筆の時間とほぼ呼応することは夙に指摘されているが、同じ要素がここでも見てとれる。そして、日記形式をとった第一小説が時系列にそった一人称の小説であったように、第二長編小説も当初から時系列に沿った一人称の独白が複数組み合わされるという形で作られているのである。

第一巻では日付は明記されていないが、第一章のマチウの独り言、「二十九日までやっていくのに五〇〇フラン残っている。日に三〇フラン、いやそれ以下だ。どうしたらいいのか？」から逆算すれば、六月十三、十四日頃と推定される四十八時間ほどが物語の時間である。第二巻は、各章が日付になっているため明確で、三八年九月二十三日朝から三十日までの出来事。そして、第三巻一部は一九四〇年六月十五日から十八日まで。二部ははっきりとしないが、「よく晴れた夏の一日」とされており一九四〇年八月と推定される。したがって、この小説は第三部までだけでもプレイヤード版にして一〇五〇頁を超える大部であるにもかかわらず、奇妙なことに、具体的に扱っているのはじつにわずか十六日間ほどでしかなく、それが三八年から（三九年は飛ばして）四〇年の三年間に渡っており、さらに不思議なことは、季節がつねに夏なのである。果たしてこのような不均衡な時間配分をもった長編小説が他にも多数あるのか不勉強にして詳らかにしないが、きわめて特異であるように思われる（第二巻の九月を夏とするのはフランスの季節感からすると語弊があるかもしれないが、マチウはまだヴァカンスから戻ってきていないという設定であり、南仏で過ごしている）。ここには時間の経過も、めぐる季節も感じられない。その理由は十分検討に値しよう。サルトル自身は、授業がない時期なので夏を選んだと述べている（cf. OR, 1942）が、それだけではあるまい。

時制から見ると第三巻一部までは単純過去と複合過去が中心。それに対して、三節からなり、各節にまったく改行が施されていない第三巻第二部は一貫して現在形で書かれている。これに関しては多くの論者が注目しているが、しかし、訳の作業を行っていて感じることは、第三巻第一部までの過去形が、視点の観点からすれば必ずしも「過去」ではないという点である。行為の記述を除けば、自由間接話法的な色彩が強いフレーズがきわめて多く、それを過去で訳すことは原文に見られる意識の流れ的な側面を捉え損なうことになる。実際、この小説は全体が現在形で書かれていてもおかしくはなかったとも思われるのだ。

日記の体裁をとった『嘔吐』に関して、それが一種の「現象学的記述」であるという指摘がしばしばなされたが、『自由への道』にも同様のことが言えそうである。実際、この小説にはフラッシュバック的なくだりはまったくなく、時間はあくまでリニアーに流れていく（同時に複数の場所で展開することもないわけではないが、時間がオーバーラップしたり、錯綜したりすることはほとんどない）。記述は上空飛行的な超越の視点ではなく、必ず登場人物の誰かの視点からなされている。この上空飛行的な神の視点の拒否、中立的な語り手の拒否は、サルトルのモーリヤック批判[29]の実践と言えるのだが、その結果語りは必然的に一人称性を帯びる。ここでは問いを立てるのみに留まるが、『書簡集』や『戦中日記』などの資料を参照しながら、サルトルが現実のどのような部分から作品を構想し、構成していったかを地道にたどる作業によって、現実から小説への移し替えの経緯が見えてくるはずである。実際、放棄された第四部の一部はもともと日記形式で綴られており、これは内容的にも『戦中日記』と重なりあっていると見られるからであり、一人称が出発点にあるように思われるからである[30]。

第二は、コラージュ的技法を含む小説のテクニックである。第二巻『猶予』はフレーズの途中で、動作主体がまったく別の場所にいる異なる登場人物にシフトするという手法をとっており、読者に大きな努力を強いる文章となっている。ドス・パソスに着想を得たと言われるこのような文体が具体的にどのような形で形成されていったのかを、草稿を参照することによってより明確に明らかにすることができるのではないだろうか。翻訳をしていて感じるのは、二〇頁ほどの間隔を置いて現れる登場人物の台詞や行動がほとんどパズルのようにぴたりと重なることである。ここには後にウィリアム・バロウズが多用するカット・アップにも似た手法があるのではないか。実際、『猶予』では積極的なコラージュ手法が用いられており、ミュンヘン会議をはじめとする国際情勢に関するくだりは、ポール・ニザンの『九月のクロニクル』をほぼそっくりそのまま用いている部分が少なくない（cf. CL 786; 1035; 1124, etc.／三巻二一八、四巻二七二―二七三、四五〇―四五一）。そして、そのなかのヒトラーやダラディエの発言がもともと忠実な引用なのである。ランボーの引用（cf. CL 859-860／三巻二六一―二六二）やボードレール（CL 984／四巻一七五―一七七）やパスカルのパロディ（CL 1095／四巻三九三―三九五）、『戦中日記』に記述された兵士たちの言動も含め、サルトルがこれらの雑多な言葉や文章をいかにまとめたかを詳細に追う作業は小説家サルトルを研究するにあたって重要であろう。

ところで、この小説の記述は必ず登場人物の誰かの視線を通して行われるわけだが、第二巻ではそれが時にめまぐるしく替わる。一方、多くのシーケンスが二人の登場人物の対立関係で構成される第一巻では、読者は比較的安心して、登場人物の視線に入っていくことができる。中心となるのはマチウであるが、その他にもダニエル、ボリスも視点となる。視点であるということは、別の観点から言えば、その人物が内面性をもち、その内面性を読者が追うということであり、視点をもたないということは、外部からもっぱら描かれ、内面性を追うことができないということである。全編を通して外部からはほとんど描かれないのはマチウである（第七章でのみ、ダニエルの視点から描かれる）。そして、この視点の保持者は、ボリス、ダニエルと男性が主である。唯一の例外はマルセル（だが、後に見るようにそれは男性的性格がつねに強調される女性である）で、第五章の自室での独白場面と、第十四章のダニエルとの電話での場面で視点となっている（ただし、どちらも対面の場面でないことは示唆的であろう）。ここから見てとれるのは、一人称的な視点が三人称へと変換されたくだりを積み重ねることで第一巻が構築されているということだ。見る者と見られる者の相剋的関係という『存在と無』で展開された「眼差し」の理論を想い出すまでもなく、ここでは視点と主体の問題が解きがたく絡まり合っている。

ところで、この男性優位の視点は、第二巻で大きな変化を被ることになる。副次的な女性登場人物、ゼゼット、モー、イレーヌの三人が重要な視点となり、他者を裁く（判断する）からである。さらに「九月二十三日」の章のマチウとオデットの場面は、もっぱらオデットを視点として進むのだ。第三巻『魂の中の死』になると、さらに興味深い変化が見られる。というのも、ローラとボリス、オデットとジャックの場合、関係は完全に逆転し、女性の視点が優位に立ち、男たちはしばしば恐怖や不安にかられた姿を彼女らによって顕わにされるからである（主要登場人物で唯一視点の担い手とならない女性はイヴィックで、彼女は最後まで内面性を見せることはなく、外から描かれる）。そこに、戦争を媒介として、男女の関係が逆転していく過程を見ることもできるだろうが、それ以上に、この問題は次のジェンダー的視点からの読解とつなげながら考察されるべき重要な問題だと思われる。

第三は、ジェンダー的な視点からの読解である。これまでもサルトル作品における女性嫌いについての指摘はあるが、『自由への道』の影の主題が同性愛であることは明白である。それはダニエルが男色者であり、そのアヴァンチュールにかなりの紙幅が割かれているからだけではない。ローラを情婦とするボリスにしても、マチウにしても、しばしば女性への嫌悪と男性と一緒にいるときの快適さについて語るからだけでもない。小説空間からアクターとしての女性が次第に後退していくという構造をこの作品がもっているからである。望まれなかった妊娠から始まったこの小説は、すでに述べた男女の力関係の逆転などを含みつつ、第三巻一部終盤からほとんど男だけのホモソーシャルな世界へと突入し、そして二部では女性はわずか一度、輸送列車の捕虜たちが柵の向こうに見る場面で現れるにすぎなくなり（ムーリュが女たちに声をかけるが彼女らは答えない）、現存する第四巻の断片ではついに女性はまったく現れなくなる。[31] 実際、この作品は、男の領域と女の領域が截然と分かれ、両者が理解しあえないことを大きな主題としているように思われる。男は男らしさを求められ（その典型はブリュネとダニエル）、女性たち（ブルジョワ女性の典型オデット、労働者階級の典型ゼゼット）は女らしさを求められる。そして、おそらく唯一の例外がここでもマルセルである。マルセルの場合、小説の冒頭で男性的性格が執拗とも言えるほど強調される。そして、その男性らしいマルセルが妊娠し、不意に女性性に目覚め、最終的には男らしさを夢見ながらも自らの女性性に悩む男色者ダニエルと結婚することになるという『分別ざかり』のプロットにもこの問題は端的に現れている。[32]

一般にサルトルといえば、「人間主義」（humanisme）が取りざたされるわけだが、この小説で問題とされる homme の大部分は「人間」ではなく「男」と読むべきものと思われる。人類愛がホモセクシュアルに通じる例はすでに『嘔吐』の独学者にも見られたが、『自由への道』でも「友情」（amitié）とは女性を排した「兄弟愛」（fraternité）である。マチウはブリュネのうちに「友」を求めるが、ブリュネこそが男らしい男だと思うがゆえに、彼の友情を期待するのである（CL 521-522／一巻二六九―二七〇、本書第12章参照）。ここに『弁証法的理性批判』まで続く「友愛の共同体」という問題系を読み込むことは不可能ではないだろう。第三巻ではすでに述べたように女性は不在となり、男たちはもっぱら欲望の対象としての女を話題にするが、同時に彼女たちに会うことは避けたがっているような発言をする。この問題が一方で戦争と、もう一方で作者サルトル自身の性向とどのように関わるのかを検討することはサルトルにおける共同体論にこれまでとは異なる光を投げかけることになろう。

以上三点はどれもより詳細に発展分析されるべきものであるが、この小説がいまなお豊かな鉱床であることがかいま見えるのではなかろうか。

伝記と虚構の間

生成研究がいわゆる決定稿を相対化する意味をもつのだとすれば、この問題はサルトルにおいてはなによりも彼が残した膨大な未完作品の意味について考えることに帰着しよう。『自由への道』の放棄に関して言えば、ジャック・ルカルムがどれも説得的である七つの理由を挙げているが[33]、なかでも最初の理由、すなわちサルトルが自ら体験しなかったレジスタンスを書きあぐねたという指摘は重要である。つまり、これも観点を少しずらせば、この中断は作品が自伝的であることと無縁ではないのである。

ところで、『自由への道』第四巻のみならず、『存在と無』で予告されたモラル論、『弁証法的理性批判』第二巻、『家の馬鹿息子』第四巻など、サルトルが放棄した作品は数多い。これらはなぜ放棄されたのか。これはまた別途考えられるべき問題であろう。ここで性急に回答を出すわけにはいかないが、ひとつ言えることは、作品放棄がサルトルの執拗に追求した「書くことと生きること」の問題と関わっているのではないかということである。生きることと書くこととの乖離、この問題は『嘔吐』以来陰に陽に主題となっているものであるが、ごく単純に言えば、書くことには事実上の事後性があるにもかかわらず、存在論的には優位があるというパラドクスである。それはどういうことか。

サルトルには彼自身が『カルネ』や『言葉』で述べているような素朴な「伝記幻想」とでも呼べるようなものがある。つまり、人生はあたかも伝記のようなものであり、あらゆる経験が物語であるかのように展開し、それが後に語られるというものである。しかし、同時に経験というものは語られることによって必ず変容を被る。したがって、最も「真正な」(authentique)経験はまさにいま経験しているものであり、それを現在形で記述したもの(もちろん、実際にはそんなことはありえないのだが)ということになろう。その意味で『自由への道』第三巻『魂の中の死』第二部が全編現在形で書かれていることは示唆的であるが、この生きることと書くこととの間の乖離は、歴史と歴史記述の問題その他の形で変奏されながら、持続的にサルトルの関心事であり続けるのだ。

いずれにせよ、最初にも述べたように、サルトルにとっては活字になったものこそが重要であり、そこにいたるまでの草稿は結局のところ手段にすぎないと考える傾向があった。それを端的に示している『言葉』の一節がある。

剣の勲功は消え去るが、物語は残る。「文芸」においては、贈与者が自分自身の贈り物に変身することが、すなわち純粋なオブジェになることが分かったのだ。私が人間になったのは偶然にすぎなかったが鷹揚さによって私は本となるだろう。私は自分のおしゃべりや意識をブロンズの活字のなかに流し込み、生活の物音は消しがたい刻印に、肉体は文体に、時間の緩慢な螺旋は永遠にとって替わられ、聖霊は私を言葉の沈殿物と見なし、人類にとっての強迫観念となり、ようやく「他なる者」に、自分自身とは別のものに、他人とは違う者に、あらゆるものと異なる者になるのだ。私はまず長持ちする身体を自分に与え、それを消費者たちに与えよう。書く喜びのためにではなく、言葉のうちに栄光の身体を作り上げるために書くのだ。自分の墓の高みから眺めると、誕生したことは必要悪にすぎないように私には思えた。変身を準備するために仮初めに肉体に宿ったのだ。再生するためには、書く必要があったし、書くためには脳髄や目や腕が必要だった。ひとたび仕事が終われば、これらの器官は自然消滅することだろう。一九五五年頃、幼虫ははじけ、二十五匹のフォリオ版の蝶たちがそこから飛び出し、ページの翼を羽ばたかせ、国立図書館の書架に向かって飛び立ってゆく。これらの蝶が他ならぬ私なのだ。二十五巻、一万八千ページのテクスト、三〇〇の版画、そのなかには著者の肖像もある。私の骨は皮と厚紙で、羊皮紙上の私の肉は、糊と黴の臭いがし、六〇キロの紙の重さのうちに私はくつろいで悠然と構える。

(M 105／一五八―一九一)

生きることから書くことへ、そして書くという行為を通して、その反射《レフレクシオン》＝反省を通して現実に働きかけること、それこそがサルトルにとっての文学的営為の根幹にあった。そのような錯綜したエクリチュールの過程をあきらかにすること、それはサルトル研究においていまだに十分になされているようには思われない。今後サルトルの生成研究がますます意味をもつようになると思う所以である。

実験場としての『カルネ』

以上の分析によって、サルトルという作家・思想家にとっての『カルネ』の重要性は見てとれたかと思う。作家にとって思想家にとって、またわれわれ読者にとって、草稿とはどのような意味をもつのか、という最初の問いに立ち戻ろう。サルトルは一九五〇年代になって『カルネ』を読み直し、それへのコメントをノートに記している。それはサルトルにとって再び訪れた自分の総決算をすべきときだった。今度はマルクス主義との関係で、自分の過去を問い直したのだった。このように『カルネ』はたびたび立ち返るべき覚え書きであった。しかしそれだけでなく、戦後の文芸評論の多くが『カルネ』に書きとめられた考察を出発点として執筆されていることからも見てとれるように、『カルネ』はアイデア帖として長らく用いられたと推定される。一九四五年以降、実存主義の旗手として文壇の寵児となったサルトルが、多忙のなかあれだけの量の仕事をこなせたのは、戦中期のこの貴重な充電期間があったからだろう。それはただのヴァカンスではなく、死と隣り合わせの凝縮した時間であったからこそ、豊かな思索を産み出した。

『カルネ』がサルトル研究者だけでなく、文学の生成に関心をもつ者にとって魅力あるテクストであるとすれば、それはここに作品と思想の、あるいは文学と思索の原光景とでも呼ぶべき空間が広がっているからだ。すでに述べたように、『カルネ』の内容は、あえて分類すれば、戦争についての証言、哲学的思索、読書ノート、自己の来し方についての省察、という四つの側面があるが、これらの要素が分離せずに有機的に結びついている点こそが重要なのだ。いや、さらに言えば、これらの主題が、一方が他方を引き起こすという形で連関している点が、である。日々接している戦争体験は、そのまま人間的現実に関する考察を促し、その考察はこれまでの自らの生き方が何だったのかを反省させ、日々の読書はそのような思索のもうひとつの原動力となる。

このことから見てとれるのは、サルトル思想の特徴である、真理の発話の場としての〈伝記的なもの〉という問題系である。それは『存在と無』からボードレール、ジュネ、マラルメなどの評伝へと伸びる稜線であるとともに、サルトルの文学論に著しい倫理的色彩を与えるものであり、晩年には独自‐普遍(universel-singulier)という言葉のもとに探究されたものでもあった。

「作家といえども他のもの以上に世界に挿入されてあることを免れているわけではない。それに彼の書いたものは独自‐普遍の典型でさえあるのだ。〔…〕作家は自分の言葉を使って、その存在と目的において、独自な普遍性と普遍化する独自性を二重に証言するような対象《オブジェ》＝客体を作る」(Sit. VII, 441／三三三―三三四)と「知識人の擁護」のなかで語っているが、独自なものを通してしか普遍なものは現れない、という確信こそが、〈自伝的なもの〉という問題系を構成する。

テクストにおいて語っているのは誰なのか？ 近代的な意味での書き手とは、言表の唯一の主体であり、作品の統一と責任を担うものである。デカルトはその嚆矢であり、サルトルはおそらくその最後に位置する。サルトル自身は、多くの文学論においても、また哲学的著作においても、エクリチュールとコミュニケーションの成立に関わる根源的な他者、他性に対して理解を示しながらも、文学の非人称性を追及するよりは、一人称の神話化という非常にデカルト的な身振りを選択した。それは、小説『嘔吐』、自伝『言葉』だけでなく、サルトルの多くの文学論の端々にも見られる通りである。サルトルは一人称の呪縛から逃れられなかったとも言える。それは、サルトルにおいて自伝的なディスクールと理論的構築が相互に不可分な関係にあり、両者がともに一つの同一の開示の結果に由来する、とセルジュ・ドゥブロフスキーは「サルトル――自画像の修正」の中で分析しているが、[34] その典型が『カルネ』だと言える。

すでに見たように『カルネ』には、後に『存在と無』のなかで発展してゆくさまざまなモチーフが個人的な体験として記されており、間テクスト的分析によって、われわれはサルトルにおいて個人的な体験がどのように哲学的な理論へと昇華してゆくかを辿ることができる。サルトルにとって自己言及は、全体的(つまり、主体的かつ対象的)な真理の発現の場であると同時に、理論化される真理がつねに回帰するような領野である。それは自己が反省するものと反省されるものの最終的な一致において確証されるような場である。『カルネ』が体現する草稿とは、サルトルの場合には、哲学と文学が分岐する場所、作品が生まれ出んとする瞬間としての実験場であったように思われるのだ。おそらく、一般的には哲学と文学では草稿の位置づけは異なるのだろうが、『カルネ』はその両者の性格を備えた稀有なテクストと見なすことができよう。

いずれにせよ、私たちにとって作家や思想家の草稿を読むとは、彼らの仕事の舞台裏を覗くような行為とはまったく異なるものであろう。そんなことは人の家庭の内情を見るのと同じくらいつまらないことだ(たとえ、そのような下世話な興味がわれわれの誰にでもあるとしても)。人目にさらされない場所だから、あえて奔放になりうる場所。それが書き手にとっての草稿がもつ自由な側面かもしれない。自己検閲の度合いが決定稿よりはるかに低い。一方、読者のほうは、実験現場の熱気、地下深くふつふつと湧き上がるマグマのほうへと沈潜することで、作品や思想の源泉に見いだされるエネルギーのもとに触れ、それに触発されるがゆえに、草稿に魅了されるのではあるまいか? 少なくとも、私にとって、草稿を読む醍醐味とはこのようなところにある。

註

(1) Catalogue génétique général des manuscrits de Jean-Paul Sartre, http://www.item.ens.fr/index.php?id=377200

サルトル班について一言触れておけば、ミシェル・コンタが長く主導してきたチームは、プルースト班のような公開セミナーは行っていないが、定期的に作業部会を開いている。四ヶ月に一度ぐらいのペースで集まり、これまで多くの草稿を活字化してきた。

（2）その後も書誌は Contat et Rybalka, *Sartre : bibliographie 1980–1992*, CNRS Editions, 1993 などいくつかあるが、それらには詳細な内容紹介はない。

（3）「未発表の原稿について、遺産相続者たちにどのような指示を与えますか」というコンタの問いにサルトルは次のように答えている。「まだ遺書は書いていないが、こう書くだろう。出版社と、私が作品の管理人として選んだ人びとにまかせてほしいと。〔…〕じつを言えば、あまり気にかけてはいないのだ。そんなに未刊があるわけでもないし」（Sit. X, 209／一九四）。

（4）最近では、『アルブマルル女王』のローマに関する草稿がアメリカの図書館で発見された。J.-P. Sartre, « Fragments d'un journal romain », *Les Temps modernes*, n° 700, 2018.

（5）捕虜収容所でのクリスマス劇として書かれた『バリオナ』は、初め少部数の私家版としてのみ印刷され、その後、*Les Ecrits de Sartre*（ES）補遺に収録、最終的にプレイヤード版『全戯曲集』でも補遺として収められている。近年刊行されたその翻訳には、その状況について詳細な解説が付されている。J－P・サルトル『敗走と捕虜のサルトル〔戯曲『バリオナ』「敗走・捕虜日記」「マチューの日記」〕』石崎晴己編訳、藤原書店、二〇一八年。

（6）« Esquisses pour la *Critique de la Raison dialectique* » par Vincent de Coorebyter, in *Études Sartriennes*, n° 10, p. 9–23.

（7）その他に、一九五〇年代半ばの最初期の草稿があるが、こちらは個人所蔵のため、内容は知られていない。

（8）Gilles Philippe, « Le protocole prérédactionnel dans les manuscrits de *L'Idiot de la famille* », *Recherches et travaux*, Grenoble, n° 71, 2007.

（9）とはいえ、このプレイヤード版は監修者の示唆を受け、現実の暦に照合した日付の訂正その他、多くの改訂を含んでいる。

（10）Michel Contat, « De *Melancholia* à *La Nausée*. La normalisation NRF de la Contingence », in *Pour Sartre*, PUF, 2008, p. 63–101.

（11）Voir *Ibid.*, p. 57.

（12）ル・アーヴル時代の教え子アンドレ・デュピュイ氏が長年所持したものであるため、この名称で呼ばれる。

（13）cf. Vincent de Coorebyter, « Esquisses pour la *Critique de la Raison dialectique* », *op. cit.*

（14）一九二七年の高等教育修了論文「心的生におけるイメージ」に関しては第2章註（4）および、以下を参照。サルトル『イマジネール』澤田直・水野浩二訳、講談社学術文庫、二〇二〇年、四三四頁。

（15）『アルブマルル女王』に関してもイタリアで購入した手帖（Quaderno di La regina Albermarla）があり、他の草稿とともに公刊されている。MAEA, 815–860. その背景に関してはMAE 1521を参照。

（16）サルトルは四〇年六月二十一日、奇しくも自分の誕生日にパドゥで捕虜となり、フランス国境に近いラインラント＝プファルツ州の都市トリーア（仏名トレーヴ）の収容所に送られたが、そこでは手帖はつけられなかったようである。

（17）サルトルがまず読んだのは、一九三八年に刊行されたアンリ・コルバン訳によるハイデガーの論集『形而上学とは何か』であり、『存在と時間』はその後、捕虜になったときに収容所で読書会などを行っている。

（18）この点についてはイザベル・グレールが資料を縦横に用いて研究した。cf. Isabelle Grell, *Les chemins de la liberté de Sartre, genèse et écriture (1938–1952)*, Peter Lang, 2005.

（19）九月十五日の記述は、わずか一〇行しかないが、そこでサルトルは、自分の知人たちも別の場所で兵役についていることに突然思いいたり、これまでこのような「同時性」を考えることができなかった、と記している（CDG 149）。

（20）*Libération*, 4 novembre 1953, cité par Michel Contat et Michel Rybalka, ES. 269.

（21）Cf. « Note additionnelle » in Michel Contat (dir.), *Pourquoi et comment Sartre a écrit « Les Mots » : genèse d'une autobiographie*, PUF, 1997, p. X.

（22）Cf. « Jean sans terre », MAEA 990–993.

（23）Cf. MAEA 994–995.

（24）昔のものでは、加藤周一「『自由への道』と小説の運命」、井上光晴「『奇妙な友情』論」（ともに竹内芳郎・鈴木道彦編『サルトルの全体像』ぺりかん社所収、一九六六年）などがある。

（25）サルトルは一九四五年、カフェ・フロールでスイス人の蒐集家に自ら自筆原稿を売ったと言う。Cf. OR, 1938.

（26）Isabelle Grell, *Les Chemins de la liberté (L'Âge de raison, Le Sursis, La Mort dans l'âme, La Dernière chance) de Jean-Paul Sartre. Étude génétique*, thèse soutenue en 2001 à l'Université de Grenoble III. これがすでに挙げた単行本の元になっている。

（27）サルトルは一九三八年七月付と推定されるボーヴォワール宛の手紙で、自由を主題とする小説を思いついたことを述べている。LC 1, 210／I 二二二—二二三。

（28）この点については cf. Isabelle Grell, *op. cit.*

（29）Cf. « M. François Mauriac et la liberté », Sit. I, 33／五二。

（30）Cf. Contat, *op. cit.*, p. 110–111.

（31）ただし、残された構想メモには、イレーヌの名前や、オデットとの再会、サラの自殺などが記されている。ただし、それらは執筆されなかった。Cf. OR 2140–2144.

（32）第二巻ではチェコの小さな村でやはり妊娠中のアンナが登場する。こちらは望まれていた妊娠だが、戦時下という望ましくない情勢のために父親のミランはこの妊娠を後悔する。

（33）Jacques Lecarme, « L'inachèvement des *Chemins de la liberté*, ou l'adieu au roman des armes », *Etudes sartriennes*, nº 7, 1998, 193–203. Marc Bertrand, « A propos de l'inachèvement des *Chemins de la liberté* », *Etudes sartriennes*, nº 6, 1995, 93–107.

（34）Serge Doubrovsky, « Sartre : retouches à un autoportrait », *Autobiographiques : de Corneil à Sartre*, PUF, 1992, p. 123–167.

第12章

同性愛とヒューマニズム

実存主義のジェンダー論

多数の研究が存在するサルトルだが、セクシュアリテの問題、なかでも同性愛の問題はこれまで主題的に論じられることが少なかった。たしかに、『聖ジュネ』との関係で言及されることはあったものの、たいていの場合、ジュネおよび同性愛に関するサルトルの理解の浅薄さを指摘するレベルに留まっている。[1]だが、サルトルの小説や演劇のいたるところに同性愛者が登場し、彼らが単なる挿話以上の存在だとすれば、そして『存在と無』その他の理論的なテクストにも同性愛に関する重要な指摘が散見するのだとすれば、この問題をめぐって複合的な考察を行う必要があると思われる。本章では、サルトルのコーパス全体を俯瞰した後、特に長編小説『自由への道』を中心に同性愛のテーマが浮き彫りにする問題構成を検討することにしたい。

同性愛者のフィギュール

一九三〇年代後半から四〇年代のサルトルの文学作品が同性愛者に満ちていることは、アンガージュマンの思想家サルトルからは少し想像しにくいかもしれない。しかし、作家サルトルはまずなによりもエログロ描写の多い作家として文壇に登場したのであり、当初、サルトルへの批判は彼の作品のこのような側面に対して集中砲火的に行われたのである。[2] 初期小説にはさまざまな性愛が現れるが、その一つとして同性愛も登場する。[3] 二十世紀前半のフランス、いわゆる両大戦間文学において、同性愛というトポスそのものは、決して特異でもマージナルでもなかった。[4] そうはいっても、プルースト、ジッド、コクトーといった作家たちが同性愛者であったのとは異なり、サルトル自身は異性愛者であったから、そのスタンスはおのずと異なるものである。

サルトルの代表作である『嘔吐』の主人公アントワーヌ・ロカンタンは港町ブーヴィルで歴史の論文を準備する日々を送るが、彼の数少ない知人である「独学者」が同性愛あるいは少年愛という設定となっている。独学者はしがない書記であり、ブーヴィル市立図書館の本をアルファベット順に読破し、それが達成された暁には、世界に飛び立とうと考えているナイーヴな人物である。小説のクライマックスのひとつをなすのが、図書館で中学生に文字通り手を出そうとしていたところを警備員であるコルシカ人に見とがめられる場面だ。独学者と中学生の行動を見守るロカンタンの目に映る、何の変哲もない手の動きが、性的比喩によって行われるパッセージはそれ自体とても興味深いものだ。

それは手だった。さきほど机に沿って滑っていた白い小さな手である。今やそれはくつろいで、優しく、官能的に、仰向けに横たわっていた。まるで太陽に身を暖めている水浴する女のしどけない裸体のようだ。それに褐色の毛むくじゃらの物が、ためらいながら近づいた。煙草で黄色くなった太い指だった。この指はこの手のすぐそばで、男の性器《セックス》のような不格好さを備えていた。指は一瞬停まり、固くなり、ひ弱な手のひらに狙いを定め、それから突然、恐る恐るそれを愛撫し始めた。

（N 195／二七五）

実際の同性愛が具体的に描かれるのではなく、あたかも独学者の衝動が手に憑依し、性的イメージを付与されたかのような描写となっており、作家サルトルの面目躍如たるくだりとなっている。[5]

同じ一九三八年発表の「ある指導者の少年時代」（短篇集『壁』所収）で、同性愛はより明示的に語られる。アシル・ベルジェールというシュルレアリスト作家が登場し、主人公リュシアン・フルリエは彼に誘惑されるままにルーアンへの小旅行に出かけ、関係をもつ。この体験はリュシアンにとってかなり重要なものではあるが、これによって青年が同性愛に目覚めるわけではない。むしろ、さまざまな不安定要素に満ちた思春期そのものがテーマであり、同性愛はその一要素にすぎない。「ぼくは男色者《ペデラスト》だ」（OR 355／二〇七）とリュシアンは何度も考えるが、それは「ぼくは詩人だ」とか、「エディプス・コンプレックスだ」と言うのと同じレベルである。リュシアンは、同性愛を彼の人生行路におけるある種の混乱（désordre）と考える。つまり、自らの平穏な人生の秩序を乱すものと見なし、この経験を否定し、その後は女性を誘惑し、異性愛者として行動する。リュシアンにとって同性愛は、あくまでも思春期の通過点にすぎない。さらに言えば、リュシアンは読者の共感を誘うような人物とは正反対だ。彼は、漠然と嫌悪していたブルジョワになり、ファシスト運動に入り、反ユダヤ主義者となる。一方のベルジェールという中年の作家は、若者たちを魅了する誘惑者として描かれており、リュシアンははじめランボーが同性愛者であることに軽い嫌悪を感じるのだが、ベルジェールはこういって説得する。「ランボーの同性愛、それは感受性の第一の天才的錯乱なのだ。ぼくらが彼の詩を読めるようになったのはそのお蔭だ。〔…〕なすべき第一のことは、あらゆるものが性的欲望の対象となりうるときみに説得することだ。ミシンも試験管も馬も上靴も。ぼくは蠅とセックスしたことがある」(OR 346-347/一九六)。

しかし、実際にベルジェールと関係した後リュシアンはひどく後悔する。そして、「ぼくはエディプス・コンプレックスから始まり、その後で肛門性サディックになり、ついには、男色家だ。どこで停まるんだ」(OR 356/二〇八)というリュシアンの台詞に如実に表れているように、ここでの参照項はあきらかにフロイトであり、サルトルはそれを無批判に受け入れているように見えかねない。しかし、後に見るように、サルトルはフロイトの精神分析に対しては終始批判的であり、この部分もあきらかにパロディーないしは揶揄的と見るべきであろう。

戦後一九四五年に発表された長編小説『自由への道』(6)には、このリュシアンとよく似たタイプの青年フィリップ・グレジーニュが登場する。彼もリュシアンと同様に金持ちのぼんぼんでマザコンの文学少年、ランボーにあこがれ、同性愛的関係に惹かれるが、いっぽうで意を決して黒人娼婦のところに童貞を捨てに行ったりと、同性愛と異性愛のあいだで揺れ動く。このように思春期にありがちな不安定な人物をサルトルは好んで描くのだが、彼らに共通して見られるのは、家族への愛憎、逃亡、反逆などを体現するランボー(フィリップにはボードレールの影もある)を介した、若き詩人と同性愛という紋切り型である。(7)

『自由への道』には、このフィリップ以外にも何人かの同性愛傾向の人物が登場するのみならず、同性愛者の溜まり場でのナンパの光景などにもかなりの紙幅が費やされる。なかでも、ダニエル・セレノは準主役級の存在として、第一部から未完に終わった第四部まで大きな役割を演じる。文学史的に見れば、『自由への道』は、サルトルの等身大の投影ともいえる高校哲学教師マチウ・ドゥラリュを主人公とし、真正な自由の追求がテーマとされているわけだが、別の観点から見ると、男同士の友情というテーマが見え隠れすることはすでに指摘した通りである。この点は後に詳しく検討することにしよう。

一九四五年に初演された『出口なし』にも、イネス・セレノという女性の同性愛者が登場し、芝居の展開の中枢的牽引力となる。『存在と無』の他者論にも通じるサルトルの悲観的な対人観を表した「地獄とは他者たちのことだ」という有名なせりふで知られるこの作品は、ホテルの一室にも似た地獄に閉じこめられた三人の男女、ガルサン、イネス、エステルが展開する極限状態における他者との葛藤を描いている。見ず知らずの彼らが問わず語りのうちに、お互いの過去を明らかにしていき、それにつれ、三人の関係も次第に緊張をましていく。ここで狂言回しの役を振り当てられているのが、イネスだ。彼女は、従兄からその妻を奪い、最終的にはガスで無理心中したということになっている。イネスは男性への憎悪を剝き出しにした発言を繰り返し、昂然と自らの同性愛指向を前面に打ち出す。一方のエステルは男性に媚びる女性。ガルサンは平和主義者だったが、志を最後まで貫くことはできず、卑怯なふるまいをした強がりの弱い男という設定である。マッチョを演じたがるガルサンと、あまりにフェミニンなエステルだけであれば、そこに生じるのは男女の月並みな誘惑ゲームでしかなかろう。ところがイネスがそこに介入し、この生ぬるい異性愛関係の可能性を打ち壊し、それぞれの秘密と内面をさらけださせ、まる裸にするのも彼女である（作中では、「私たちはミミズのように裸だ」という台詞が何度か繰り返される）。サルトルは三角関係を、男と女ではなく、男、女、同性愛者として描くことで、二項対立に亀裂を入れようとしているようにも見える。このことは後に見るように、『自由への道』でも同様だ。しかしこの長編小説を具体的に検討する前に、サルトルの理論的な著作におけるセクシュアリテの問題を概観しておこう。

『存在と無』におけるセクシュアリテ

セクシュアリテへの強い関心がサルトルの理論的な著作において存分に展開されていることは、思想史の世界で必ずしも十分に周知されているとは言いがたい。しかし、同時代の思想家と比較しても、さらには次世代の作品と比較しても、『存在と無』は突出して「性」に関する言及が多い哲学書である。(8) 前期サルトルの主著であるこの本が、フッサールとハイデガーの大きな影響で執筆されたことは常識に属すが、彼らがほとんど性について言及することがなかったのに対して、サルトルは積極的にこの不在を問題視し、ハイデガーを以下のように名指しで批判する。

いかなる実存哲学もセクシュアリテの問題に本気で取り組むべきだとは考えなかった。ことに、ハイデガーはその実存的分析において、この問題にいささかも触れていない。したがって、彼のいう「現存在」は、われわれから見ると、性を欠いたものであるように思われる。〔…〕かなり譲って性的差異が事実性の領域に属するということを認めるとしても、だからといって、「対自」がこのような体をもっていることに関して純粋な偶然性によって「たまたま」性的である、と言うべきであろうか？　性生活というこの計り知れない大問題が、人間の条件に、「おまけ」として付け加わってくるなどということを、私たちは容認することができるだろうか？　むしろ、一見して明らかなように、性的欲望と、その反対物である性的嫌悪は、対他存在の根本的な構造であるように思われるのだ。
（EN 423／中四一五―四一六）

実際、これほどまでにあけすけに性を前面に出した哲学書はそれまであっただろうか。『存在と無』を大いに意識して書かれたメルロ＝ポンティの『知覚の現象学』と比べれば違いは一目瞭然である。『知覚の現象学』の第一部「身体」の第五章「性的存在としての身体」の記述がきわめて抽象的、学術的で、抑制のきいたものであり、そこには「挿入」や「オルガスム」という言葉は見られても、ペニスは言及されないのに対して、『存在と無』は恥ずかしげもなく、というより、むしろ執拗なまでにこれらの言葉を用いる(9)。

性的欲望を終わらせるコイトゥスは、性的欲望そのものの目的ではない。たしかに、私たちの性的構造のいくつかの要素は、欲望の本性を必然的に翻訳したものである。とくに、ペニスやクリトリスの勃起がそうだ。
（EN 437／中四四九）

ペニスの挿入を助けるのは手である。ペニスそのものはひとつの用具として現れるのであって、われわれはこれを持ち扱い、これを差し込み、これを抜き出し、これを用いる。同様に、ヴァギナが開いたり潤滑になったりするのも、意のままに得られることではない。
（EN 437／中四五〇）

そうはいっても、サルトルは性器的なものから実存を論じようとしているわけではない。むしろ逆であって、ひとつの性を有するから性的な存在なのではなく、性を有するとはむしろ、世界のなかに他の人間たちとともに存在するというありかたそのもののことだ、と主張する。実際、「男性」（masculin）や「女性」（féminin）に性別されることは、「人間的現実」にとって、ひとつの偶然ではあるが重要な事実性であり、それについての十分な考察なくしては、対他関係を見損なうことになるというのがサルトルの基本主張だ。つまり、男性でも女性でもない、普遍的な「人間」なるものがあるわけではない点が強調される。かくして、第三部の「対他存在」の記述はセクシュアリテに基づいて全面的に展開されることになる。セクシュアリテに関する問題を徹底的に解明するためではなく、「性的態度が他者に対する原初的な態度である」（EN 446／中四七三）ことを示すためである。(10)

ところで、その際にサルトルは能動性と受動性という二元性によって考察を続けるような印象を与えるだろう。男性原理は能動的であり、女性原理は受動的、という風に。しかしながら、このことはサルトルがアプリオリに男性、女性という存在を認めることを意味しない。換言すれば、生物学的なものとしての男性や女性の「本質」が存在することを意味しないし、男性がつねに能動であり、女性が受動だということでもない。「実存は本質に先立つ」と規定した思想家が、このような本質主義に陥ったとしたら、それこそ笑うべき矛盾であろう。サルトルが指摘するのは、対他関係に関して、私たちが一定の歴史社会状況のうちで、まさに「男性的原理（能動性）／サディズム」ないしは「女性的原理（受動性）／マゾヒズム」を体現しつつ、行動するということである。したがって、男性的原理に従って行動する女性もあれば、女性的原理に従って行動する男性もいることをサルトルは認める。いずれにせよ、それは具体的な他者に対する欲望を通して明らかになることだ。

ここでさらに注目したいことは、『存在と無』に同性愛者への言及がいくつかあることだ。第一はここまで見てきた対他関係の記述のなかで補足的な形で現れるくだりである。サルトルはまず身体の偶然性、個々の根源的な企ての構造、それぞれが歴史化する歴史性によって、性的態度は通常の場合は「より複雑な諸行為の内部のうちで、内々（implicitement）に留まっていることが多い」と指摘した後、続けて書く。「人が「同性の」他者を明示的な形（explicitement）で欲望することは多くはない。だが、モラルによる禁止や社会のタブーの背後には欲望の根源的な構造が、少なくとも、一般に性的嫌悪と呼ばれるあの特殊なtrouble（性的ときめき＝狼狽）の形式の下にある」（EN 447-448／中四七五）。

このくだりは解釈のきわめて難しい部分だが、少なくともサルトルが同性愛的欲望がモラルや社会によって隠蔽されていると考えていることを示している。もうひとつは、一見きわめて否定的な文脈、具体的には「自己欺瞞」の例として現れる。

> 同性愛者は、しばしば耐えがたい罪悪感をもっており、彼の存在全体がこの罪悪感との関係において規定されている。彼は自己欺瞞的である、というふうにわれわれは推測しがちである。事実、こういった人は、しばしば自分の同性愛的傾向を認め、自分の犯した特異な過失の一つ一つを告白しながらも、自分を「男色」と見なすことを極力拒否するからである。
>
> （EN 98／上二一〇）

サルトルの言う自己欺瞞とは、非常に単純化して言えば、自分自身に嘘をつくことである。すなわち、意識がその否定を外に向けるのではなく、自己自身に向けること。自己欺瞞はひとつの逃亡であり、その目的は、対自が自らを即自存在として扱うことである、とサルトルは言うのだが、その例が有名なカフェのボーイの例（カフェのボーイは、ボーイの役を演じているだけなのだ）であった。

この同性愛者が率直に「自分は男色だ」と恥ずかしげに、あるいは昂然と宣言するなら、隠蔽を自己欺瞞だと告発していた相手は満足するだろう。だが、そこで「自己欺瞞に陥っているのは誰なのか。同性愛の男か、それとも誠実さのチャンピオンの方か」とサルトルは問う。実際、男色者がこうした断言をすることに抵抗するのはなぜかと言えば、それは彼が自分の性的傾向について自覚していると同時に、自分が岩が岩であるような仕方で同性愛者ではないことも知っているからである。だが、誠実さのチャンピオンが彼にそうであると認めよと迫っているのはこうした岩のあり方なのだ。このような理由から、サルトルは、同性愛であることを否定する男色者は自己欺瞞のうちにあるとした上で、しかし誠実さを要求する「正常者」の側にも自己欺瞞を認めることになる。

それならば、私たちはどうすれば自己欺瞞から逃れることができるのだろうか。サルトルは次のように答えれば、自己に誠実と言えるだろうと示唆する。「ひとつの行動パターンが同性愛の行動と定義される点で、そして私がこの行動をとった点で、わたしはひとりの「同性愛者」である。しかし人間的現実が最終的には行動パターンで定義されえないという点で、私はそうではない」（EN 99／上二二二）と。

つまり、男色者は自分が「それではないというあり方で」同性愛である、ということを認めれば自己欺瞞から逃れ、本来的でありうる、とサルトルは主張するのだ。以上の議論から、サルトルが同性愛について強い関心を示しながらも、それと同時に同性愛と罪悪感を安直に結びつけるようなきわめて通俗的な理解をしていたと指摘し、批判するのはたやすいが、ここではそれが目的ではない。『存在と無』で展開される、同性愛者における誠実さと告白の問題が、長編小説『自由への道』で具体的に展開されていることを見てみたいのである。

悪の表徴としてのダニエル

ダニエル・セレノは、『自由への道』の主人公マチウの旧友であり、その精神的な双生児ともいえる男色者である。見栄えもぱっとしない高校の哲学教員マチウとは対照的で、自他ともに認める美男子であり、株式仲買人として経済的にも余裕があり、服の趣味も申し分ない、巧みな話術で人を飽きさせることのない、まことに魅力的な人物だ。如才ない三十半ばの独身男、端から見れば何の悩みもなさそうな彼がひそかに同性愛者という自らの存在に苦悩するというのがサルトルの設定である。ダニエルは自分のうちにある弱い部分を消し去るために愛する猫たちを溺死させようとして、それを果たせずにさらなる自己嫌悪に陥ったり、自分の男根をナイフで切って去勢しようと決意しながら果たせない、といった弱い人物として描かれる。

しかし、その一方で、ダニエルは他人に対しては圧倒的に強い存在であり、悪魔的であり、反逆者である。また、審美的生活を追求する人物でもある。その意味で、ダニエルは『人間喜劇』のヴォートラン、『失われた時を求めて』のシャルリュス男爵といった人物に連なり、同じような二面性をもった男色者のサルトル流の形象化だと言える。当初『自由への道』は、マチウとダニエルという二人の堕天使、二人のルシフェル、反逆天使をめぐる小説として構想されていた。[11] 主人公のマチウもたしかに反社会的な人物ではある。しかし、彼は反ブルジョワを標榜しながらも、公務員として安定した生活を送り、中年になってすべてを擲ったゴーギャンに漠然とあこがれる中途半端なワルである。彼は愛人マルセルを堕胎させる費用の工面がつかず若き友人ボリスの恋人である歌手のローラから金を盗んだりはするが、それもこそ泥でしかない。妊娠させた長年の愛人から若いイヴィックに乗り換えようとするなどは、「悪」とも呼べないほどの平凡なよろめきにすぎない。要するに、マチウの〈悪〉の意識はきわめて凡庸である。それに比べて、ダニエルの悪魔主義ははるかに徹底している。サルトルはダニエルに悪の表象を担わせたのだが、ダニエルの特徴はもちろんそれだけにとどまらない。さらに整理すれば、悪の代表として、虚言癖、奸策、外面と内面の甚だしい乖離といった現象が彼の構成要素である。彼は徹底的に他人を欺き、利用し、翻弄しようとする。

『分別ざかり』で、ダニエルはマチウに隠して、彼の愛人であるマルセルを定期的に訪れ、交際している。二人に肉体関係があるわけではないが、隠し事なく、すべてをお互いに打ち明けるはずのマチウとマルセルというカップルの不文律からすれば、この密会は精神的な不貞、それも肉体的な不貞よりもひどい裏切りとも見える。マチウの子を妊娠したマルセルに、子どもを産む決心をさせるように巧みに誘導するのもダニエルである。そして、『分別ざかり』の結末では、マルセルに結婚を申し込み、彼女は彼が男色者であるとは知らずに、それを受け入れる。こうしてマチウに対するダニエルの復讐心は満たされる。ダニエルはまた、マチウのかつての教え子であるボリスをも誘惑したい欲望に駆られる。結局、この企ては成功しないが、あたかもダニエルにとってマチウが目障りでしかたがなく、目の仇にしているかのような印象を受ける。彼は悪を選択することで自らの存在を引き受けるのである。

すでに見たように（本書第2章）、サルトルは「『現代』誌刊行の辞」でプルーストを手厳しく批判したのだが、同性愛に関しても次のように揶揄的に述べていた。

私たちは、同性愛者（inverti）の愛が、異性愛者のそれと同じ性格を表していると信じることを拒否する。前者のもつ秘密で禁じられた性格、黒ミサ的な側面、同性愛的フリーメーソンの存在、そして同性愛者が彼のパートナーをもろとも引きずり込む精神的苦痛（damnation）。こういったすべての事実が感情全体に、その発展の細部にいたるまで影響を与えているように思われる。（Sit. II, 21／一六）

ある意味で、このような紋切り型の同性愛者の形象化がダニエルだと言ってよい。だが、ここで注目したいのはダニエルの行動以上に、同性愛をめぐるダニエルの言説である。ダニエルはマチウとともに、この小説のなかで内面および外面の両側面から描かれる数少ない登場人物であるが、彼のモノローグは他の登場人物と比較して圧倒的に分量が多いのみならず、極度に練り上げられた言葉で展開される点に特徴がある。ダニエルは一貫して、自らをペデラストと規定するが[12]、それが自分のアイデンティティだと考えているわけではない。むしろ、男色という規定は外から彼に来るものである。男色とはなによりも他人が彼に貼り付けるレッテルなのだ。ここには『存在と無』で展開され、後に『聖ジュネ』で展開される対他関係が明確に反映している。マチウに「そんなよそゆきの顔をするなよ」と言われたダニエルは思う。「こいつ、おれのことをよく知っているつもりで、おれの嘘とか、おれのよそゆきの顔とか言いやがる。おれのことを全然知らないくせに、そうやっておれを物扱いして、レッテルを貼り付けて喜んでいる」（CL 492／一巻二〇九）。

十九世紀半ば以降、それまでキリスト教的な「罪」という枠組みで語られてきたソドミーが、性科学の誕生によって医学的な視線のもとで捉え直され、「同性愛」の名称とともに「病気」という範疇、正常に対する異常性というカテゴリーに組み込まれたことをフーコーが明らかにしたことをここで思い起こそう。このようなパラダイムシフトとともに同性愛は、すぐれてアイデンティティの問題となったと言える。そして、ダニエルが自らの同性愛に苦悩するのもまた、このような自己との関係のためのように見える。たしかに、ダニエルが恐れるのは、まっとうな連中（「正常者」）が彼の性向を知ったときに、彼を「病者」「異常者」に分類することであり、そのために、彼は自らの男色を隠して暮らしているのである。だが、『分別ざかり』の最後で、マルセルと結婚することをマチウに告げた後、自分が男色であることをもあわせて告白するとき、事態は一転する。この告白は、たんなる告白ではなく、マチウに対する告発でもあるのだが、カミングアウトするダニエルに対して、自分のことを世間的な偏見から免れていると思いこんでいるマチウは驚きながらも、なぜそれを隠すのかと問う。そのくだりをそっくり引用してみよう。

「いいか、おまえが何であろうと、そんなことはおれに関係ない。そのことをおれに話した今でもそうだ。ただ、聞いておきたいことがある。なぜ恥じるんだ？」

ダニエルはよそよそしい笑いをもらした。

「そう来るんじゃないかと思ってたよ。おれは男色であるがゆえに男色であることを恥じている。おまえの言う台詞はわかってる。《おれがもしおまえの立場にいたら、言いなりにはさせないだろう、陽のあたる場所を要求するだろう、これは他のことと同じく趣味の問題だ、とかなんとか》ただ、この台詞はおれを動かさない。おれにはわかってる、こういう台詞を言えるのは、まさにおまえが男色じゃないからだ。同性愛者（invertis）はみんな恥じてるのさ、性分としてそうなんだ」
「でもね……自分を受け入れた方がいいんじゃないか」とおずおずマチウは尋ねた。
ダニエルは苛々しているように見えた。
「その話は別の機会にしてくれ、おまえが下司野郎（salaud）であることを受け入れたときに」と冷たく答えた。「違うんだな。得意にしたり、ひけらかしたり、あるいはただ単に同意してるだけの男色《ペデラスト》というのは……死人だよ。連中は恥じに恥じて自殺したんだ。おれはそういう死に方はご免だね(13)」

（CL 726／二巻三七一―三七二）

その後、ダニエルは「おれは自分をどこまでも受け入れた」と静かに言葉を続け、「隅から隅まで自分のことはわかってる」と言う。このくだりに先ほど見た『存在と無』の自己欺瞞に関する分析の反映を読み取ることは難しくない。つまり、ダニエルは他者が同性愛者と考えるものと自分が合致することを認めるかぎりにおいて、自らを男色と認めるのだ。

セクシュアリテがわれわれの身体に組み込まれた普遍的な自然物ではなく、言説によって構成された歴史的なものであることをフーコーは『知への意志』で強調し、その際に、「告白」という実践を重視したのだが(14)、文学作品では、同性愛と告白は、なによりもアンドレ・ジッドによって文字通り、分かちがたく結びついた形で具現化された。一九二四年に公刊された『コリドン』はまさしく男性同性愛の信仰告白と言える作品だが、ジッドに大きな影響を受け、また彼を高く評価していたサルトルがダニエルの人物造形において『一粒の麦もし死なずば』や『コリドン』を参考にしたことは大いにありうる。[15] ただし、ジッドにおいて告白があくまでも隠された真理の開示であったのに対し、ダニエルの告白は、それとは微妙にあり方が異なるように見える。この問題をより広く文学・思想の問題の枠組みで捉えるために、補助線としてフーコーに登場してもらうことにしよう。

特権的なイマジネール

フーコーは一九六三年『クリティック』誌のバタイユ特集に寄せた「侵犯への序言」で、西洋文化におけるセクシュアリテの出現が多面的な価値をもつ出来事であると指摘し、それがいくつかの事象と結びついていると述べていた。第一は、神の死、そしてその死による存在論的空虚であり、第二は、いまだ声のない手探りの思考形態であり、第三は、言語自身による言語の検討である。このことから、フーコーは、セクシュアリテが西洋文化にとって決定的であるのは、「それが語られるからであり、また語られるかぎりにおいてである」[16] と断言していた。実際、ダニエルの苦悩は第二部『猶予』では、神へと収斂していく。マチウに自らの同性愛を告白した後も、彼は他者のまなざしに苛まれつづける。それは個々の他者のまなざしではなく、誰の者でもないまなざし、神のまなざし、否、不在の神のまなざしである。ダニエルは田舎町で結婚したマルセルと過ごしながら、終わりなきモノローグに身を委《まか》せる。

おれのまなざしはからっぽだ、神のまなざしはおれのまなざしを貫き通す。「おれは作り話をしてるな (je fais de la littérature)」と突然彼は思った。神はもう存在しなかった。前の晩、ベッドで寝汗をかいていたとき、神は存在し、ダニエルは自分がカインであると感じていた。「おれはここにいる、おまえが作ったとおり、卑怯で、からっぽで、男色《ペデラスト》としてここにいる。それがどうした?」まなざしはいたるところにあった、物言わず、透明で、神秘的に。ダニエルはしまいにまどろんでしまった、それから、眼をさますと、独りきりだった。まなざしは思い出となった。(CL 908/四巻一六)

ここには告白の問題と同時に真理の問題があるが、ダニエルが、「おれは作り話をしてるな」と独白するところに注目したい。すでに見た自己欺瞞の問題は、ここで言説の問題として捉え直される必要があるだろう。フーコーは「私は嘘をつく」という言表がはらむ矛盾を問題にしたが、この矛盾はこの言表が他者に向かってなされるかぎりにおいて現れるのではなかろうか。有名なクレタ人の言葉は、独り言である場合には、矛盾とはなりえない。ダニエルは他人に対してではなく、自分自身に対して、「おれは作り話をしている」と言うのだ。告白という行為が、真理を自らと他者の前で露わにする行為であるとすれば、ダニエルが行っているのは告白ではない。彼はどこまでも自らの不誠実さ、あるいは自己欺瞞に意識的であるからだ。サルトルは、同性愛者と嘘を特権的に結びつけようとする。(17) ダニエルという人物が露わにするのは、現実界での真理の開示ではなく、あくまでも想像界での自らの表象なのである。ダニエルをはじめとする同性愛者はすでに見たようになによりも嘘と結びついているが、その嘘は決して真理の対立物ではない。サルトルが積極的に男色者を作品に導入するひとつの理由は、このような告白と虚構をめぐる錯綜とした問題構成を文学的に表象させるためではあるまいか。実際、このテーマはさらに深化させられた形で、『聖ジュネ』で展開されることになるのである。

『聖ジュネ』の性

一九五二年にジャン・ジュネ全集の序文として構想されながら、結局はその第一巻として上梓されたこの六〇〇〇頁を超える大部の評伝が、なによりも存在と仮象（apparence）、現実界と想像界とのあいだの不断の往還からなりたっていることはよく知られている。そして、この二元論的な発想がしばしばまた批判の対象ともなる。しかしながら、『聖ジュネ』で問題となっているのは、仮象の背後にあって到達不可能な「物自体」としての存在では決してない。私たちの存在とは他者の目に映る限りでの仮象＝現れに他ならない。このような仮象（対他存在）と存在（対自的な主体）の不断の交錯、サルトルが回転装置tourniquetと呼ぶものがジュネという劇場を作り上げている、というのがサルトルの存在論の骨子である[18]。

ジュネの同性愛の理由を問いながら、サルトルは次のように述べる。「主体に対して客体が、主体のなかにおいてさえも優位を占めるということは、受動的な愛に通じるものであり、この受動的な愛が男に波及すると、男を同性愛に向かわせるのだ」（SG 83／上一四六）つまり、仮象を存在よりも優位に置き、そのことによって他者の主体を通してみずからの存在を回収しようとする試みが、同性愛的傾向と連動して捉えられるのだ（もちろん、サルトルはジュネに関して他の要因もそれに続いて数え上げるのだが）。

ジュネは、彼の存在を実現する決心をするが、一人ではなしえないことを知っている。そこで彼は他者の媒介に訴える。このことは彼が自らの対他的な客体性を本質的なものとし、その対自的実在性を本質的ならざるものにすることを意味する。彼自身の目から見て客体となるために、「他者」によって自分を使いこなせるように受動的になること、ここに彼のせつなる願いがある。「対他存在」たることに自分の真実を置く者はみな、わたしがさきほど男色前期と名づけた状態にいるのだ」（SG 83／上一四六）

このように想像界と同性愛の関係を規定した上で、サルトルは、ジュネにとって同性愛が所与でないことを力説する。つまり、ジュネはもともと同性愛だったわけではなく、同性愛者であることを選択し、決意したのだと主張するのだ。ジュネは他者から「おかま（pédé）」と認められる前には、「自分を同性愛者（inverti）とは考えてはいなかった」（SG 81／上一四二）とサルトルは主張する。ボーヴォワールが女性に関して述べた有名な表現を用いながら、「ひとは同性愛者に生まれついたり、正常者に生まれたりするのではない。ひとは、彼の人生の出来事やそれらの出来事に対するそれぞれの反応の仕方に従って、正常者になったり同性愛者＝倒錯者（inverti）になったりするのだ。同性愛者は、生前の選択の結果でも、内分泌腺の未発達の結果でも、コンプレックスの受動的かつ決定された結論でもない。それは窒息状態の子どもが発見する出口なのだ、と私は考える」（SG 80／上一四一）。十歳にして他者によって完全な客体＝即自存在とされてしまったジュネはみずからの自由を取り戻すために、「おまえは泥棒だ」という他者から貼られたレッテルを再度主体的に捉え直し、「おれは泥棒になるぞ」という決意をする。そして、このような悪の選択が、ジュネの男色の選択と結びついており、男色に先立って悪の意志があるとサルトルは指摘するのである。そして、そのときに召還されるのが、またもや「偽り」「フィクション」である。[19]

男色行為は、みずから罪であろうと欲する。それはたんに男色が「反自然」であるからではなく、それが想、像的なもの（imaginaire）だからだ。同性愛者とは空虚な夢ではない。それはペテン師であり、いかさま師なのだ。ジュネは女でありたいと望む、しかし、彼は王子でありたいと望んだごとく、つまり偽物として、そうありたいと望むのだ。（SG 333／下一三）

平井啓之氏は、じつに適切に、ここに悪＝美＝仮象＝贋物性という図式が想像力の問題と結びついていると訳者解説で説明するのだが、それに加えて指摘すべきことは、この図式が真の男ならぬ男、女男、同性愛者というフィギュールを通して特権的に表象されることである。

私たちはすでに、ダニエルが自らをカインと同定していたことを見たが、サルトルはジュネにも同じ性質を見てとり、反逆者カインとしての十八歳のジュネを分析する。サルトルは盗みの世界と同性愛の世界の類似に注目する。

いずれの場合にも、内的実在は効果のない純粋の仮象となり、あべこべに仮象が実在となる。このまやかしの世界では、言語はさかさまに用いられる。〔…〕ジュネのほうでは嘘をつくという自覚をもち、意味されたものは存在しないことを知っている。彼は自分にとって意味の空虚な彼の文句が、相手には幻覚的な充実を与えることを望んでいる。（SG 263／上四七七）

さらにサルトルはジュネの『花のノートルダム』で展開される女性言葉に関する作家自身のコメントを分析しつつ、この問題を深化させていくのだが、ここではこれ以上、展開する余裕はない。ただ、同性愛の問題がフローベール論にいたるまで、作家の問題と密接に結びついていたことを確認するだけで満足することとしよう[20]。

人間と男のはざまで

ここまで見てきたように、サルトルが同性愛者を積極的に作品に登場させるのにはいくつかの明らかな理由があるように思われる。ひとつは、同性愛によって悪の表象を担うフィギュールを登場させるためである。第二は、イマジネールあるいはフィクションという問題構成を特権的な形で導入させるためである。第三は、一見自明とも思われる男・女という二項対立をくずすことにある。現存する『自由への道』は第二次戦争前夜の一九三八年六月から始まり、一九四〇年夏のフランスの敗戦までを舞台にしているが、全編を通して次第に男性世界と女性世界が鮮明に分離していくという印象を与えることはすでに見たとおりだ。このような男女の対立のなかで、同性愛者ダニエルはまさに中間的な存在として、どちらの陣営にも属さない独自な位置を占めることになる。マチウもブリュネも動員されるのだが、なぜかダニエルだけは動員されることなく(その理由は明らかにされない)、ドイツ軍に占領された人気のないパリに留まっており、前線から逃亡してきたフィリップと出会い、彼を部屋に引き込む。彼は戦争を嫌悪するだけでなく、ドイツ軍のパリ入城を異常な歓喜をもって眺めるのだ。

かくして、サルトルがどこまで自覚的であったかどうかは別として、創作においても、批評においても、同性愛というモチーフが提示するのは、通常私たちがサルトル思想に対して懐いている二元論、あるいは二項対立をすり抜ける中性的な思考であると言うことができるだろう。それゆえ、同性愛の問題をより十全な仕方で考えるためには、おそらくより広く「人間」という概念と関係づけて考察されるべきだろう。フランス語の homme が「人間」と同時に「男」を意味することは英語の man と同様であるが、この曖昧さがじつはサルトルの考えるヒューマニズム（人間主義、人道主義、人文主義）の根幹とも関わるからである。哲学作品において homme がほぼ一貫して「人間」を意味するのに対して、文学作品に目を転じるときに、この言葉はしばしば曖昧なものとなる。それは普遍的な意味での「人間」だけでなく、「男」、それも「大人の男」を意味し、そこからは必然的に、女性や子どもは排除される場合も少なくない。サルトルにおいて、モラルの主体は homme であるが、これは決してあらかじめ決められた本質をもったものではないとされる。しかし、だとすれば、その本質なき人間、実存が先立つ人間とは、まったく無規定のものなのだろうか？　また、それは西洋哲学が思惟する主体として考えてきた「人間」とどのようにちがうのだろうか、という問いかけを引き起こすのである。『自由への道』において、マチウが「男でありたい」と思い、男たちから男として認めてほしいという承認欲求を強くもっていることは、たやすく多くの例をあげて示すことができる。ここではひとつだけ、共産党員として確固たるアイデンティティをもつことを自他ともに認めるブリュネとの会話を取り上げよう。


「おまえは男だ（Tu es un homme）」

「男だって」とブリュネは驚いてたずねた。「そうでないとしたら、心配だ。何が言いたいんだ」

「言葉通りさ、おまえは男であることを選んだ」

たくましくやや引きつった筋肉質で、厳格で簡潔な真実によってものを考える男、まっすぐで、しっかりして、自分に自信があって、現実的で、芸術や心理学や政治の天使のような誘惑にも負けない男、男そのもの、男以外の何ものでもない男。それに対して、彼の前にいるマチウは、はっきりせず、しっかりと年齢を重ねず、できそこないの、あらゆる非人間的な眩暈《めまい》につきまとわれている。彼は考えた。「おれはまともな男には見えない」

（CL 21-522／一巻二六九―二七〇）

その意味で、『自由への道』という小説はきわめてホモソーシャルな構造のうちにある小説と言える。のみならず、男らしさへのこだわりはサルトルにおいて、たとえば『出口なし』の戯曲にも明らかに見て取れる。これは初期のサルトルの重要な言葉である salaud（ろくでなし、下司野郎などと訳される）と密接に関わっている。男は、強ければ salaud であり、弱ければ lâche（弱虫、卑怯者）なのだ。『出口なし』のガルサンは、他人から lâche と見なされるのを最も恐れている。兵役を拒否して逃げたのは信条からであって、決して弱虫だったからではない、とみんなに（そしてとりわけ男から）認めてもらいたいのだ。このように、ガルサンもマチウも、おそらくロカンタンも、男らしさの呪縛から抜け出ることができず、彼らなりのヒューマニズム（それは人間主義である以上に男性主義なのだが）の虜なのである。

おそらく、そのような隠れたマッチョイズムから逸脱するのが同性愛者たちなのだ。サルトルがしばしば同性愛者に付与する弱さ、つまり卑怯者（lâche）は、負の男性的原理である卑劣漢（salaud）のみならず、正の男性原理である英雄（héros）と対立するのだが、じつはまさに同性愛者の存在こそが、英雄にも卑怯者にも卑劣漢にもなりうる人間の条件を露わにする。サルトルの同性愛理解にさまざまな短所があるとしても、このトポスは無自覚的に男性原理を前提としている古典的なヒューマニズムを超えた、よりフェミニンな新たなヒューマニズムへの道の可能性を示唆しているように思われる[21]。

註

（1） 本論との関係で言えば、セルジュ・ドゥブロフスキーの「ハートの9——『嘔吐』の精神分析読解断章」（Serge Doubrovsky, «Le neuf de cœur, fragment d'une psycholecture de *La Nausée*», in *Obliques*, nº 18-19, 1979 ; repris dans *Autobiographiques : de Corneille à Sartre*, *op. cit.*, p. 83-94. 邦訳は『いま、サルトル——サルトル再入門』思潮社、一九九一年所収）が、ロカンタンのうちに読み取れる同性愛ないしは両性具有的側面を指摘していて興味深い。また、同性愛全般に関しては、ディディエ・エリボンが以下の事典に書いた項目がある。«Jean-Paul Sartre» dans *Dictionnaire des cultures gays et lesbiennes*, Larousse, 2003.

（2） この件についてはベルナール＝アンリ・レヴィ『サルトルの世紀』前掲書、六二—六九頁（*op. cit.*, 48-54）を参照。また、本稿執筆後に以下の論考が発表された。Esther Demoulin, «Sartre, l'«antipéderaste»?», *Etudes sartriennes*, 2018 nº 22, sous la direction de Gautier Dassonneville, Classiques Garnier, 2019.

（3） 短篇集『壁』所収の「水入らず」は不能をテーマとしている。

（4） 両大戦期からのフランス文学において、同性愛というテーマはタブーであったどころか、ある時期からあからさまに語られるテーマですらあったため、一九二六年に雑誌『マルジュ（*Les Marges*）』が作家たちに対して昨今の同性愛に関する言説の風潮についてのアンケートを行ったことはよく知られているとおりである。

（5） このくだりを含む『嘔吐』全般における手とセクシュアリテに関しては芳川泰久「アニーは決して握手をしない——〈手〉による『嘔吐』の脱構築」（前出『いま、サルトル』所収）がたいへん刺激的な読解を提案している。

（6） 長編小説『自由への道』は一九三八年頃から執筆が始められ、戦中に書き継がれ、一九四五年に第一部『分別ざかり』第二部『猶予』が同時に発表された。第三部『魂の中の死』は一九四九年に出版されたが、第四部は断片のみに留まり、小説は未完に終わった。

（7）このことからもサルトルが同性愛者をひとつのカテゴリーと見ていないことがわかる。実際、サルトルが同性愛的経験をもったかどうかは問題ではない。「少年時代に、級友の誰かを愛撫することを一度も夢見なかったと確言できる者がいるだろうか？　それはまさにありふれたことだ！　だが、たとえ実際の愛撫が交わされた場合でも、それが男色について語る理由になるだろうか？」（SG 80／上一四一）ここでもサルトルはフロイトをなぞっているように見える。「レオナルド・ダ・ヴィンチの幼年期の一記憶」の注でフロイトは書いていた。「ごく正常な人間を含め誰しも、同性愛的対象選択を行うことがあり、実際に実人生のなかで一度はそれを行い、無意識の内にそれを堅持しているか、あるいは積極的にそれに反対する態度をとることで、むしろそれから身を守るかしている」『フロイト全集11』（田中純生・高田珠樹訳、岩波書店、二〇〇九年）。また、フロイトは、同性愛に向かう原因の第一に母親への固着を挙げているが、リュシアンやフィリップ、さらにはサルトル本人に関してもこれは当てはまるだろう。ただし、里子に出されたジュネの場合はそれは当てはまらないだろう。

（8）先立つ哲学者としては、ショーペンハウアーを挙げるべきだろう。『意志と表象としての世界』は性的なテーマを歯に衣着せぬ仕方で扱っている。

（9）両大戦間には解剖学用語が、明確、科学的、中性的という理由で好んで用いられる傾向にあった、とアンヌ＝マリー・ソンは指摘しているから、サルトルもそのような流れのうちにあったと言えるだろう。コルバン／クルティーヌ／ヴィガレロ編『身体の歴史Ⅲ』岑村傑監訳、藤原書店、二〇一〇年、一三六頁参照。

（10）そして、その際にフロイトの精神分析が批判的に援用されていることは比較的よく知られている。現象学的存在論の方法を用いて、サルトルは性の問題に特化しない、より広汎な欲望を問題とし、人間の経験的諸行為の解読を根源的な選択に遡って試みようとする実存的精神分析を提唱したのだった。

（11）この点についてはプレイヤード版の注を参照されたい。OR 1861 *sq.*

（12）すでに述べたように動員先でサルトルは、一九三九年に刊行されたジッドの『日記』のプレイヤード版を熱心に読んでいたから、おそらく、そこで展開されるジッドによる定義についても知っていたことだろうと思われる。

ジッドは一九一八年の日記で同性愛者を分類して、pédéraste を語源的な観点から「少年愛」、inverti を「女の役割を引き受け、所有されることを求める男」、sodomite を「成熟した男を欲望する男」としているが、サルトルがこれらの言葉をきちんと使い分けているようには思われない。André Gide, *Journal, I 1887–1925*, Gallimard, « Bibliothèque de la Pléiade », 1996, p. 1092.

(13) ダニエルに見られる他の同性愛者への嫌悪感は重要なテーマであるが、ここでは触れることはできない。

(14) 「キリスト教司教要綱は、性をすべてにまさって告白されるべきものに仕立てることによって、つねに性を無気味な謎として提出していた」。Michel Foucault, *Histoire de la sexualité, 1, La volonté de savoir*, Gallimard, 1976, p. 18.（ミシェル・フーコー『知への意志（性の歴史Ⅰ）』渡邊守章訳、新潮社、一九八六年、四五頁）

(15) 『コリドン』をめぐるプルーストとジッドの見解に関しては以下の研究が詳しい。吉川一義「『コリドン』から『ソドムとゴモラ』へ——親近それとも対立?」『人文学報』五一四—一五号、二〇一八年、四七—六一頁。

(16) *Dits et écrits 1954–1988*, tome I, Gallimard, 1994, p. 248.（「侵犯への序言」西谷修訳、『フーコー・コレクション2』ちくま学芸文庫、二〇〇六年、八八—八九頁）

(17) 隠匿（dissimulation）と同性愛は、サルトルだけでなく通俗的な解釈でもしばしば密接に結びつけられるのだが、後に見るように、サルトルはこの問題を『聖ジュネ』で全面的に展開することになる。

(18) 限られた紙幅でジュネ論全体を問題にすることはできない。ここではダニエルとの比較に必要な部分だけをみることにする。

(19) フーコーもまた虚構と真理のねじれた関係について次のように述べていた。「虚構の問題について言いますと、これは私にとって非常に大切な問題です。私はこれまでに虚構以外のものはいっさい書いたことはありません。はっきりとそう自覚しております。が、だからといってそれが真理の外にある、というつもりはない。虚構を真理のなかで働かせ、虚構の言説をもって真理の効果をもたらす可能性はあると思っています。いまだ存在しない何ものかを真理の言説が誘発し、つくりあげる、つまり「虚構をつくりだす」、そういう可能性はあると思う」。Michel Foucault, « Les rapports de pouvoir passent l'intérieur des corps », *Dits et écrits*, Tomes III, Daniel Defert

et François Ewald (éds.), Gallimard, 1994, p. 236.（フーコー「身体をつらぬく身体」山田登世子訳、『フーコー・コレクション〈5〉性・真理』ちくま学芸文庫、二〇〇六年、三一頁）

(20) 作家と受動性というテーマにサルトルはこだわり続ける。のちにサルトルは、フローベールのセクシュアリテについて次のように述べる。「同性愛的傾向とともに、そこに最も強く現れているのは、彼の性欲の受動的性格なのだ。私は受動性という概念に重要な意味を与えた」(Sit. X, 98／九三)。

(21) サルトルにおける同性愛と人間に関して、これまで別の機会に発表したことがあるので、そちらを参照していただければ、幸いである。Nao Sawada, "Sartre's Concept of Man: Existentialism and Feminism", Jean Pierre Boulé and Benedict O'Donohoe (eds.), *Jean-Paul Sartre, Mind and Body, Word and Deed*, Cambridge Scholars Publishing, 2011, p. 131–148. Nao Sawada, « Polysémie du terme "homme" chez Sartre—ce que révèle l'expérience de la traduction », *Les Actes du colloque international organisé par la Société Coréenne de langue et littérature françaises* : « Études de langue et littérature françaises en Asie du Nord-Est pour le XXIème siècle : Enjeux et perspectives », Société Coréenne de langue et littérature françaises, Séoul, 2010, p. 166–179.

第13章　作家・哲学者にとってスタイルとは

文体論をめぐって

スタイルとは普遍的な人間の必然性の表現である。これは文章のスタイルにも建築のスタイルにも（そして他のすべてのスタイルにも）当てはまる。スタイルとは永遠の相の下で見られた普遍的必然性である。

ルードヴィッヒ・ウィトゲンシュタイン(1)

作家の場合、文体（style）が重要なテーマであることはあらためて確認するまでもない。画家のスタイルが主題以上にその特徴や特異性を表すように、作家の場合も文体《スタイル》を抜きにしてはその固有性は語りえない。一方、哲学の場合、文体は長いあいだほとんど問題にされることがなかった。科学論文が事実の客観的記述を目指すように、哲学論文もまた真理を反映すればよいと思われてきたためである。しかしながら、ニーチェ以降、哲学においてもスタイルの問題は少しずつクローズアップされてきた。この事実は、二十世紀以降の哲学・思想の立ち位置を忠実に反映している。実際、現代思想の多くはそれぞれ固有な文体によって表明されているのみならず、ドゥルーズやフーコー、デリダなど、スタイルそのものに関する考察も頻繁に行われているからだ。

　ここでは、作家であるとともに哲学者でもあるサルトルを取りあげることで、文学と哲学が分有する問題を考察しよう。ただし、サルトル自身の文体を対象とするのではなく、むしろ彼が文体に関してどのような考えをもっていたのかを概観し、その実践がその文体観とは必ずしも合致していないことを示してみたい。

　サルトルと言えば、まずはアンガージュマンの文学ということが思い浮かぶであろう。その理論的表明とも言うべき『文学とは何か』の提言を文学史の常識としてまとめれば、およそ次のようなものになる。すなわち、詩と散文は二つのまったく別の領域であり、詩が、絵画や音楽と同様、対象＝物（objet）として、固有の形式と内容をもつのに対して、散文の使命はなによりも意味に関わる。その場合、言葉はオブジェであるのではなく、対象《オブジェ》＝物を指し示す。その意味で、散文において文体はほとんど意味がないという結論に達することは当然と言えよう。実際、『文学とは何か』のなかの文体に関する記述はそのような方向性を示している。それぞれの作家に固有な書き方があるとした上で、サルトルは述べる。

> 文体は、もちろん、散文の価値にちがいない。しかし文体は気づかれずに過ぎさるようなものでなければならない。言葉は透明であり、視線は言葉を横切るのであるから、そのなかにすりガラスを滑りこませることは、ばかげていよう。
> （QL 30／三一）

つまり、文体は必要ではあるが、できる限り透明でなければならないというのである。重要なのはあくまでも内容であって形式ではない。内容によって形式は左右されるかもしれないが、それが決定的な要因とはならない、とサルトルは考え、「特定の主題が特定の文体を示唆することは事実だが、文体を決定するということはない」（QL 32）と断言する。

かくして、アンガージュマン理論が前面に出ると、文体の問題は背景に退いてしまうように見える。散文において重要なのは、メッセージであって、形式ではないからだ。いや、より正確に言えば、形式の問題は事後的にしか現れない。したがって、『文学とは何か』の議論を文字通り受け止めれば、サルトルが文体を単に二次的なものとしてしか受け取っていなかったように思われてもしかたがないし、実際、サルトルの文学論をそのような観点から批判するものも少なくない。

しかし、事実は必ずしもそうではない。サルトルはごく初期から晩年に至るまで、さまざまな形で文体の問題に言及した。以下に、サルトルがどのように文体の問題を考えていたかを、評論と評伝、とりわけフローベール論を中心に見ることにしたい。『家の馬鹿息子』を中心に据える理由はいくつかある。ひとつは、この最晩年の著作は一連の評伝の頂点に位置するものであり、文学と哲学の蝶番となっていて、まさにそこで文体が重視されているからである。第二は、第一の理由と相反するように見えかねないが、その際に問題となるのが、文体そのものというよりは、文体の背後にある作家の人間性ないしは社会性である点である。つまり、サルトルにおいては、文体の問題は彼が「実存的精神分析」と名づけた人間理解の問題と密接につながっているのだ。その意味で、サルトルは、「文（体）は人なり（Le style est l'homme même）」というフランスの自然博物学者ビュフォンの人口に膾炙した定言をそのまま、自らの論考に当てはめているようにも見える。まずはサルトルの初期文芸評論を見てみよう。

初期文芸評論

一九三八年、サルトルは『嘔吐』によって新進気鋭の作家として注目を浴びるとともに、出版元のガリマール社の方針もあって、NRF誌で評論家としての活動を始める。誌上に発表された文芸評論は後にまとめられ『シチュアシオンI』として上梓されることになるのだが、戦前から戦後すぐにかけての時期に書かれたこれらの作家・作品論においては、必ずといってよいほど、固有の文体への言及が見られる。その最初は、一九三八年二月に発表された、アメリカの作家ウィリアム・フォークナーの小説『サートリス』を論じた評論であり、サルトルはフォークナーの文体の効果を次のように指摘している。

> フォークナーの饒舌、その説教者ふうの抽象的な、荘厳な神人同形同性論的文体、これもまたまやかしものだ。文体が日常の動作を粘つかせ、重々しく、叙事詩の壮大さをおしかぶせ、そのうえでそれらをまるで鉛の犬ころのように沈没させる。（Sit. I, 11／八―九）

続いて八月に発表されたドス・パソス論は、小説（roman）と物語（récit）の区別をめぐり、時制の問題からこの作家の特徴を考察するという意味で全面的に文体論である。具体的なくだりをひとつだけ引いておこう。

ドス・パソスは彼の諸人物の言葉をすべて新聞記事流の宣言の文体で伝えている。同時に、言葉は思考から切り取られ、純粋な言葉、行動心理学派流に、ありのままに記録すべき単なる反応となる。（Sit. I, 26／一八）

十一月には親友ポール・ニザンの小説『陰謀』を論じているが、この短い評論の結びの部分もまた文体への言及によって閉じられている。

これらのつまらぬ人物たちの背後に読者が好んで見出すのは、自分の青春を赦そうとせぬ男ニザンの苦しげな暗い人柄である。乾いて投げやりな、彼の美しい文体である。デカルト風の長い文章〔…〕である。またあの演説風の激しさである〔…〕。これは陰険な、姿を隠した小説家の文体ではなく、戦いの文体なのだ。戦いの武器なのだ。（Sit. I, 36–37／二五）

こうした傾向はその後も変わらない。翌年二月発表のフランソワ・モーリヤック論は、まさに小説が神の視線から描かれうるのかをテーマとするものであり、その意味でモーリヤックの文体を否定し批判するものであると要約できるだろう。四〇年代になって書かれたものでもこのようなスタンスに基本的な変化は見られない。その最も顕著な例を、カミュを論じた「『異邦人』解説」（一九四三年二月）に見出すことができるだろう。サルトルはカミュの小説作法をカフカとヘミングウェイと比べ、アメリカ作家との文体の血縁関係に注目しながらも、その違いを次のように指摘する。

ヘミングウェイは、一種の呼吸痙攣によってその一句一句が虚無から生まれ出るような、発作的叙述体をもっている。すなわち、彼の文体は彼自身だ。これに反して、カミュ氏が別の文体、儀式的文体をもつことを、われわれはすでに知っている。のみならず、『異邦人』においてすら、彼はときに調子を高める。〔…〕『異邦人』がアメリカ的技法の明らかな痕跡を帯びているにしても、それは、思案のあげくの借り物だ。カミュ氏は、自分に差し出された道具のうち、自分の都合にいちばんかなうと見えたものを選んだわけだ。今後の作品にさらに同じものを用いるかどうかは、疑わしい。

（Sit. I, 138／九三―九四）

この評論のなかで有名な『異邦人』の時制に関する部分は、この後に続くのであり、ドス・パソス論で展開される時間論なども同様だが、世界観と文体はじつは、サルトルの文芸評論においてはつねに密接に関連づけて論じられていることが見て取れる。

もうひとつだけ例を挙げておくことにしよう。『博物誌』や『にんじん』の作者ジュール・ルナールに関する評論「縛られた男」である。ルナールは俳句を思わせるきわめて簡潔な文体で知られる作家であるが、サルトルはルナールの特徴を次のように評する。

言葉の簡潔は沈黙に最も近い姿を示し、最も無言な文は最大の倹約を行った文であると彼は考えた。生涯、彼は、文体とは短くする技術であると信じた。そしてもっとも簡明な表現が一般に最良の表現であるということはたしかに真実だ。しかし表明される観念に比較しての話であることを理解しなければならない。

（Sit. I, 360／二五六―二五七）

しかし、これまでの論考に見られたような積極面と消極面が同居するような論調とは異なり、ここでは文体はもっぱら否定的に論じられる。

小説において彼の興味を引くのは、〈文体の珍しさ〉である。ところで、小説にそのようなものを求めるのはたしかにおかど違いである。というのは、小説においては、文体は消滅するからである。だがルナールは小説が好きではなかった。（Sit. I, 361／二五七）

このような発想には『文学とは何か』での文体の透明性に関する記述に通じるものがある。いずれにせよ、以上の引用からいくつかの特徴を読み解くことができる。それはなによりもアメリカ的な簡潔な文体の称揚であり、気取った文体やこねくり回した文体への嫌悪である。ところで、最後のルナール論の発表は一九四五年のことだが、じつはその原型はすでに戦中にできあがっていた。

フローベールへの関心

一九三九年九月一日、ドイツがポーランドに侵攻して第二次世界大戦が勃発すると、サルトルも招集され、アルザス地方にすぐに赴いた。それまで日記をつける習慣のなかったサルトルが、戦時下の一兵士である自らの状況をつぶさに記録しようと考え、『カルネ』をつけたことはすでに見たとおりだ（第11章）。先に述べたルナール論の原型は「手帖14」、一九四〇年三月二十日から数日間の記述に見られる。

そこから、小説のなかで彼の関心を惹くのは「文体の珍しさ」だという、あの告白が出てくる。だが、小説に文体の珍しさを捜そうとするのは愚かしいことだとは誰にでもよくわかる。まず、小説にはそれが最も見出しがたいからだ。なぜなら、よき小説のなかでは、文体は物語の背後に隠れているからだ。（CDG 638／四〇六）

この指摘がそっくりそのまま先に引用したルナール論につながっていることは明らかであろう。実際、文体に関するサルトルの言及が「奇妙な戦争」の時期にしばしば見られるとすれば、それは彼が後に『自由への道』第1巻『分別ざかり』として刊行されることになる小説を執筆中であったこととも関係している。さらに自ら日記をつけるだけでなく、それに並行して、多くの作家の日記を読んでいったこともある。ところで、文体に関する最初の重要な記述が、フローベールに関するものであることは重要である。一九三九年十二月六日のボーヴォワール宛書簡には次のようにある。

ぼくは『感情教育』を、そのま
ったくひどい文体に関してメモをとりながら読んだ。こんな文章について、あなたはどう思う。「それは彼の気質の深みにおり、ほとんど、ものを感じる一般的な方法、存在する一つの新しい様式になった」。ところが、これが、人に巧みな文章家という評判を与えられているこの男が書いているることなのだ。しかも、これはなさけないほど馬鹿馬鹿しい。（LC 461／二〇六）

同じ日の日記にも、ほぼ同様の内容が見られる。

ごく稀に息をつけるときに、フローベールの『感情教育』を読んだ。なんとこれは不器用で、不快な小説だろう。会話や描写における様式化とリアリズムとのあいだでのあの絶えざる迷い、なんたる愚かしさであろう。大理石に刻まれた惨めなお話だ。高踏派の重苦しい文体を通してゾラが透けて見える。

（CDG 384-385／一一九）

ところで、フローベールの「美しい文体」の何がサルトルにとって気に障るのだろうか。まず指摘されるのは動詞の使い方だ。サルトルはフローベールの動詞がきわめて月並みで、冗長だと批判すると同時に、「効果としては最悪の受動態」や、「半過去形のいらだたしい使用」などを指摘する。つまり、問題はここではなによりも動詞、および文と文のつなぎ方だと要約できよう。

半過去は毎回、主語と同格の分詞に先立たれていることが注目される。彼の文体の悪癖だ。大理石のように冷たく見える。

（CDG 385／一一九）

サルトルは、それでもフローベールの文章をいくつも『カルネ』に書き写しながら、その文体を、「大理石のように重く冷たい」、とか「ノルマンディー風の無骨」などと評する。要は、そのどたどたした重い文体を批判するのだ。たしかに、理想の作家がスタンダールであったサルトルにとって、フローベールの文体が重苦しいものと思えたのも無理はない。シャトーブリアンの大仰な文体を批判し、なによりも明晰さを求めたスタンダールは、きわめてフットワークの軽い作家であり、その意味で、フローベールの対極に位置するからである。また、すでに見たアメリカ風の短い文章への憧れもあるだろう。

ところが、奇妙なことに、サルトル自身の文体はスタンダールとは異なり、どちらかと言えば、フローベールと似ているのだ。つまり、回りくどくて、重々しい。軽妙さとはほど遠いものである。これは本人も十分に自覚していたことだ。だとすれば、ここでのフローベール批判には、自己嫌悪に近いものがあるのではなかろうか。だが、ここでなによりも注目したいのは、このような心理的な要素とは別のこと、すでにこの時点で、サルトルが文体の問題を作者の歴史的・社会的状況と結びつけて分析している点である。サルトルはフローベールの文体のうちに作者の選択を見てとっており、これは晩年の『家の馬鹿息子』のモチーフを先取りしているように見える。

フローベールの重要性は、彼の文体が過渡的なものだということにある。ルイ＝フィリップ時代の工業文明と、四八年の社会運動は、人びとに物（機械、道具など）について語る傾向を促していたが、フローベールが自在にしえた文体は、かつて風俗や人間の描写によってゆっくりと形成されたものだった。そこでフローベールは翻訳しようとする。文体の品位を保ちつつ、事物について語らねばならぬ。このようなフローベールの不十分さが、やがてゴンクール兄弟にさまざまな動詞の工夫をさせることになる。（CDG 386／一二〇）

サルトルがこの短いくだりで説明しようとしているのは何か。それは一言で言えば、フローベールの文体を生み出した過去の文学観と作家の活動していた時代のあいだの乖離である。『家の馬鹿息子』でサルトトルはフローベールの修業時代をその時代背景や家族との関係などとともに追っていくことになるが、そのようなアプローチの萌芽が、この指摘にすでに見てとれるのだ。実際、サルトルは続けて、こう結論づけている。

結局のところフローベールは、ルイ＝フィリップ治下のブルジョワの敵であったが、彼自身がブルジョワであり、彼の芸術は四八年の産業の産物である。それは自分たちの文化、自分たちの職業、自分たちが支配する人間や事物、つまり自分たち自身に興味をもつ産業ブルジョワであるが、このブルジョワジーはこれらのものを、ある種の文化的偏執を通して、古典的形式を通して知ろうとするのだ。（CDG 386／一二〇）

つまり、サルトルにとって文体とは言語の処理方法なのであり、それは作家がどのように社会に挿入されていたかを反映している。なんとも還元主義的なアプローチのようにも見えるが、このような発想のもとで、サルトルは『家の馬鹿息子』の第四巻を『ボヴァリー夫人』の文体分析にあてようとしていたのである。

ところで、なぜ別の作家ではなく、他ならぬフローベールの文体分析にサルトルは取り組んだのだろうか。サルトルがフローベールを敬愛していたのならともかく、事態はまったく逆で、毛嫌いしていたといたるところで表明しているのだから、この選択は余計に奇妙に思われる。晩年になって大部のフローベール論を執筆することになった理由について、サルトルはさまざまな機会に少しずつ異なる説明をしている。たとえば、インタビュー「サルトル、サルトルを語る」ではフローベールを主題にして評伝的研究を書こうとする四つの理由をあげている。まず、それはフローベールが想像界の存在だからである。つまり、リアリズムの父であるフローベールが「想像的な子ども」であったという逆説がサルトルの関心を惹くのである。第二は、この十九世紀の作家がサルトル自身とは正反対の存在であるからだとされる（サルトル自身は相違点を強調するのだが、じつはその文体をはじめ、似た点も少なくない）。第三に、『家の馬鹿息子』のモチーフが、初期の研究『イマジネール』に連なるからだ、と説明している。実際、想像力、想像的なもの（imaginaire）というタームは長らくサルトルのテクストから消えていたが、『家の馬鹿息子』にいたって、今一度このモチーフが戻ってくる。そして最後に、フローベールという作家の分析を通して、一八四八年の夢想的なブルジョワジーの社会的想像的世界を露わにすることができるからだとされる。（Sit. IX, 115–119／九一―九六）。

だが、フローベールの特権的な位置はこれらのみに由来するのではあるまい。『存在と無』で実存的精神分析の例として挙げられていたのもフローベールであったとすれば、この固執には何らかの意味があるはずだ。ここではそれを詳細に検討する余裕はないが、簡潔に指摘すれば、サルトルとフローベールの本質的な類縁性が挙げられる。ある種のブルジョワの子弟にとって想像界がもつ特権的な位置である。実際、想像的なものへの逃亡は、『言葉』の主要なテーマでもあり、サルトル自身も「想像界の子ども」だった。想像的な世界に捕囚された人間、それが作家であり、フローベールはその代表的存在と言える。その意味ではフローベールの問題は、本人はそのように明言することはないが、サルトル自身の問題でもあったのだ（第14章参照）。

いまひとつ付け加えれば、サルトルにとってフローベールの重要性は、近代リアリズムの父とみなされることの作家によってはじめて、文学が他ならぬ言語の問題、つまり書くことの可能性と不可能性の問題になったという点にある。つまり、現代小説において先鋭化する、〈書くこと〉をめぐる根源的な問いかけへと連なる問題構成を打ち立てたからこそフローベールは問題となるのだ。実際、サルトルが『家の馬鹿息子』で最初から最後までこだわりつづけるのが、言語の問題に他ならない。『カルネ』でも、『家の馬鹿息子』でも、フローベールの文体が中心的に論じられる。違いがあるとすれば、前者で『感情教育』が対象だったのに対して、後者では『ボヴァリー夫人』が対象となる点である。それが具体的にどのように実施されたのかを見ることにしよう。

『家の馬鹿息子』の文体論

まずは未完に終わった第四巻から見ていこう[2]。この巻は『ボヴァリー夫人』の分析に宛てられる予定であった。最終プランが残っていないので、正確な内容を知ることはできないが、それでも残されたいくつかのプランから、その一章が文体論であったことは見て取れる[3]。とはいえ、問題となっているのは広い意味の文体であって、「話者、アイロニー、動詞」などもテーマとしてあげられている。ここでサルトルは若き日と同じ指摘をする。「フローベールにおける文体の醜悪さはそっくり、動詞のうちにある」(IF III, 677) と。

他方、『ボヴァリー夫人』と『感情教育』が比較され、前者の斬新さは、自由間接話法とアイロニーにあるとされる (IF III, 717)。しかし、この指摘はかなり紋切り型で、時代遅れのものにも見える。フローベールの文体に関して一九一九年に起こったチボーデ=プルースト論争は有名なものであり、一九七〇年の時点ではすでに解決済みと見なされていたからだ。だとすれば、サルトルは多少とも解決済みのこの論点を再び持ち出すことによって、いったい何を論証しようというのであろうか。

『家の馬鹿息子』に新味があるとすれば、その新しさは文体論そのもののうちにではなく、それが作家の個性との関係で分析されている点にある。言い換えれば、問題は文体と人間、あるいは「文体における人間」にある。サルトルの主張を簡単に要約すれば、論点は三つある。

1．全体化の道具としての文体。サルトルは、動詞、自由間接話法、その他のテーマを全体化という視点から分析する。フローベールは人物を全体化の客体であると同時に主体でもあるものとして捉えようと試みていたというのだ。ひとつだけ例を挙げれば、『ボヴァリー夫人』における有名な「私たち」とは、「全体化の外部」なのであり、それが外的な証言を示しているのである（IF III, 687）。のみならず、サルトルはこの小説そのものを内面性への全体化としての小説だと見なす。それは、幻想が幻滅に取って代わられ、死によって終わるからである。

2．「想像的なもの」と「現実的なもの」の循環性。たとえフローベールのように「想像的な」存在であったとしても、ひとはその状態にとどまることはできない。そこから脱出する仕方は二つあり、ひとつは、想像したものを実現しようとすることだが（これこそエンマがしたことだ）、その結果は「地獄」である。もうひとつは、想像したものを脱現実化の中心とすることであり、これこそフローベールが行ったことだった。すなわち芸術である。「書くことが、彼の人生の連続性を正当化する」（IF III, 739）。

3．言語と思考との乖離。サルトルは、言語がすべてを言い表すことはできないという点を執拗に強調する（IF III, 670）。言い換えれば、言語と思考との間には必然的にずれが生じてしまうというのである。

かくして、『文学とは何か』で表明された詩と散文の二分法がここにも見出される。散文はコミュニケーションに属すが、詩はオブジェなのだ。しかし、ここにも新たな発想が見られる。それは文体の必要性である。初期のサルトルは文体に関して、きわめて古典的なイメージをもっていた。つまり、「よく書かれている」とか「美しい文章」といったものである。しかし、晩年のインタビューでは、いくつかの変化が見られる。

私にとって文体というのは——文体というのは単純さを排除するものではなく、まったく逆なのだが——なによりも三つか四つのことを一つのことで言う仕方だ。単純な文があり、そこにはまずその直接的な意味が、ついでその下に、同時的に、深みにおいて組織される異なるいくつかの意味がある。言語にこの意味の複数性を表現させえないなら書くには及ばない。

たとえば、文学が科学のコミュニケーションと違うのは、文学は一義的ではないからだ。

(Sit. X, 137／一二八)

かくして、文体とは文章の一義性を逃れるものであり、それゆえ存在の一義性を逃れるものということになる。このような変化とともに、アンガージュマンの内容も微妙に変化したことは興味深い。

重要なことは、フローベールがある面において徹底的に自分をアンガジェしたということだ。たとえそのために残りのすべての点について非難すべき態度をとったとしてもだ。文学的アンガージュマンとは結局のところ、世界全体を、全体性を引き受けるという行為だ。〔…〕宇宙を、人間をうちに含んだ一個の全体と見なし、無の観点からこれを叙述すること、これは奥深いアンガージュマンだ。

(Sit. X, 112／一〇六)

思考と言語の矛盾的関係

次に、生前に公刊された巻のなかでより具体的に文体論が展開されている部分を見てみよう。第二部「人格形成」の第三章「前神経症」の「文学的幻滅」の節でサルトルは、思考と言語との関係についての考察を全面的に展開する。それによれば、一八三八年から一八四〇年にかけてギュスターヴは三つのやり方で世界が地獄であることを示そうとしていた。第一は、宇宙を内部で全体化することであり、第二は上空飛行によって外部で全体化することであり、第三は、具体的な独自性の内部において、存在の爆発的な矛盾とわれわれの幻想の虚しさを露わにすることである。しかし、当時執筆していた『スマール』の失敗によってフローベールは言語が有効でないことを発見し、「〈芸術家〉の思考を表現するのは、その語ることではなく、語り方」であることを理解する(IF II, 1624／Ⅲ五五〇 強調はサルトル)。ここにサルトルは、フローベールが直接的な表現から間接的な表現へと移行したことを読み取る。フローベールは芸術を「形式による思考の奇妙な翻訳に他ならない」と考えていたのだ。ここで現れるのが文体であるが、それは物質と意図との奇妙な混合体だと規定される。「いかなる命題も、フローベールの「夢想」を表現することはできないのであり、それらをわれわれに伝達するのは、文体の仕事である」(IF II, 1624／Ⅲ五五一)。

かくして、一八四〇年頃のフローベールにとっては二つの美が存在したとされる。ひとつは主体の美(外部における全体性)であり、もうひとつは文体の美である。一方なしに他方はありえないが、この時点ではまだ両者の弁証法的関係は認められていない。ところが、『スマール』の失敗によって、フローベールの思考は深みを増し、エクリチュールの美は絶対的な表現の方法になった、とサルトルは断じたうえ有名なルイーズ・コレ宛書簡（一八五二年一月十六日）を引用する。

ぼくが美しいと思うもの、ぼくが創り出したいと思うもの、それは何について書かれたのでもない本です。ちょうど地球が支えもなしに空中に浮かんでいるように、外部とのつながりをもたず、文体の内面的な力によって保たれている本、できることならほとんど主題がない、あるいは少なくともほとんど主題が見えないような本です。

（IF II, 1626／Ⅲ五五一）

こうして美的思考が文体のうちにのみ、そして文体によってのみ存在することがついに発見されたとしながらも、フローベールは自分の考えに確信がもてなかったとサルトルはコメントする。二つの対立しあう主張の間で揺れ動いているように見えるというのだ。一方で、文体こそが思考を生み出すとしながら、他方で、思考がその表現に先立つとしている、と（だが、このような思考と言語の関係はむしろサルトルその人にこそ当てはまるように思われる）。かくして、『スマール』では失敗し、後に『ボヴァリー夫人』でようやく成功することになる文体の問題を執拗に追った後に、サルトルは次のように結論づける。

彼の師ビュフォン流に言えば、「文体は人なり」なのである。つまりフローベールが断罪するのは彼自身なのだ。単に自分に天分が欠けていることを認めるからではなく、ひとつの文を書くごとに、自分の個人的なへクシスに苛立つためである。彼が一行記すや否や、たちまちそれは彼に、おしゃべりでがさつな田舎者か、または叙情的なマゾヒストの姿を映し出す。それは、彼がそうなることを選んだ存在、しかし彼をぞっとさせる存在なのだ。

(IF II, 1633-34／Ⅲ五六一)

さらに、サルトルはフローベールにおける文体と思考の問題を、第四章「合理化された〈負けるが勝ち〉」で、今度は『初稿　感情教育』を分析することによって続ける。フローベールの文体観は次のようにまとめられる。

それは、その性質上、言われうることをより巧みに——より優雅に、より正確に——語るためではなく、まったく逆に、定義上、言葉をすり抜けるものを、言葉のなんらかの用法によって固定するために、実践(praxis)から言説の分節(articulations)を取り戻すことをめざす、素材の独特の扱いのことである。

(IF II, 1993／Ⅳ二三三)

かくしてサルトルは、フローベールにおいて文体の問題はルサンチマンから生まれたものであり、パロールの組織的な脱現実化なのだと断じる。つまり、フローベールはたえず意味(sens)と意義(signification)の間で揺れているのだ。それは、文体こそが「言語の非現実化作用によって言い表せないものを伝える」と考えていた若きフローベールが自分を愛せずにいたためだとサルトルは説明する。そして、個人主義者ではないにもかかわらず、ブルジョワ的個人主義の環境に生きているためだ、と。「彼は異常のレッテルで、ある種の根源的な非適応性を内面化することを強いられた。しかしこの異常は、伝達可能ではない。その理由は、それが何も語るべき事などない些少事であるからだ」（IF II, 2000／Ⅳ二四〇）。かくして、文体の問題は最終的に神経症の問題と結びつけられることになる。だとすれば、『家の馬鹿息子』が伝記という装いのためにアナクロニックに見えるとしても、その試みは〈人と作品〉というアプローチとは似て非なるものと言うべきであり、新批評《ヌーヴェル・クリティック》がもっぱら〈テクストから〉出発する批評であったのに対して、サルトルのフローベール論は〈テクストへ向けて〉の試みだったと見るべきではなかろうか。

哲学における文体

ところで、ここまで見てきたようなものが文学における文体の問題であるとしたら、哲学にとって文体とはいったい何なのか。はたして、そこにはどんな違いがあるのだろうか。

『嘔吐』や『言葉』などの文学作品が執拗な推敲を経ているのに対して、サルトルの哲学作品の原稿がペンの流れのままにほとんど語句の削除なしに書かれていることはすでに見たとおりだ（第11章）。この違いをサルトルは対象の違いによると説明している。

> 哲学では、一つの文は一つの意味しかもつべきではない。たとえば『言葉』で私がやった、文に多様な重複した意味を与えようとする作業は、哲学では悪しき作業ということになる。〔…〕文学はある意味でつねに生体験に関係しており、この場合には、私の語ろうとすることは何ひとつとして、私が語ることによって完全に表現されはしない。同じひとつの現実が、事実上無限の仕方で表現されうる。
> （Sit. X, 93／八九）

だとすれば、サルトル自身の文体観はある意味できわめて古典的だと言わねばなるまい。だが、この古典性は文体観だけではない。サルトルがジャンルについても小説（roman）、物語（récit）、エッセー、哲学などについてきわめて厳格に考えていたことは、最初に引用した初期の評論などからもうかがえることである。

文体を練る作業は一つの文を刻み出すというよりも、その場面なりその章なりの全体を、さらには書物一巻の全体をいつでも念頭に置いているということからなっている。もしこの全体を保持しているならよい文が書けるし、もし保持していないなら書く文は調子外れになるか、意味のないものになってしまう。

（Sit. X, 138／一二九）

サルトルはこのことを彼の最も美しい文章と世間から言われた『言葉』に関して説明する。

『言葉』には文体があるが、その意味は、この本が文学への別れだということだ。おのれ自身を否認するオブジェは、最善の形で書かねばならないからね。フローベール論がところどころ『言葉』に似ているのは、五〇年間書き続けたあとでは、自分自身の文体が自分にしみこんでしまって、いくつかの表現が苦労せずとも自然的に浮かんでくるからだ。

（Sit. X, 94／八九）

これらの説明はいちおう納得がいくもののように思われる。ところが、サルトルの作品にはこのようなジャンル分けはまったく当てはまらない。同じことは文体についても言える。たとえば、『嘔吐』は小説(roman)と銘打たれているが、これはむしろ哲学的日記小説とでも呼ぶべきもので、およそサルトル自身が考えているような小説の範疇には入らない。また、哲学に関して言えば、『存在と無』の文体は、それまでの哲学書にはまったく見られなかったような具体的な記述を多く含んでいるのみならず、「人間は無益な受難である」といったアフォリズム的な表現も少なくない。その意味でも、サルトルが標榜するような一義的文章からはほど遠い。ことほどさように、サルトルの文体観と文体実践はかけ離れているのである。だとすれば、小説、創作、哲学、批評、それぞれの文体があるというよりは、サルトル独特の文体があると言うべきではないだろうか。それは具体性から抽象性へ、概念から物へと絶えず流動的に変化する文体、ぎこちないほどギクシャクしていたかと思うと、言葉の物質性を感じさせないほど流麗にもなり、自由自在にギアチェンジする文体、一言で言えば、ミラーボールか万華鏡のように変幻自在でありながら、それでいて軽やかというよりはどっしりとした重さのある文章、多面的で多様なサルトルという文筆家をそのまま反映した文体であるように思われる。「文(体)は人なり」の言葉はサルトルにも見事にあてはまるように思われる。(4)

註

(1) 『ウィトゲンシュタイン哲学宗教日記』講談社、二〇〇五年、三六頁。

（2） 未完の草稿は、一九八八年に出版された新たな校訂版第三巻の付録として出版された。以下の記述はそれに依拠したものである。

（3） たとえば以下を参照されたい。IF III, 686, 703, 743, 759, 777.

（4） サルトルとフローベールの文体の問題全般に関しては次の文献が有益である。*Flaubert savait-il écrire? Une querelle grammaticale (1919-1921)*, textes réunis et présentés par Gilles Philippe, Grenoble, ELLUG, 2002.

第14章　自伝というトポス

ある意味であらゆるテクストは自伝的であると私は確信している。(1)

ジャック・デリダ

哲学者や思想家にとって、伝記とは何を意味するのだろうか。ハイデガーは、アリストテレスを語るに際して、「彼は生まれ、考え、死んだ」と述べ、伝記的事実、ないしは、哲学者の生そのものはさしたる意味をもたず、あくまでも思想が重要なのだと強調した。これはハイデガーの偉大な思想と、彼のナチス荷担という実人生の行動との関係の意味を考えさせる逆説だ。

伝記的事実ないしは生身の人間を作品理解から排除しようとする傾向は思想家の場合に限らない。プルーストが『サント＝ブーヴに反論する』で、作家の伝記的な事実から作品解釈を行う伝記的な批評を批判していることはよく知られている。二十世紀後半にロラン・バルトが述べた「作者の死」（「作者というのは、われわれの社会によって生み出された近代の登場人物である」）を思い起こしてもよい。

もちろん、自伝（伝記）的な問題構成が哲学者たちの関心を惹かなかったわけではない。それどころか、ソクラテス＝プラトン以来、多くの哲学者にとって、生を刻む（bio-graphie）という問題系は決して思想にとって付随的なものではなかった。[2] このことは、アウグスティヌス（『告白』）、モンテーニュ（『エセー』）、デカルト（『方法序説』）、ルソー（『告白』『孤独な散歩者の夢想』『ルソー、ジャン＝ジャックを裁く』）、ニーチェ（『この人を見よ』）といった一連の思想家（さらには、晩年のデリダ）を思い起こしてみればよい。

文学に目を向けてみれば、フランス文学に話をかぎっても、錚々たる自伝文学の系譜がある。シャトーブリアン『墓の彼方の回想』、スタンダール『アンリ・ブリュラールの生涯』、ルナン『幼年時代と青年時代の思い出』、アンドレ・ジッド『一粒の麦もし死なずば』、ミシェル・レリス『成熟の年齢』、シモーヌ・ド・ボーヴォワールの自伝四部作（『娘時代』『女ざかり』『或る戦後』『決算の時』）、さらにはペレックの『Wあるいは子供の頃の思い出』にいたるまで、重要な作品が連綿と書き続けられている。

このような伝記的系譜のなかで、サルトルの特徴はどこにあるのか。それは自伝のみならず、彼が評伝という形で他の作家や芸術家の生にも並々ならぬ関心を示した点にまずはある。一九四七年のボードレール論に始まり、五〇年代のジュネ論を経て、六〇年代の自伝『言葉』、七〇年代に入って刊行されたフローベール論に至るまで、評伝はサルトルの全仕事のうちで重要な一脈をなしている。さらには、未完に終わったマラルメ論やティントレット論なども含めれば、この問題系は、創作（小説、戯曲）、哲学とならぶ三本柱の一つ、あるいは、創作と哲学や批評を結ぶ架け橋ということができよう。

一九六四年に単行本として刊行された『言葉』は、評伝で行った分析を自分自身に適用したものだとしばしば見なされるし、サルトル自身もそのように述べている。その意味で、『言葉』はサルトルの自伝だとも言われる。だが、ごく軽い気持ちで自伝だと思って『言葉』を読みはじめた者は、ふっと肩すかしを喰ったような気がするのではないか。というのも、せいぜいのところ十二歳ぐらいまでの出来事が語られているこのテクストは、幼年時代と読書体験に関するとても魅力的な書物ではあるのだが、「実存主義の旗手」としてのサルトルのイメージとはおよそ結びつかない気がするからだ。

自伝とは読んで字のごとく、自分自身が書く伝記のことだが、果たしてこのテクストはほんとうに自伝なのだろうか。仮にそれが自伝（autobiographie）であるとすれば、それはどのような意味で自伝なのだろうか。自伝とはいわば画家にとっての自画像（autoportrait）のようなものと言ってもよいだろうが、この両者で問題になっている自己（auto）とは何なのか。このような一連のナイーヴな問いを手がかりにサルトルにおける評伝の意味を問うてみたい。

『言葉』は自伝なのか

フランス文学研究において、〈自伝〉というジャンルの独自性を積極的に文学批評の対象としたのがフィリップ・ルジュンヌであることはよく知られているし、その研究成果を抜きにして自伝の問題を考察することはできない。ルジュンヌはフランス語で、〈回想（mémoires）〉と呼ばれるジャンルと〈自伝（autobiographie）〉とを区別する。功成り名を遂げた人物が来し方を振り返り、艱難辛苦の末いかにして現在の境地に至ったのかを、多少の自己満足をまじえて語るのが回想録であるのに対して、自伝は「実在の人物が、自分自身の存在について書く散文の回顧的物語で、自分の個人的生涯、特に自分の人格の歴史を強調する場合」だとされる。(3) ルジュンヌは自伝の特徴を次のように整理する。(1) 言語形式としては、(a)

物語であり（エッセイではない）、(b) 散文であり（韻文ではない）、(2) 主題としては、個人的な生涯、特に人格の歴史や発展に力点が置かれ（歴史・政治中心ではない）、(3) 作者の立場としては、作者（実在の人物）と語り手が同一であり（一人称で書かれ、話者＝作者）、(4) 語りとしては、(a) 語り手と主人公もまた同一であり、(b) 物語は回顧的な視点からなされている、ということになる。

その上で、ルジュンヌは「現代作家のなかで、ミシェル・レリスとジャン＝ポール・サルトルだけが、新しい物語構造を作り出すことのできる立場にあった」として、『言葉』を高く評価して、詳細な分析を行っている。新たな人間学との関連において意味をもつ自伝を記したサルトルは、伝記的物語が自明でないことを理解したのみならず、自伝的物語の核心が、人間学と人間に関する記述や説明モデルの全面的な革新を前提としていることを理解したとしている。[4]

ところで、このような『言葉』の革新性が刊行時の一般読者の目にははっきりと見えず、伝統的な手法で描かれた（と見える）老作家のポートレートを人びとは純粋に楽しんだ、というルジュンヌの指摘は正鵠を射ている。だが、いま読んでみるとこれはなんとも奇妙なテクストである。自伝と言いながらも、『言葉』はサルトルの半生すら描いておらず、わずかに一九〇五年から一九一七年まで、つまりサルトル少年が十二歳になったときまでを扱っているにすぎないからだ。

生後まもなく父を亡くした男の子が、母の実家シュヴァイツァー家に引き取られ育てられる。大学教授資格者である祖父は、十九世紀の巨人ヴィクトル・ユゴーの崇拝者であり、家父長的相貌の持ち主。この祖父によって、サルトル少年は文学の祭司たるべく教育薫陶を受ける。プールーという愛称で呼ばれるサルトル少年は、兄弟も遊び友達もなく、大人たちに囲まれて成長する。その過程で、彼がいかにして文学に目覚めてゆくか、いや、というよりはむしろ、いかに文学という幻想に捕らわれてゆくか。それが物語の骨子だ。

「読む」と「書く」の二部からなり、前半の「読む」で描かれている出来事は一九〇九年から一四年ごろに起きたこと、後半「書く」の部分は一九一二年から一七年のことだが、必ずしも年代順には書かれていない。そのために、この二部構成は見せかけのものでしかないと考えたフィリップ・ルジュンヌは、この物語を五幕からなる芝居に見立てた。

第一幕は「状況と自由」。ここでは家庭環境が描かれる。母方の祖父シャルル・シュヴァイツァーという典型的人物を通して、十九世紀的な教養、ルイ＝フィリップ治下のロマン主義、第二帝政期へとつながるサルトル少年の出自が描かれる。一方、普通の自伝であれば、最も重要なはずである主人公の誕生の場面は、長々と語られた母方の家系の物語のあと、父方の家族の簡略な紹介の最後に、疾走する文体で、まるで「おまけ」のように記され、あまりのそっけなさに見過ごされかねない。

第二幕は「最初のお芝居」、少年の心に芽生えた演技が主題となる。彼はありとあらゆる場面でお芝居を演じる。それは英雄と歴史を好む祖父の趣味とも合致するし、大人たちが子どもに演じさせる無垢でもある。もうひとつ重要なモチーフは、原初的な読書体験である。生まれたときから本に囲まれて育ったプールー少年にとって、書物の世界は大きく二つに分けられていた。祖父の書架にならぶ聖なる本と、祖母が貸本屋から借りてくる楽しみのための本である。一方は巨石のように屹立し、他方は肩の力をぬき横たわっている。一方は、十九世紀的教養人の祖父に属し、宗教に比せられる崇高なものであり、そこには快楽の入り込む余地はない。他方は、享楽を目的とし、「軽やかに滑れ、死すべき者よ。踏みしめることなかれ」というピエール＝シャルル・ロワの詩を口ずさみ、きわどい小説を好む祖母の読書体験に由来する。

第三幕は、虚無の意識だ。サルトル少年は、大人たちを見ながら、自分には彼らのような確固とした内実がないことに悩む。また、それは自分の欺瞞性、大人に対して喜劇を演じているのではないか、という感覚ともリンクする。さらには、ここでは嫌悪感や吐き気とも関連した実存の体験と、死の不安が中心となる。

第四幕は、「二番目のお芝居」。これまで自分が大人たちのために演じてきたこの喜劇を想像力によって内面化する過程だ。想像力を用いるとは、想像的世界を発見することを意味し、それは可能な三つの像によって行われる。つまり、聖人、英雄、作家だ。というよりも、むしろこの三つは同じものなのだ。このように、『言葉』は、キリスト教的聖者伝のパロディと見なすこともできるように書かれている。祖父は父なる神に擬せられ、清らかな乙女として描かれる母アンヌ＝マリーは聖母マリア、父をもたずに聖霊によって宿ったといわんばかりのサルトル少年はいうまでもなく、キリストだ。実際、ここで文学は宗教として、あるいは情熱《パッション》＝受難として語られる。招命を受けた英雄が、死をも辞さずに闘い、それが後に語り継がれる、という物語が演じられるのだ。だが、結局のところ作家の栄光と死もまたひとつのコメディーにすぎない。

第五幕では、書くという行為が狂気の相のもとに語られる。それがこの五幕物の大団円なのだ。文学という病から治癒した老境に入りつつあるサルトルが、かつての文学少年プールーを分析する。

以上のようなルジュンヌのまとめは説得力に富むものであるし、たしかに彼の主張する弁証法的観点から『言葉』を読むときに見えてくるのは、このように再構成された物語かもしれない。しかし、『言葉』

という作品の独自性は、このような整合的な解釈とは反対に、統一的な像の崩壊にこそあるように思われる。この点を少し考えてみたい。

弁証法的思考から廃墟へ

他のサルトル作品と同様、『言葉』にも多くの二項対立が登場し、一見したところ弁証法的に見える。しかし、それらはしばしば綜合なき二項対立であり、したがって、もしあるとすれば、そこにあるのは綜合なき弁証法だ。その意味で、ルジュンヌのまとめ方は、いわば『聖ジュネ』をモデルにして、その手法と構造を『言葉』に適用したものだと言える。さまざまな対立を弁証法的に止揚して、孤児ジャンがいかにして作家ジュネになるかが描かれていた『聖ジュネ』は、その圧倒的な証明力（だが、何を証明しようというのか？）で読者を魅了する。それだけの筆力をもつサルトルの分析の刃が『家の馬鹿息子』では完全に鈍ってしまったようにも見えるし、『言葉』ではレトリックが先行するような印象も拭えない。実際、『言葉』と『家の馬鹿息子』に共通しているのは、それまでに見られた弁証法的な構成がしだいに崩れ、作品が自己崩壊へと、あるいは廃墟へと向かっている点にある。その意味で、ルジュンヌの試みは、作品に欠如している整合性を与えようというものであるが、そのことによってかえって、六〇年代以降のサルトル作品がもつ独特の魅力を見えにくくしている。

『言葉』のうちにサルトルお得意の二項対立の構造を指摘するのは、なんともたやすい。容易すぎて拍子抜けするほどである。アルザス出身で背が高く健康な母方の家系、片やペリゴール出身で背が低く病弱な父方の家系。母方はさらに、アルザス出身でプロテスタントの祖父とブルゴーニュ地方出身でカトリックの祖母という対立項に分岐する。祖父と祖母は、全篇を通じて、完全に対照的な存在として描かれる。祖父カールは、情熱的で興奮しやすい性格、粗野な精神主義者で、つねに芝居がかっている。一方の祖母は、活発で茶目っ気もあるが、冷たい性格で、生真面目で不器用に物事を考える。祖父がお堅い本しか読まないのに対して、祖母は貸本屋にせっせと通い、きわどい通俗小説に読みふける。さらには少年サルトル自身の読書経験も二分される。古典的作家を中心とする「正統派」読書と、冒険小説や推理小説という「低級な」読書。現実を生きることの渇望と想像界への耽溺。高みに留まろうとする性向と深みに沈んでいきたいという欲望、等々。数え上げれば切りのないほど、いたるところに散りばめられた対立項のはざまでサルトル少年は生まれ育った。たしかにその通りだとしても、これらの相反発する要素が止揚されて作家サルトルが生まれたとは思えない。これを読んで、サルトルという人物の一生が解明したようなカタルシスは感じられないのだ。それどころか、分裂はそのままどころか、助長され、悪化していくようにも見える。それは、サルトル自身が「二重生活」と呼ぶこのありかたが「その後も止むことなく」続くとされているからだ。

二重生活、二重性は、雑種性につながる。私生児、雑種を表すbâtardという語は、ジュネ論をはじめ、五〇年代サルトルのキーワードのひとつである。たとえば、『悪魔と神』の主人公ゲッツとそのライバル、ハインリッヒは二人とも私生児であり、二つの階級、二つの価値の間を揺れ動く人物として描かれているが、彼らの両義性は決して止揚され解消されることはない。高貴と卑俗、虚構と真実の間を揺れ動く『キーン』の主人公も同様だ。これらの人物は私生児であるがゆえに、誰もが正統性《レジティマシー》の欠如に悩む。しかし、人間にあらかじめ本質などないというサルトルの主張からすれば、正統性《レジティマシー》などひとつの虚構にすぎないし、『嘔吐』でくっきりと炙り出されたように、自己の正統性を素朴に信じるのはsalaud（卑劣漢）だけなのだ。『存在と無』で明瞭に主張されたことは、人間的現実が無根拠であり、無償であるということであり、その結果、「統一的な我」というアイデンティティすら、たんに自己性の回路として事後的に立ち現れてくるものにすぎないとされたのだ。しかし、その一方で五〇年代までのサルトルは、このような分裂性になんとか終止符を打とうとし、「私のなかの他者」を鎮め、「全体（性）」にたどりつこうと試みていたように思われる（たとえ、そのような対自＝即自が到達不可能な臨界点としての理想にすぎないと冷徹に意識していたとしても……）。

しかし、『言葉』、そして『家の馬鹿息子』では、もはやこのような綜合化（脱全体的な全体であったとしても）への熱意よりは、分裂増殖をそのまま放置するような態度（しかし、それは必ずしも投げやりな態度ではない）、つまり分裂性を積極的とまでは言わないとしても、少なくとも否定的には捉えないスタンスのほうが勝っているように思われる。というのも、関係性なきところに関係性を見出そうとする綜合の試みこそ、物語化が最初に行うことだからである。

通常の場合、自我の統一性は語り手の一貫性によって担保されているのだが、『言葉』では位相の異なる複数の私が語っているように思われる。このような自我のほころびは、フランス語で読むかぎりは、〈私〉を指す唯一の自称詞であるjeによって包摂されあまり目立たない。しかし、ひとたび日本語に訳そうとすると、子どもが「私」というのは無理があり、「ぼく」とか「おれ」としたほうがしっくりするところが少なくない。それは、少年サルトルが不意に顔を出し語りはじめる場面である。このような語りの複数性は、全篇を通じて見られるのみならず、はなはだしい場合には、一センテンスのなかにまでである。

ここから、自らの幼年時代を回想するのは誰なのか、という問題が浮かびあがってくる。ときどき時系列の混乱が見られ、語り手が「いま」と言うとき、それは五十歳を越えた作家のはずなのだが、その語りのうちに少年が文字通り甦ってきて、作家を押しのけて語りはじめてしまう(だが、じつは、自伝が問題になるとき、つねにこのような分裂が意図せずとも顕現するのではないか(ジャン=ジャック対ルソー、ニーチェ『この人を見よ』)など。

「私」の分裂はいくつかの異なる位相から成り立っている。まずは、『嘔吐』以来、つねにサルトル作品につきまとう〈生きること〉と〈語ること〉との乖離である。『言葉』では、語られた生こそは唯一の真実の生であるという幻想からの目覚めが描かれているのだが、それもまた語られた物語であり、それはメビウスの輪のようにねじれて永遠に回帰する。その一方で、このような分裂の問題、というより、主体としての私と客体の私とのずれは、たとえば『真理と実存』においては、個人の投企としての歴史性とそれが史実として語られるときとのギャップという問題系で語られたものと通底している。また、この問題系と構造的には同様だが、異なる平面にある乖離として、『自我の超越』や『存在と無』においてサルトルが問題としていた、〈反省的コギト〉と〈反省されたコギト〉の問題、つまり「反省」における自我の分裂の問題(反省するコギトと反省の対象となるコギトは必ずしも同一ではありえない)も絡んでくる。回想する私と回想される私は同一人物なのだろうか。『言葉』では、現象学的記述にも似て、プールー少年は対象としてではなく、主体として浮かびあがり、読者はそれを追体験することになる。このような主体・客体の乖離以前の真理の顕現は浄化的反省(あるいは純粋な反省)によってのみ可能だとサルトルが考えていたことはよく知られているが、サルトル自身はこのような反省の構造を哲学的に解明するには至らなかった。[5]

真理と虚構

観点を変えて考えてみれば、ここで問題となっているのは、どのような言説によって「生」の真実は伝えうるのかということだと言えよう。『言葉』で語られているエピソードが必ずしも事実とは符合しない多くの記述に満ちていることはすでにさまざまな研究によって明らかになっている。ミシェル・コンタ編『サルトルはなぜ、そしていかにして『言葉』を書いたか』が明らかにしたように、『言葉』は、明確な意図に基づいたひとつの虚構なのである。[6] しかし、このことは『言葉』が真実の物語であることと必ずしも矛盾しない。サルトル自身、「『言葉』は『嘔吐』や『自由への道』以上に真実なわけではないと思う。しかし、それは語られていることが真実ではないということではない。『言葉』というのも一種の小説なのだ。私が勝手に考えている小説。それでもやはり小説といえる小説だ」(Sit. X, 146／一三六)と解説しているが、同様のことが、フローベール論に関しても言われたことを思い起こすとき、この共通性は何を意味するのだろうか。サルトルはコンタとリバルカの質問に対して次のように述べていた。「私はこの研究書を小説として読んでほしいと思っている。なぜならこれは最初の体験が全生涯の挫折を生み出すという物語なのだから。と同時にこれは真実なのだ、真実の小説なのだ、と読者が考えながら読んでほしいと思っている」(Sit. X, 94／九〇)。

ここではまさに相反する二つの方向の力が働いているように見える。つまり、物語の解体を、解体の物語として物語ること、そしてさらにそれを解体すること。この解体しつつ物語るという行為は止むことなく続けられるのである。

かくして、『言葉』は、嘘つきのクレタ人の言説のように矛盾を含んだ、メタレベルでの解読を求めるテクストとなる。物語の幻想から覚めたことを語る物語はなにを語っているのか。このような疑問に応えるかのように、テクストは謎めいた一節で閉じられる。

ひとりの人間は、あらゆる人間からできており、みんなと同じ価値があり、どんな人間にも同じ価値があるのだ。（M 139／二〇四）

この一節は微妙に転調されて、フローベール論へと引き継がれる。『家の馬鹿息子』の序文には次のように記されていた。

一人の人間は決して個人ではない。それは「独自‐普遍」と呼ばれるほうがふさわしい。というのは、彼の時代によって全体化され、それゆえ普遍化されていながら、彼は時代のうちに自らを独自性として再現することによって時代を再全体化するからである。人間の歴史の独自な普遍性によって普遍であり、彼の投企の普遍化する独自性によって独自であるから、それはこの二点から同時に考察されることを要求する。（IF I, 7／I三）

ひとりの人物を独自‐普遍という観点から考察しようとするこのアプローチは、『存在と無』で提唱された実存的精神分析が発展したものだというのは定説になっており、たしかに第四部で「一人の複雑な人格を、若干の原初的な欲望に還元しようとする努力」（EN 603／下三一三）が精神分析の企図であることを確認した上で、サルトルは次のように述べていた。

われわれは、当の存在のうちに、一つの中心を発見することができるのでなければならない。〔…〕そして、この中心は、〔…〕人格的な中心であるのでなければならない。当の人間の存在たるこの中心は、自由な統一である。しかも、この統一は、それによって統一される多様性のあとから来るものではありえない。むしろ、「存在する」とは、フローベールの場合にも、他のいかなる〈伝記〉の主人公の場合にも、世界のうちにおいて自己を統一することである。（EN 606／下三三一）

それに続けて、実存的精神分析は「それぞれの人格が自己をして人格たらしめるときの、言い換えればそれぞれの人格が自己の何であるかを自ら自己自身に告げしらせるときの主観的な選択を、厳密に客観的な形のもとで、明るみに出すためのひとつの方法である」（EN 620／下三六二）とされていた。実際、その後の評伝ではまさにそのような統一の契機が分析されることになる。『ボードレール』や『聖ジュネ』はそうだったし、サルトル自身の心づもりでは、『言葉』では自分自身にそれを適用するつもりだったのだろう。だが、結果としては少し違うところに行ったような気がする。『言葉』、そして『家の馬鹿息子』では、描かれる主人公の人格は分裂の危機に瀕しているように見えてならない。

『言葉』を最晩年のフローベール論と比較することによって見えてくるものがあるのではないか。両者は多くのテーマを共有している。何度も回帰する主題はどのような意味をもっているのだろうか。

『言葉』と『家の馬鹿息子』に共通するテーマ

フローベールに関する広汎な研究である『家の馬鹿息子』と『言葉』は、その射程においても企図においても規模が大きく異なり、同レベルで論じることには若干の無理があるかもしれない。それでも、あえて並べて比較してみると、二つの作品が共有するキーワードの多さに驚かざるをえない。『家の馬鹿息子』は、子どもの人格形成と家庭環境、十九世紀半ばの作家の地位、イデオロギー分析、言語論、作品論等々、さまざまな問題系が渾然一体となって論じられている。それにたいして同様のテーマは『言葉』では簡略に触れられるにすぎない。「一八二一年から一八五七年のフローベール」という副題をもつ『家の馬鹿息子』は、作家の全生涯を覆ったいわゆる伝記ではなく、主著『ボヴァリー夫人』出版までの分析、つまり〈作家の誕生〉の物語である。次第に文学に入り込んでゆく幼年時代のみが語られる『言葉』は『家の馬鹿息子』のミニチュア版といった趣をもっている。実際、委任状（mandat）、儀式（cérémonies）、喜劇（comédie）、気前の良さ（générosité）、想像力（imaginaire）、神経症（névrose）といった語は、両作品でほぼ同じようなコンテクスト、同じような論述のなかで現れ、読んでいると不思議な既視感に襲われる。(7) 以下、具体的な例を取り上げ、比較してみよう。

委任状

委任状と訳したmandatは、正統性の象徴として現れる。委任状とは正統性の証しであり、それをもたないことは存在理由が欠如していることを意味する。早くに父を失い、祖父母の家に仮寓したプールー（サルトル少年）は、あらゆるレベルで「定員外の存在」、余剰だと感じていた、と語り手サルトルは述べる。通常、父から子へと自然に継承されるはずの何かが欠けていた。そこで、少年は自分が至高な存在によって作家である委任状を与えられたと考えるにいたる。

シャルル・シュヴァイツァーが祖父であったように、私は作家だった。生まれたときから、そして永遠に作家だったのだ。とはいえ、熱情のさ中に不安の影が差すこともあった。カールによって保証されたはずの才能に、偶然の要素を認めることを私は拒んだ。委任されたことにしようと画策してはみたものの、支持するものも真の必要性もなかったために、自分自身で委任した事実を忘れられなかった。（M 93／一四二）

一方のギュスターヴ少年は、プールーとは異なり、孤児ではない。二親が揃い、兄妹に恵まれている。しかし、『家の馬鹿息子』でも、少年は真の委任状をもたざる者として描かれる。「ひとりの子どもは生きることの委任状をもっている。両親がその委任者である。〔…〕後になって、子どもが〈ぼくは目的をもっている。ぼくは自分の生の目標を見つけた〉と言いうるとすれば、それは、創造であり期待であり、未来の享受のための創造である両親の愛情が、子どもの存在をひとつの目的に向かう運動として開いてやったからである」（IF I, 139／一四八）と一般論を述べたあと、サルトルはこのような意味づけ、価値化がうまく行かない場合――ギュスターヴ少年がまさにそうだが――を分析する。

その人は自問することだろう。私は果たしてこうした企てのために委任を受けた人間だろうか、と。――これはキルケゴールの「私はアブラハムなのか」である。――あるいはまた、「委任はそれだけで価値があるのかしら、委任者を知りもせぬのにそれを受けることができるだろうか」と。（カフカは言った、私は委任状をもつ、だが誰もそれを私に与えたわけではない、と）

（IF I, 142／一四九）

どちらの場合も、いかなる目的もあらかじめ与えられていない少年が自分自身で目的を定立する過程が描かれる。ところで、このような措定作用はいかなる根拠ももたず、それゆえ、まったくの無償である。その意味で、これは実存の無根拠性、無償性、つまり前期のサルトルが積極的な意味で「自由」と呼んだものに他ならない。プールーもギュスターヴ少年もこっそりと自らに付与したこの委任状をすっかり信用することができず、自分の使命《ミッション》を確信することができない。しかし、この確信の不在こそが逆説的にも彼らを「書くこと」へと導くとサルトルは展開する。

ジェネロジテ

générosité（気前のよさ、贈与性）というテーマは、この根源的な自由、無根拠性と表裏のテーマと見なすことができよう。『言葉』では次のように述べられる。

私は父親のいない孤児で、誰の息子でもなかったから、自己原因となったのだ。高慢と悲惨に満ちていた。私を世界へと生みだしたのは、善のほうへと私をもたらす跳躍だった。その経緯は明らかなように思えた。母親が優しかったから女性化し、私を産み出す厳しいモーゼがいなかったから精彩を欠き、祖父に溺愛されたから思い上がっていた。私は純粋なオブジェであり、もし我が家の喜劇を本気で信じていたならば、マゾヒストになっていたことであろう。しかし、そうはならなかった。この喜劇は表面上の影響しか与えなかったのであり、奥底は冷たいまま、根拠のないままにとどまった。システムにはぞっとした。幸福な失神、身を委ねること、撫でられ、可愛がられすぎたこの身体には嫌悪感を覚えた。私は反対の立場をとり、傲慢とサディズムへと、つまり寛大さ《ジェネロジテ》へと身を投じた。寛大さとは、吝嗇や人種差別と同じで、私たちの内なる傷を治すために分泌される鎮痛作用のある軟膏だが、しまいには私たちを中毒にしてしまう。私は打ち捨てられた被造物の状態から逃れるために、ブルジョワジーの最も癒しがたい孤独、つまり創造者としての孤独を選んだのだ。

（M 61／八六―八七）

一方、『家の馬鹿息子』ではもっぱら封建的な主従関係の相のもとにこのジェネロジテは現れ、第二部「人格形成」Ⅰの一「想像的な子ども」のc「贈与の仕草」において中心的に分析される。ひとが鷹揚である（être généreux）、つまり気前よく人に贈与する場合、そこには不可避的にヘーゲル的な〈承認〉の刻印が見出されると指摘するサルトルは、ギュスターヴ少年と妹カロリーヌとの関係を分析しつつ、次のように述べる。

ヘーゲルの奴隷がその主人の真理であるように、あるいはもっと正確に言うなら臣下がその領主の、さらに言うなら観客が毎晩役者たちの真理であるように、彼女は彼の真理である。彼女に贈り物を振りまくだけでは足りない。さらには彼女がそれを受け取ってくれなくてはならないのだ。
(IF I, 730/II九六)

そして、このような贈与の仕草は、引用文からも明らかに見て取れるように、儀式や喜劇という問題構成とリンクしている。

儀式と喜劇

儀式と訳した cérémonies、さらには rites も両作品に頻出する語である。『言葉』では、「人生は一連の儀式であり、私たちは年がら年中挨拶をして過ごしているのだ」(M 16/二六―二七)をはじめとして、祖父が本を取るときの仕草や多くの所作が儀式と見なされる(ここには、『聖ジュネ』において精緻に分析された行為 acte と仕草 geste の区別が残響している)。一方、『家の馬鹿息子』の一節はまさに「儀式」と名づけられ、愚鈍さ(bêtise)の問題が、儀式性との関係で詳細に論じられている。

> 儀式のさなかで孤独な追放の身となったギュスターヴは、直接的なものから身を引き離して儀式を真剣に受け取ることをやめ、こうして儀式のもつ因習的な性格を見出したのである。だからといって、これは儀式を解体させることにはならない。儀式の客観的な関係は、個々人のなかに吸収されて消えるどころかずっしりと重たくなり、神秘的なものを身につけていたのである。
> (IF I, 613/六六〇)

そして、この儀式性は人びとが演じる喜劇(comédie)と分かちがたく結びついていると、サルトルは論述する。コメディーはジュネ論のキーワードでもあったが、『言葉』においても、パントマイム、cabotin（大根役者）、pasquin（道化）など同系列の言葉が頻出する。ここではコメディーという語そのものが出てくる部分をいくつか引用しておこう。

教養を演じる喜劇《コメディー》がついには私に教養をもたらした。（M 38／五七）

もし、そのころそんなことを理解できる年頃になっていたら、私はある左翼の老政治家が行動で私に教えてくれた右翼的な箴言のすべてを容認することができただろう。つまり、〈真実と寓話は同じものだ〉とか、〈情熱を感じるためにはそれを演じなければならない〉とか〈人間とは儀式の存在だ〉といったことだ。人間がお互いにお芝居《コメディー》を演じるものであることを、私は納得した。（M 46／六六―六七）

『家の馬鹿息子』でも同様のくだりは数多く散見される。

それは二重の意味でお芝居だ。〔…〕性格が演技されるが、じつはそれはまったく単純に他人が彼のものだとした性格なのだ。〔…〕ギュスターヴがわざと意識的にお芝居を演じているかのように、それを理解してはならない。けれどもそれはまた無意識でもない。職業的俳優とは異なり、彼は自分の役割とうまく合致することも、また自分の主体的現実の名においてその役割に文句をつけることもできない。（IF I, 170／I 一八〇―一八一）

先に引用した儀式の問題のすぐ後にサルトルは記している。

ギュスターヴは躊躇していた。彼は、共通の目的を完全に分け持っているわけでなかったから、自分が身につけているこうした風習の奇妙さを見抜いてはいたのである。ここでわれわれは、行動が拡散して客体化し、そしてずっしりと重くなっていく現象を語ることもできるであろう。意味や人間は抽象的で、非本質的なものなる。本質的なものは、彼らが信じきって演じている喜劇なのだ。集団の行動が個々人を呑み込み、個々人を利用し、物質的現実として愚劣さのなかに自己を確立し、その物質的現実のために個々人は抹殺されてしまう。(IF I, 614／I-六六二)

イマジネール（想像界）とネヴローズ（神経症）

儀式、喜劇という問題系は、現実と虚構の関係としてまとめることができよう。実際、『言葉』でも『家の馬鹿息子』でも、サルトルはプールー少年やギュスターヴ少年を想像力の子どもと規定する。イマジネールは最初期の主要なテーマであったが、ここであたかもそれが回帰するかのように反復される。つまり現実との関係がうまく形成できない子どもたちである点が、二人の共通項である。

すべては私の頭の中の出来事だった。想像力の子どもだった私は想像力によって身を守った。六歳から九歳までのころを振り返ってみると、なんという精神的訓練の連続であったか、驚愕するほどだ。

想像力の子どもだった私が、真の書物を探求する騎士となった。

(M 61–62／八七)

『家の馬鹿息子』では、第二部「人格形成」のⅠの一が「想像的な子ども」と題され、全面的に展開されるが、特徴的な一節をここでは引用しておく。

(M 92／一四一)

彼は自分のなかで想像上のものを現実化の一手段となす「通常の」ヒエラルキーが逆転していることを発見し、これを生体験の一つの欠落、自己の異常性とみなした。そのとき彼はこの欠陥を逆に利用して、恥辱を栄光へと変える包み込み投企という形で自己を人格化しようと試みたのである。ところで、夢に夢としてのかぎりで価値を与えることを選ぶためには、自分自身が夢として構成されていなければならない。ただ想像的な子どもだけが、自らの目に純粋な見かけとして構成されている理由から、現実に対するイマージュの勝利を身をもって確保することを企てるのだ。

(IF I, 665／Ⅱ二一)

以上の問題を別の言葉で言いかえたのが、神経症《ネヴローズ》であると言ってよいだろう。

私は恐怖のなかで生きていた。それは正真正銘の神経症《ネヴローズ》だった。

(M 52／七四—七五)

それが私の狂気だった。性格神経症、と友人の精神分析者に言われたことがあるが、この見立ては正しいにちがいない。一九一四年の夏から一九一六年の夏にかけて、私の委任状は私の性格となったのであり、私の狂気は頭を離れ、骨の中に流れ込んだのだ。（M 125／一八五）

一方のフローベール論では、第三巻がそっくり神経症《ネヴローズ》の問題に当てられているから、引用には事欠かない。ここでは、一ヶ所だけ挙げておこう。

フローベールの人生がプログラム化されていたとすれば、それは彼の神経症というもののみから発しているのだ。（IF III, 443）

言語習得の困難

最後に挙げたいのは言語習得の困難というテーマである。言葉と物の混同、言語というものに対する違和感、といったテーマはすでに、ジュネ論でも重要な問題系をなしていたものだったが、『言葉』はなによりも言語習得の物語と言ってもよいほど、それが全篇を貫くテーマとなっている。

私は言葉が事物の神髄だと思いこんでいた。ミミズの這ったような字が、その鬼火のような弱々しい光から脱し、物質の確固たる質感をもつように変化するのを見ること以上に、どきどきすることはなかった。これこそ、想像が現実になる瞬間だった。（M 76／一二〇―一二一）

プラトン主義者であった私は、知識から出発して事物と向かったのだ。事物よりもその観念のほうに実在があると思った。なぜならば、概念こそがまず最初に私には与えられ、しかもそれは物として与えられたからである。私が宇宙を見出したのは、書物のうちにおいてであった。それは馴化され、分類され、名札をつけられ、思考されてはいたが、それでも恐ろしいものだった。それに、私は自分のブッキッシュな経験の無秩序と現実の出来事の偶然的な流れを混同していた。私の観念主義＝理想主義の原因はそこに由来するのだろう。そこから抜け出すのには三十年という歳月が必要だったのだ。

（M 26–27／四〇―四一）

事物に名を与えること、それは事物を創造し、かつ、我が物にすることだ、と私は思っていた。この根源的な幻影に囚われていなかったなら、私は決して物書きにならなかっただろう。

（M 32／四八）

『家の馬鹿息子』は「ひとつの問題」と題された章から始められるが、そこで取り上げられるのが、ギュスターヴ少年が最初に出会った挫折、つまり読み書きの習得に際する困難である。フローベール論では、「Scripta manent（書いたものは残る）」と題された節をはじめ多くの箇所でサルトルは、言語の他者性を執拗に強調する。ギュスターヴ少年が言語習得に困難をきたしたのには二つの原因があった。第一は無能力あるいは愚鈍さであり、第二は言葉と物の混同である。

この最初の躓きをきっかけに、自らを非本質的で偶然的な存在だと感じたギュスターヴ少年は、自分の存在の正当化のために演技を選択するとサルトルは分析する。そしてこの選択は必然的に受動性へと通じることになる。その後、書くことによる世界の奪還の試み、選ばれた神経症、女性化の意義へと論は展開される。つまりここでも伝記的アプローチはあくまで文学との関係で問題になっているのだ。

以上瞥見したトピックスは網羅的なリストではない。だが、断片的な例からも、サルトルが『言葉』と『家の馬鹿息子』で、作家への道筋を驚くほど似たうねりのもとに描いていることが明らかに見てとれよう。つまり、「想像界の子ども」が、想像力の積極的な活用によって作家となる、という道筋である。(8) テーマの類似性の分析から、〈自伝〉と評伝の類似性は十分に見て取れるが、ここで指摘したいのはそれ以上に、自伝とは言いながら『言葉』においても、プールー少年が徹底的に突き放された視点から描かれている点である。

ルソーの『告白』に代表される自伝においては、「わたし(moi)」だけが知りうるような内密性(intimité)ないしは、知られざる人格(personne)の開示が問題になる、ととりあえずは言うことができるだろう。作者は、そして読者もまた、本人以外には知ることができない作者の内面、知られざる側面、人格の深部が開示されることを暗黙のうちに求めるのが一般にイメージされる自伝ではないか。告白という言葉に象徴されるような打ち明け的(confidential)な関係への参入が、「自伝契約」の第一条項であろう。つまり、自分以外の誰にも接近できない内奥をさらけだすことこそが、告白の本質と考えられているのである。ところが『言葉』には、このような作者と読者の共犯関係を促すような側面がなんとも希薄である。サルトルが嫌ったのは、まさにこのような内面性だった。実際、『自我の超越』以来、一貫してサルトルはこのような「わたし」なるものは一個の他者であることを強調してきた。だとすれば、自伝や伝記でサルトルが浮かび上がらせようとしているのはどのような人格、誰の人格、あるいは端的に「なに」なのだろうか。

『言葉』で問題になる自己

このような一連の問いに答えるためには他のテクストに当たってみる必要がある。サルトル自身、一般的な意味での自分語りをしているからだ。『嘔吐』や『自由への道』といった自伝的な側面を含む小説のことではない。戦争中につけられた『カルネ』のなかのいくつかの記述である。この時期のサルトルは日記や伝記に強い関心を示し、ジッドの日記をはじめ、多くの作家たちの日記（ゴンクール、ジュリアン・グリーン、ルナール、ウージェーヌ・ダビ）を読む一方で、伝記作家エミール・ルードヴィッヒの『ヴィルヘルム二世伝』『ビスマルク伝』などに読みふけっている。この日記自体が、ついに現実のものとなった戦争をきっかけに書きはじめられたものであるから、そこに自らのこれまでの半生の決算を試みる場面がしばしば現れるのは当然といえば、当然である。

私はもう十五年以上も、自分の生きるさまを観察しないままでやってきた。私自身というものには全然興味がなかった。思想や世界や他人の心ばかり知ろうとしていた。〔…〕私自身の全身像（portrait de moi-même en pied）を仕上げようという気になるには、戦争、さらにはいくつかの新しい学問領域（現象学、精神分析、社会学）、そして『成熟の年齢』の読書が必要だった。

（CDG 423-424／一六五―一六六）

サルトルによれば、この肖像は内面の手記とはまったく異なるので、人生の重要な局面において、脱皮する蛇のように、「抜け殻を眺め、現在の位置を確認すること」（同前）が問題だという。かくして、サルトルは自己の記憶を辿りながら、自らの人格形成と成長の過程を追っていくことになる。ここに見られるのは、作者サルトルしか知りえない内奥なり、「ほんとうのわたし」ではないが、少なくともこの手帖ではまだ、『言葉』に見られるような突き放した視線にまでは達していない。ただ、その萌芽のようなものはすでに見られるのであり、この関心が『存在と無』、そしてジュネ論、『言葉』へと展開していくように思われる。

実際、サルトルが自画像を描く気になった理由として、現象学、精神分析、社会学が戦争と並んで挙げられていることは注目に値しよう。現象学によって、自己はまず反省（réflexion）の問題として提起される。これは『存在と無』の後半の分析に現れる実存分析と直接つながるものだが、ここで指摘したいのは、自己が自己に到達する方法がまさに、反省という回路を通してのみ可能となるということである。ただその時、「反省する私」と「反省される私」はかぎりなく同一でありながら、しかもそれでいて完全には同一ではないという根源的な分裂に曝される。

『言葉』という作品に見られる「わたし」の複数性は、この反省の構造をまさになぞっている。同じように「わたし（je）」を語り手としながらも、『カルネ』における「わたし」がいわば素の「わたし」であるのに対して、『言葉』の場合、少年サルトルの「わたし」と、五十をすぎた語り手の「わたし」は大きく隔たっている。バンヴェニストが夙に指摘したように、一人称の代名詞jeは転換詞《シフター》なのであり、特定の誰かでなく、語り手一般を示す言葉である。『言葉』におけるjeは書き手サルトルとプールー少年が同一であるという意味でのみ、つながれているにすぎない。しかし、この過去の私に相対するのは、辛辣な視線を自らに投げかけ、自己を対象として措定する私なのであり、そのかぎりにおいて、語る私と語られる私はほぼ別人と言える。その一方で、『家の馬鹿息子』のサルトルはなんとかギュスターヴの内部に入り込もうと試みているのであり、その意味で『言葉』の語りと『家の馬鹿息子』の語りはかぎりなく近づくのである。

ここで、この逆説的な自己性の回路を理解する補助線として、ジャン＝リュック・ナンシーの『肖像の眼差し』を用いることにしよう。この刺激的な論考の中でナンシーは、肖像の本質が主体＝主題（sujet）の問題に他ならないことを説得的に論じている。「〔肖像は〕ある主体の表象ではない。むしろ、肖像はそのつど主体性や自己－存在をそのものとして制作することである。肖像の自律性とは、技術上の意味を超えて、autos ——自己、あるいは自己への存在——を実施すること（作品となすこと）と理解されねばならない」（RP 34／二六－二七）。

図版1　ヨハネス・ヒュンプ《自画像》，フィレンツェ，ウフィッツィ美術館

その論述の途中でナンシーは、ヨハネス・ヒュンプの自画像をとりあげているが、その絵では三人の画家が描かれる（**図版1**）。鏡に映

った画家、画布に描かれた画家、いっぽう、それを描く画家本人（後ろ姿）。当然のこととして、これを描いた当のヒュンプその人がこの絵の前にいたことをわれわれは想起せざるをえない。これこそは『存在と無』でサルトルが記述した、自己性の回路、「反省する私と反省される私」の鏡のような構造の似姿である。ここでもう少し、肖像という言葉にこだわれば、私たちは、『シチュアシオンⅣ』が「肖像集 Portraits」と副題されていたことを思い起こすことができるし、『シチュアシオンⅨ』には「七十歳の自画像」と題されたインタビューが収録されていることも知っている。だが、それは措くとして、ここでは、未完に終わった「ティントレット論」の断片中のティントレット晩年の自画像に触れた部分を引いておきたい。ミシェル・シカールによれば、一九五七年に『現代』誌に発表された「ヴェネツィアの幽閉者」に続くものだという。

殺人現場を去ろうとする瞬間、突然現れた人物に驚いた犯人はそいつに向かって発砲する。すると、相手もまったく同じ動作で反応する。ふぅ。なんだ、玄関の鏡に映った自分自身だったのか。私は、一九一九年ごろ、古い映画でこんな場面を見たことがあり、それになんともいえず感動したものだった。もちろん、その当時はこの映画監督が剽窃をしていることも、彼が生まれる三百年も前にこのような出会いの瞬間がすでに永遠に固定されていたことも私は知らなかった。ヴェネツィアの鏡の底から、ひとりの見知らぬ男が、自分自身のほうへとやってきて、自分自身の犯行現場を取り押さえたのだ。危機に晒され、恐怖に襲われた後、すべてが逆転する。なんだ、この他人は、私自身ではないか、と彼は気づく。しかし、それが解決にはならない。いやそれどころか、事態はさらに悪くなる。だとすると、私はひとりの他者なのだろうか（Je suis donc un Autre?）。

すでにこんなにも親しげで、裁くことすらできないこの未知の男のうちで、最も恐るべきものであるのはどちらなのだろうか。この男が誰なのかが認識できないということ（ne pas le reconnaître）なのか、それとも自分自身をたやすくそこに認識してしまうということ（se connaître）、どちらなのだろうか。[9]

ティントレット論が未完に終わったことと、サルトルが自伝を書きはじめたことを関連づけ、より直接的に自己を語る場へと移行したために、画家への関心が薄れたと指摘する研究者もいるが、ティントレット論が『言葉』と多くの問題系を共有していることは確かである。[10] いずれにせよ、『言葉』のなかで鏡というモチーフはかなりの頻度で現れる。おどけがそれまでのような成功を博さなくなっていくとき、サルトル少年が鏡の前で百面相する様子が描かれている（M 58, 59／八二、八四）[11] ほか、鏡の戯れがエクリチュールへと移行したとも述べられている。

嘘つきは、嘘を作り上げることのうちに自らの真実を見いだしたのだ。私はエクリチュールから生まれた。書きはじめるまでは、鏡の戯れしかなかった。最初の小説を書きはじめるや、子どもは鏡の宮殿に迷いこんだことを知ったのだ。書くことによって存在し、大人たちから逃れられた。しかし、私は書くためにしか存在しなかったのであり、「私」と言った場合は「書き手としての私」という意味だった。（M 83／一二九）

ここに顕著にみられるのは、鏡を媒介としての、他者としての「書く私」の誕生である。だが、それ以上に興味深いのは、書くことがまさに鏡そのものを作り上げることと考えられている点である。

描カザリシ日ハ、一日トテナシ。それが私の習慣であり、そして仕事なのだ。長いこと、私は自分のペンを剣だと思ってきたが、いまでは文学の無力を覚った。詮方のないことだ。私はいまだに本を書いているし、これからも書くだろう。そうするほかはないのだ。それに、本だって少しは役にたつのだ。教養によっては誰も、そして何ものも救われはしないし、正当化されることもない。だとしても、それは人間の所産のひとつなのだ。人間はそれへと向かって自らを投企し、そこに自らを認める。この批判的な鏡のみが、人間に自分の姿を与えるのである。

(M 138／二〇二─二〇三)

これを文字通り受け取れば、本とは、人間がそれを通してはじめて自己と向き合うことが可能になる鏡ということになる。他者によって私を映し出す鏡。これは多くの画家たちの肖像画と通じるもののように思われる。

ここで、再びナンシーを呼び起こすことにしよう。「肖像は、だれかに似ているが、それと同時に誰にも似てはおらず、むしろ似ていることそれ自体に似る、あるいは、自分自身に似ているかぎりでの「人物(ペルソナ)」に似ている。自分自身に似ることによって、人物は人物となるのだ。つまり、ここで問題になっていることは、対自的な同一性《アイデンティティ》であって、即自的な事物でない」(RP 50／四〇)とナンシーは、類似とは何なのかという問いに答える。

「絵画が描き出すのは対自であって、即自ではないのだ。即自は描かれることはない」(RP 50)という言葉は、文学にも当てはまるだろう。「描くこと、肖像を描くことは、引き出すこと、「即自」の外へと引き出すことである」（Ibid.）とすれば、『言葉』は、その意味でひとつの自画像であるように思われる。「肝心なことは、識別可能なものを複製することでもなければ、ましてや、奥底にあるかもしれない何か（「精神の生」とか「深層の人格」などとしての即自）の現象的な外観を与えることでもない。そうではなくて、奥底そのものを白日のもとに引き出すこと、現前を不在の外に引き出すのではなく、不在にまで引き出すことなのだ」（RP 51／四〇）というナンシーの言葉と、サルトルの描いた〈他者による自伝〉は響き合う。

すでに初期のサルトルは「偉人の肖像」と「顔」において、そして『イマジネール』において、この不在と現前の問題を扱っていたように思われる。[12] ここで問題となっているのは、モデルの再現＝表象でも、奥底にある何かに外観を与えることでもない。このことから、『家の馬鹿息子』がフローベールに似ていないというしばしばなされる批判が的はずれであることも理解できよう。

『言葉』に描かれるサルトル少年も、モデル＝サルトルとは似ていないだろう。ここに映し出されているのは、わたしではないひとりの別人、他者である。しかし、まさにこのことによって、『言葉』というテクストは、イマジネールな対自の構造そのものを描いた興味深い自画像となるのではないか。

複数の私と分裂的社会

このような分裂した自我は当初、自我の内実がないという形で少年には感じられる。祖父の協力者であるシモノさんが確固たる人格をもっているのに対して、自分にはそのような自我がない、と感じるプールー。「だが、私はちがった。私にはその不動さも、深さも不可侵性もなかった。私は何ものでもない。消しがたい透明性だった」(M 49／七〇)。また、別の箇所では次のように述べられる。

私は自分だけの孤独な真理のうちに避難しようと試みた。だが、私には真理がなかった。驚くべき無味乾燥しか自分のうちには見いだせなかった。私の眼の前で、一匹の海月《くらげ》が水槽のガラスにぶつかり、そのぐにゃりとした傘に皺をよせながら、闇の中へと消えていった。夜になって、インクのような雲が鏡のなかで希釈されると、私の最後の変身した姿も覆われた。アリバイがなくなり、私は自分自身のうちにへたりこんだ。(M 59／八四)

サルトルが『自我の超越』以来つねに強調してきたのは、たとえ〈歴史性〉を通して意識が人格的に形成されていくとしても、意識に先立ち、意識を導いていくような統一的な自我などないということであったが、ここではそれが少年サルトル自身の例によって示される。そして、この内実のなさは、無所属、正統性《レジティマシー》の欠如の意識と相俟って倍加する。その不安感を最も特徴的に表すのが切符をもたない旅行者のエピソードだ。(13)『言葉』の前半では、七歳の少年サルトルが、検札にあったときに切符をもっていないために懸命に自己の存在意義を弁明しなければならない旅客として自らを表象していたことが語られるが、この寄る辺なさは少年時代だけの話に留まらないのである。なぜなら、終わり近くで、作家は現在の境遇を次のようにまとめるからだ。

ほぼ十年前から、私は覚醒した男であり、長く続いた苦々しくも甘い狂気は治癒した。しかしまだ完全には回復してはおらず、かつての過誤を笑わずには思い出せず、自分の人生をどうしたらよいかわからない男なのだ。私は、あの七歳のときの切符をもたない旅客に再び戻ったのだ。車掌がやってきて、私を見る、以前と比べると表情は穏やかだ。その場を立ち去り、私を煩わせずに旅行させることだけを望んでいるのだ。なんでもいい、有効な口実を私が与えさえすれば、彼は満足するだろう。ところが残念なことに、私はどんな口実も見つけることができない。探すつもりもない。私たちはディジョンまで気詰まりなまま向かい合っているだろう。だが、ディジョンには誰も待っていないことを私はよく承知しているのだ。

(M 138／二〇二)

自伝の特徴としてルジュンヌが「人格の歴史」を挙げていたことを思い起こそう。確かに『言葉』の話者の主張は、さまざまなパラテクストにおいても明確に主張されているように、自分がなぜ作家になったのかという人格の歴史に費やされているように見える。つまり、ここで問題にされているのは、文学的教養の遺産相続人であるブルジョワの子ども（プールー、そして作家ジャン゠ポール・サルトル）が、いかにしてブルジョワ精神を否定し、異議申し立てを行い、価値の転倒と革命をめざす男（知識人ジャン゠ポール・サルトル）になったかを分析することにあった[14]。

しかし、実際には、先ほども述べたように、この道のりはなんとも空々しく見えてしまうのだ。それは、サルトルが全篇を通して回顧的な視点を批判するためである。多くの自伝や回想は、自らが辿ってきた道程を振り返り、その回顧的な視点によって現在の人格になんらかの統一性を与えようとするものだが、サルトルはそれに真っ向から反対し、そのような回顧的（retrospective）な視線を批判する。『言葉』で徹底的な批判の対象となっているのは、偉大な業績という目的゠終末からすべてを回顧する視線であり、人の生を物語化しようとする誘惑だ。たとえば、プールーが子ども向けの偉人伝を読んで、それに自己同化しつつもその物語構造を揶揄するくだりに、それは端的に示される。

短いお話のうちにごく平凡な少年たちのごく平凡な活動が描かれる。彼らは感受性に富む敬虔な少年で、ヨハン＝セバスチャンとか、ジャン＝ジャックとか、ジャン＝バチストといった名前で、私が家族や周りの者にしたように、家族や周りの者を幸福にするのだった。しかし、そこには毒も含まれていた。ルソーやバッハやモリエールといった名前は決して発せられないが、作者は巧みに、いたるところに彼らの未来の偉業を仄めかし、なにげなく、細部によって最も有名な作品や業績を暗示し、巧妙に物語を進めるので、読者は最も平凡な事件でさえ後の出来事と結びつけて理解せずにはいられない。〔…〕この少年たちは誤謬のうちに生きていた。彼らは偶然に行動したり、語ったりしているつもりだったが、じつはそのごく細部にいたるまでが彼らの運命を告げるという真の目的のためにあった。

（M 110／一六五）

ここまで、「生」を問題とする伝記的問題構成が語りという構造を取らざるをえないことを見てきた。ところが「生」こそは全的なものとして捉えられなければ真実でないにもかかわらず、通常の意味では客体＝対象＝物とはなりえないものだ。だとすれば、伝記的（自伝的）言説は、〈生〉にどのようにアプローチすることができようか。実際、刻まれ、語られた生が全体となりうるのは、生が生でなくなった後だけであり、つまり、死後の視点によって初めて伝記が可能になるからである。

回顧的な視点を拒否するとき、統一的な人格に変わって現れるのが〈複数の私〉である。『言葉』を読むときに感じる一種の居心地の悪さは、このような事態に由来すると思われる。統一的なイメージを求めようとしても、そこには粉々になって増殖した断片的な映像ばかりが乱反射する。偉人サルトルという後光を抜きに『言葉』を読むときに見えてくるモチーフは、解体分裂した自我、多面体ないしは複数的な私であり、より鮮明なのは、〈私〉のうちの矛盾したさまざまな人格の共存なのである。

実際、ひとたび弁証法的な枠組みを取り払ってしまうと、初めに大きく見えていた二項対立とは別に、曖昧なもの、中立的なもの、中性的なものがそこここに配置されていることに気づく。たとえば、サルトル少年は限りなく中性的な子どもであったと描かれる（「天が願いを叶えてくれなかったので、母は自分でなんとか辻褄をあわせることにした。私の性別が天使と同じだと考えたのだ。つまり、男でも女でもなかったが、女により近いのだ」）。

あるいは、矛盾や撞着語法《オクシモロン》が多用される（「ここまで書いてきたことは嘘だ。いや、真実だ。いや、嘘でも真実でもない。狂人や人間について言われるあらゆる事と同様に嘘でも真実でもないのだ」（M 54／三七）。

また、二重性の強調がいたるところに見られる（「私は二重生活を送っていた。どちらも嘘の人生だ。みんなの前ではペテン師だった。つまり、かの有名なシャルル・シュヴァイツァーのお孫さんだった。ひとりの時は、想像上の仏頂面にひたっていた。偽の栄光を偽の匿名性で修正していたのだ」（M 73／一〇二）。

『言葉』の後半でサルトルは、自分がつねに変化し続けていることを強調している。「私は自分の過去に対して敬意ある距離をとった。青年時代、いや、つい近頃過ぎ去った壮年時代でさえも、旧体制となるのだ。新しい体制が現在において予告されるが、それが確立されることは決してない。明日は、すべてを無償で無に帰するのだ」（M 130／一九一）と。

しかし、「つねに変化する」という時間軸で描かれている事態を、瞬間性のうちに取り直してみれば、そこに現れるのは、一つではない私、複数の私である。〈私〉は男の子であると同時に女の子であり、よい子であると同時に悪魔のような子であり、カトリックであると同時にプロテスタントであり、といった矛盾した存在であり、相反する要素は決して止揚されることなく〈私〉のうちに留まる。

このような観点から読み直すとき、先に引いた『言葉』の最後の奇妙な一文も、別様に見えてこないだろうか。「ひとりの人間は、あらゆる人間からできており、みんなと同じ価値があり、どんな人間にも同じ価値がある」。たとえばここに、神の不在によって不可能となった「不死」というテーマをめぐるひとつの寓話を見いだすことも可能であろう。[15] このようなテーマは、——比較としては唐突に見えるかもしれないが——たとえば、ボルヘスの短篇小説「不死の人」と響きあうだろう。この短編小説は次のようなくだりで終わっていた。

終焉が近づくとき、もはや記憶のイマージュは残らない。残るものは、言葉だけである。時間というものが、かつてわたしの存在を明示していたものと、幾世紀ものあいだわたしにつきまとってきたものの運命を表したさまざまな像とを混同したが、それは不思議なことではない。わたしはホメーロスであった。まもなく、わたしはあのユリシーズのように「人物」になるであろう。まもなくわたしはひとつの世界になるであろう。わたしは死ぬだろう。[16]

「一人が万人である」というテーマは、映画のヒーローや、作品の主人公とたやすく同一化するプールー少年の世界そのものだ。作者であると同時に主人公である〈私〉は、探検家や剣士や探偵であると同時に、それを書いた偉大な作家たちでもある。『言葉』に通奏低音のようにつきまとう〈不死〉という主題は、このような意味をもつのである。

私のなかにはすべてのものがいる。私は何ものでもない。

コーダ

『言葉』のうちにかいま見られるこのような複数性は、現在の私たちが生きている社会が孕む多元性にみごとに対応しているように思われるのだが、この点についてはここで十分に展開する余裕がない。ただ、今後のために論点を簡単に素描しておこう。

サルトルは通常の意味での移民では決してない。彼自身はパリ生まれであるが、それはたんなる偶然にすぎない。両親とも地方出身者であり、根無し草的である。『嘔吐』や中編小説「デペイズマン」、さらには遺稿『アルブマルル女王』にいたるまで、デペイズマン、つまり異境性あるいは文化的転移はつねに重要なライトモチーフである。無帰属、無所属はまた、積極的なディスロケーションとつながる。シャルル・シュヴァイツァーは、家庭ではあいかわらずアルザス風にカールと呼ばれ続ける。サルトル少年にとって祖父はカールなのだ。実際、『言葉』に見られる自我解体は、統一国家の解体ともリンクしているし、戦争というナショナル・アイデンティティの高揚の場面を、サルトルは少年の視線から否定的に捉える（冒険小説が戦争によって追いやられること）。また、カールのアルザスへの祖国愛（ナショナリズム）へのプーループー少年の視線は冷ややかだ。

無所属の問題は、言語ないしは言語習得の問題とも結びつく。『言葉』というタイトルは、ハムレットの台詞「言葉、言葉、言葉」に由来するともいわれるが、『家の馬鹿息子』と同様、この作品でも言語習得の困難さ、あるいは物と言葉の同一視は大きなテーマであり、言葉がつねに他なるもの、外国語に留まっていることが、いたるところで強調される。たとえば、第二部「書く」は、祖父にとってフランス語がつねに外国語でありつづけたことから記述が始められる。自分を「綴りを知らない天才児」に例えたあと、書くことの根源に潜む他者性に触れながら、次のような指摘がなされる。

しかし、オーデコロンに筆を浸す老人や、肉屋のように書くダンディ気取りの若造を除けば、テーム〔フランス語を外国語に訳すこと〕より、ヴェルシオン〔外国語をフランス語に訳すこと〕の方が得意な者などいない。それは〈言葉〉の自然に関わる問題である。われわれは話すときは母国語で話すのだが、書くときは外国語で書くのだ。したがって、私は作家という職業においては誰しも同じだという結論を導き出した。誰もが徒刑囚で、誰もが烙印を押されているのだ。（M 89／一三七）

もちろん、『言葉』で披瀝されるエピソードのすべてを文字通りに受け取ることはとうていできない。これらはいわば寓話なのだ。ポルトガルの詩人フェルナンド・ペソアは「私たちのなかには、無数のものが生きている。自分が思い感じるとき、感じ思っているのが誰なのか私にはわからない。自分とはたんに、感覚や思念の場にすぎないのだ」(17)と書いていたが、ペソアが明瞭に示し、後にたとえばサルマン・ラシュディが見事に描いた複合自我に通じるものが(18)、『言葉』のなかに見て取れるように私には思われる。だからこそサルトルの自伝『言葉』は、二十世紀初頭のフランスに生を受けた世代という枠を越えて私たちに語りかけてくるのであろう。そこに私たち自身が現在生きる多元的な世界の萌芽が確実に見て取れるからだ。多元的な世界を生きる複数の私、これが、最晩年の対談「今こそ、希望を」でも発揮される多面体としてのサルトルが見せる側面であるように思われる。

註

（1） Jacques Derrida, *Sur parole*, La Tour d'Aigues, Éditions de l'Aube, 1999, p. 10.

（2） ここでまず確認しておきたいことは、〈自伝〉や〈伝記〉という日本語と、その翻訳の元にある autobiographie や biographie というフランス語との間に見られる、少なからぬズレである。日本語の文字面にこだわるかぎり、「伝え記されたもの」、「自ら伝えるもの」と（auto-）graphein の部分しか見えない。そこで決定的に脱落するのは bio, vie（生）である。本稿で自伝ないしは伝記という語を用いる場合の力点は「生（bio）をいかに刻み記すか」という点にある。

（3） Philippe Lejeune, *Le pacte autobiographique*, *op. cit.*, p. 14.（フィリップ・ルジュンヌ『自伝契約』前掲書、一六頁）

（4） *Ibid.*, p. 202／同書二九四頁。

（5） この分裂の根には、真理の発話の場としての〈伝記的なもの〉があり、それは『自我の超越』『存在と無』（さらには『嘔吐』）から自伝も含めた種々の評伝へと続く稜線をなしているのだが、この問題についてはすでに別の場所で述べたことがあるので、ここでは繰り返さない。澤田直「自伝的なものの哲学——デカルトを読むサルトル」『フランス哲学・思想研究』第一号、日仏哲学会、一九九六年。また、澤田直『〈呼びかけ〉の経験——サルトルのモラル論』（人文書院）の最終章を参照されたい。

（6） Michel Contat (dir.), *Pourquoi et comment Sartre a écrit «Les Mots»*, *op. cit.*

（7） とはいえ、これらのテーマは二作品に共通するのみならず、サルトルの他の評伝にも連なるテーマである。実際、『聖ジュネ』と『言葉』の間の比較をすることは可能であるし、すでにそのような試みは行われている。Josette Pacaly, *Sartre au miroir*, Klincksieck, 1980, p. 215-262.

（8） だとすれば、サルトルとフローベールというあらゆる点で異質な作家が、作家になる道筋は同じということになるのだろうか、これは別途論じられる問題である（第一章参照）。

（9） «Un vieillard mystifié», *Sartre*, sous la direction de Mauricette Berne, BNF / Gallimard, 2005, p. 190.

（10） Alain Buisine, *Laideurs de Sartre*, Presses Universitaires de Lille, 1986, p. 124-128. 共通点を一つだけ挙げるとすれば、委任状に関して、「委任状がなければ、だれも描いたり、書いたりしないものだ。もし「私が他者でなかったとしたら」、敢えてそんなことをするだろうか」（«Le Séquestré de Venise», Sit. IV, 308／二六一）とヴェネツィアの幽閉者」では書いている。

（11） 『家の馬鹿息子』でも鏡は重要なテーマとして分析される。第二部「人格形成」Iの一「想像的な子ども」のB「視線」は1「鏡と笑い」2「鏡と物神」の二つの節からなっている。『言葉』と同様、百面相、渋面grimacerという表現が見られる（第二巻三八頁）。

（12） なぜ公式の肖像（portrait officiel）が必要なのかとサルトルは問いながら、それが描かれる人物の正当化をめざすものであり、現実とは無関係に王の功績を問題にするからだと指摘し、その役割を「王侯と臣民の結合の実現」（『実存主義とは何か』海老坂武他訳、人文書院、一九九六年、一二〇―一二二頁参照）であるとしている。

（13） じつは、この不正乗車の挿話において正統性の問題よりもさらに重要だと思われるのは、そこに複数性が描かれている点だ。「その間も私たちを載せた列車はディジョンへと向かって走っている。列車、車掌、そして無賃乗車犯人、それがみんな私なのだ。そして私はさらに第四の人物でもあった。それらを演出している人物だ。その望みはただひとつ、たとえ一分でもよいから、それらすべてが本当の出来事であると信じ込むことだ」。ここにも分裂する私、複数の私が描かれている。

(14) もちろん、サルトルの意図はなによりも、これを個人的な物語にしないことであった。一九〇五年ごろに生まれ、第一次大戦が始まった一九一四年に多感な少年時代を送ったある世代のポートレートが目指されている。

(15) また、サルトル少年が冒険小説を丸写しにするくだりは、ドンキホーテをそっくりそのまま書き直すピエール・メナールの姿（ボルヘスの短篇「『ドンキホーテ』の著者、ピエール・メナール」）と奇妙に重なり合いはしまいか。

(16) ボルヘス「不死の人」篠田一士訳、集英社版「世界の文学9　ボルヘス」集英社、一九七八年、一四九頁。

(17) フェルナンド・ペソア『新編　不穏の書、断章』澤田直編訳、平凡社ライブラリー、二〇一三年、三二頁。

(18) 示唆に富む、小熊榮『サルマン・ルシュディの文学――「複合自我」表象をめぐって』（人文書院、二〇〇四年）を参照されたい。

初出一覧

初出は以下の通りだが、ほとんどの章で大幅な改稿が施されている。

はじめに　書き下ろし

第1章　「近代神話の裏面――サルトルにおける世代横断性」、塚本昌則・鈴木雅雄編『〈前衛〉とは何か？〈後衛〉とは何か？　文学史の虚構と近代性の時間』平凡社、二〇一〇年、一二〇―一三七頁

第2章　「他者の現象学――プルーストを読むサルトル」『言語文化』第32号、明治学院大学言語文化研究所、二〇一五年、七八―九四頁

第3章　「両大戦間期のパリの魅力」『異貌のパリ 1919-1939　シュルレアリスム、黒人芸術、大衆文化』水声社、二〇一七年、「九鬼周造とフランス――『「いき」の構造』とその周辺をめぐって」『現代思想』二〇一七年一月臨時増刊号「総特集　九鬼周造　偶然・いき・時間」、二一三―二二九頁

第4章　「サルトルのシュルレアリスム批判――戦争とエキゾチスム」『現代詩手帖』44巻4号、二〇〇一年四月、五六―六三頁

第5章　ジョルジュ・バタイユ「メルロ＝ポンティへの公開書簡」『別冊水声通信　バタイユとその友たち』水声社、二〇一四年、八八―九五頁

第6章　「人間と歴史を巡って――レヴィ＝ストロースとサルトル」『思想』岩波書店、一〇一六号、二〇〇八年、

七〇—八八頁

第7章 «Comment vivre ensemble? Barthes et Sartre : communauté et rythmes», *Littera, Revue de Langue et Littérature Françaises* (Société Japonaise de Langue et Littérature Française), 2016, p. 20-30.

第8章 「68年5月 共同体をめぐって」『フランス・哲学思想研究』第24号、日仏哲学会、二〇一九年、一五—二七頁

第9章 「文学と哲学の分有 デリダとサルトルの文学論」、齋藤元紀・澤田直・渡名喜庸哲・西山雄二編『終わりなきデリダ——ハイデガー、サルトル、レヴィナスとの対話』法政大学出版局、二〇一六年、二二一—二四一頁

第10章 「サルトルのイマージュ論」、塚本昌則編『写真と文学 何がイメージの価値を決めるのか』平凡社、二〇一三年、二七七—二九三頁。«Sartre et la photographie : autour de la théorie de l'imaginaire», *Études françaises*, «Jean-Paul Sartre, la littérature en dialogues», le volume 49, numéro 2, 2013, p. 103-121. "Sartre and Photography : Around his Theory of the Imaginary", *Severally Seeking Sartre*, B. O'Donohoe (eds.), Cambridge Scholars Publishing, 2013, p. 12-36.

第11章 「文学と哲学の草稿研究——サルトルの『カルネ』を中心に」『文学』第11巻第5号、岩波書店、二〇一〇年、七三—八九頁。「サルトル作品における生成研究の可能性——『自由への道』を中心に」、田口紀子・吉川一義編『文学作品が生まれるとき——生成のフランス文学』京都大学学術出版会、二〇一〇年、三〇一—三二三頁。«L'expérience de la guerre dans *Les Chemins de la liberté*», *Revue des Sciences Humaines*, nº 308, «Autour des écrits autobiographiques de Sartre», Presses Universitaires du Septentrion, 2012, p. 147-160.

第12章 「サルトルにおける同性愛の表象と役割」『別冊 水声通信 セクシュアリティ』水声社、二〇一二

年、一八五―二〇一頁。«La polysémie du terme «homme» chez Sartre – ce que révèle l'expérience de la traduction», *Les Actes du colloque «Études de langue et littérature françaises en Asie du Nord-Est pour le XXIème siècle : Enjeux et perspectives»*, Séoul, 2010. "Sartre's concept of Man", *Jean-Paul Sartre : Mind and Body, Word and Deed*, Jean-Pierre Boulé & Benedict O'Donohoe (Eds.), Cambridge Scholars Publishing, 2011, p. 131-148.

第13章　「サルトルの文体論」『青山総合文化政策』第5号、二〇一一年、九九―一二〇頁。«Le style est-il l'homme même? – ce que Sartre analyse chez Flaubert», *Bulletin de la section française, Faculté des Lettres, Université Rikkyo*, nº 40, 2011, p. 95-108.

第14章　「分裂増殖するサルトル――自伝『言葉』をめぐって」『環』別冊11号、藤原書店、二〇〇五年、一二三―一三六頁。「他者による自伝」、石崎晴己・澤田直編『21世紀の思想家サルトル』思潮社、二〇〇七年、八五―一〇三頁。«Biographe malgré lui : *L'Idiot de la famille* dans le miroir des *Mots*», Recherches & Travaux, «*L'Idiot de la famille* de Jean-Paul Sartre, nº 71, Université Stendhal-Grenoble 3, 2008, p. 65-77.

あとがき

私にとって単著としては三冊目のサルトルに関する本ということになる。二〇〇二年ほぼ同時に出版された二著が書き下ろしに近い形で執筆されたのに対して、本書はそれ以降折りに触れて発表した論考に手を入れた論集である。その間、サルトルの著作の翻訳にも携わり、共同の論集も作ってきた。よく飽きもせずに続けてきたものだと思うが、それは鈴木道彦先生、海老坂武先生、石崎晴己先生をはじめとするサルトル研究の諸先輩方、そして学生時代から切磋琢磨してきた同世代の内外のフランス文学と哲学思想の研究者、さらには近頃とみに多くの刺激をもらっている年下の友人たちとの交わりと励ましによるところが大きい。彼らとの研究会や学会でのつながりがなければ、私のような怠け者で気の変わりやすい人間が、一貫して何かを続けるなどということはありえなかっただろう。一人一人のお名前を挙げることは控えるが、みなさまにこの場を借りて日頃のご厚誼に心より感謝いたします。また、塚本昌則さんをはじめシンポジウムにたびたび誘ってくださっただけでなく、今回の収録に関してもご快諾いただいた方々にも御礼を申し上げます。

博士論文を出発点とした前著を書き上げた後、さまざまなシンポジウムや特集で、「サルトルと誰々」といった形で発表した文章が第一部を、あるテーマに関して依頼を受けて書いた文章が第二部を構成している。そのほかに、サルトルとニザン、サルトルとゴダールに関するテクストもあったが、ゲラの時点であまりに異質なために割愛することに決めた。自分なりの愛着もあり、情報量もあったが、論文調ではまったくない文章だったからだ。

不勉強だった大学院生のころに加来彰俊先生から投げかけられた言葉が今でも心に残っている。「あなたは、サルトルと心中できますか？」加来先生はソクラテスと心中するぐらいの意気込みで学問に精進されていたが、私は当時も今も興味が拡散しているだけでなく、心情的にもサルトルと自爆する境地からは遠い。それでもこうして四〇年近くも一人の思想家・作家と関わってきたわけだから、心中間際までは行っているのかもしれない。もともと大学人にも研究者にもなる意思のなかった私が、この世界に入ることになったきっかけとまでは言わなくても、はずみぐらいになったのは、先生たちのコメントだった。「きみの文章は論文になっていない。研究者向きではないね」と一様におっしゃられたのに対して、いや論文を書いてみせますよ、という生来の負けん気と天邪鬼が頭をもたげた。諸般の事情が重なり、大学に職を得て、そうなってみると人並みに論文を書かなければいけないと柄にもない義務感から論文を執筆してきた。だが、還暦を迎えて、もう論文はいいんじゃないかという気もしている。昨今の文科省指導の学問のあり方に対する反発もある。研究が緻密になればなるほど、それが届けられる読者の範囲は狭まっていく。哲学研究はまだしも、文学研究はもう少し自由闊達でよいのではないか、なんのために文学を読んでいるんだ、という思いが日増しに募る。もちろん、博士論文執筆中の学生にそんな助言はできないが、個人的には、もう論文作成とは違うことがしたい。とはいえ、本論集には収めなかったサルトルとアメリカ、イタリア、第三世界に関する論考を完成させることは諦めていないし、フランス語圏文学についてもまとめたい。

今年度は在外研究を得てパリにいたため、本書をまとめるにあたって文献調査に関してはフランス国立図書館を存分に使うことができた。サバティカルを与えてくれた立教大学と、暖かく送り出してくれた同僚にこの場を借りてお礼を述べたい。一方、日本語文献に関しては手元になく苦労した。レフェランスの調査を助けてくれた黒川学さん、関大聡さんほか、友人たちに心から感謝します。

最後になったが、本書の構想から仕上げまで、法政大学出版局の郷間雅俊さんには、ひとかたならぬお世話になった。本書がアカデミックな様相を呈するのみならず、リーダブルな本に仕上がっているとすれば、それは郷間さんの緻密で洗練された編集のお蔭である。あらためて深甚の謝意を表します。ありがとうございました。

二〇一九年十一月　初雪の降ったパリで

澤田　直

本書は日本学術振興会の一連の研究助成なくしてはありえなかった。ここに記して感謝します。

ヤ 行

ラ 行

マ 行

ナ 行

ハ 行

サ 行

タ 行

人名索引

ア 行

カ 行

著 者

澤田 直（さわだ・なお）

1959年東京生。立教大学文学部教授。パリ第1大学博士課程修了（哲学博士）。フランス語圏文学・現代思想。著書に『〈呼びかけ〉の経験――サルトルのモラル論』（人文書院），『ジャン=リュック・ナンシー』（白水社），編著に『サルトル読本』（法政大学出版局），『異貌のパリ 1919–1939 ――シュルレアリスム，黒人芸術，大衆文化』（水声社），訳書にサルトル『真理と実存』『言葉』（以上，人文書院），同『自由への道』全6巻（共訳，岩波文庫），ベルナール=アンリ・レヴィ『サルトルの世紀』（共訳，藤原書店，第41回日本翻訳出版文化賞），フィリップ・フォレスト『さりながら』（白水社，第15回日仏翻訳文学賞），フェルナンド・ペソア『新編 不穏の書，断章』（平凡社ライブラリー）ほか。

サルトルのプリズム
二十世紀フランス文学・思想論

2019年12月20日　初版第1刷発行

著 者　澤田 直
発行所　一般財団法人　法政大学出版局
〒102-0071 東京都千代田区富士見 2-17-1
電話 03(5214)5540　振替 00160-6-95814
組版：HUP　印刷：平文社　製本：根本製本

Printed in Japan

ISBN978-4-588-13029-8